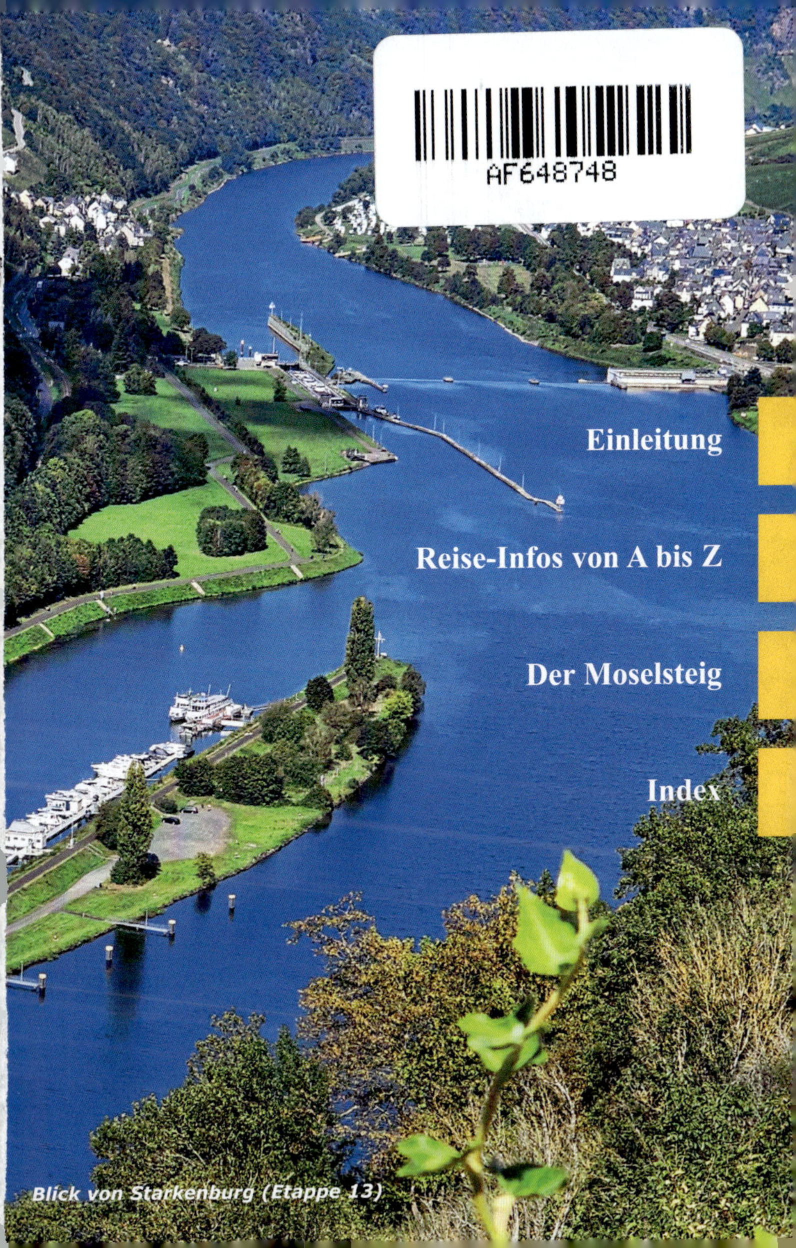

Blick von Starkenburg (Etappe 13)

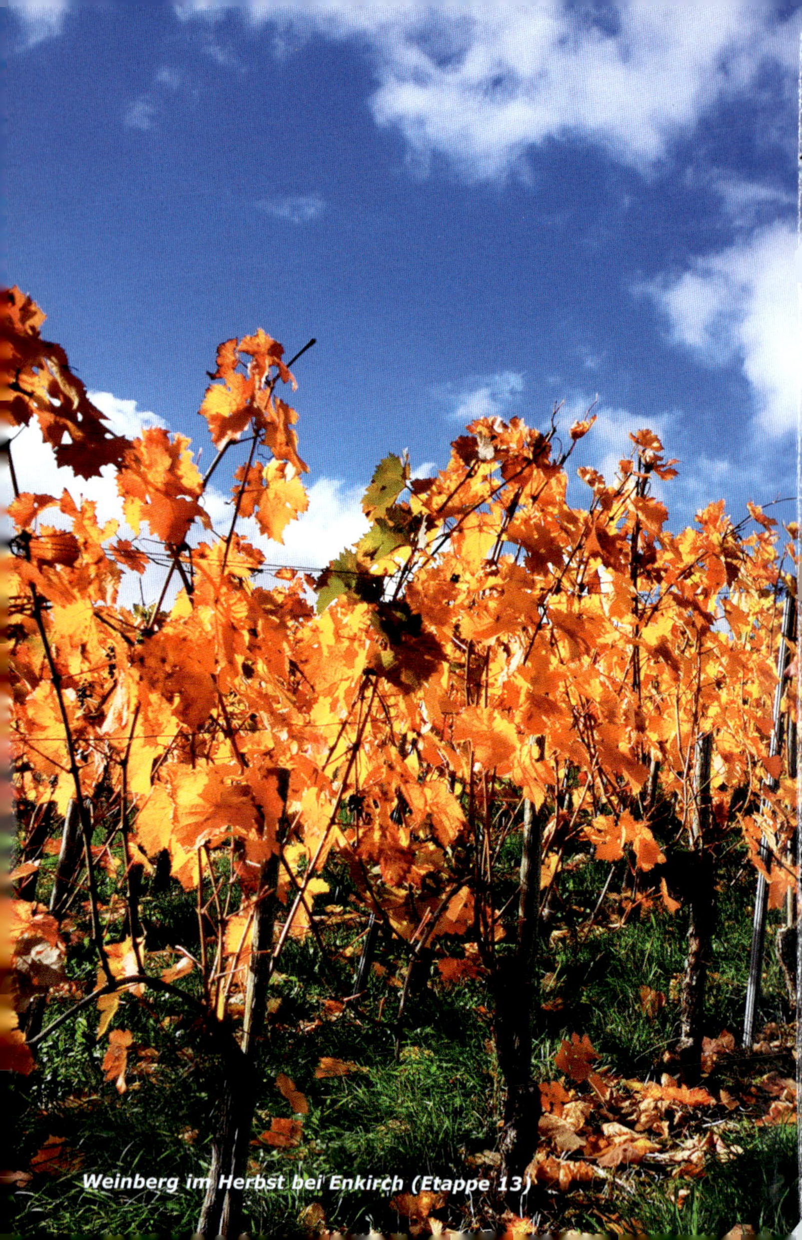

Weinberg im Herbst bei Enkirch (Etappe 13)

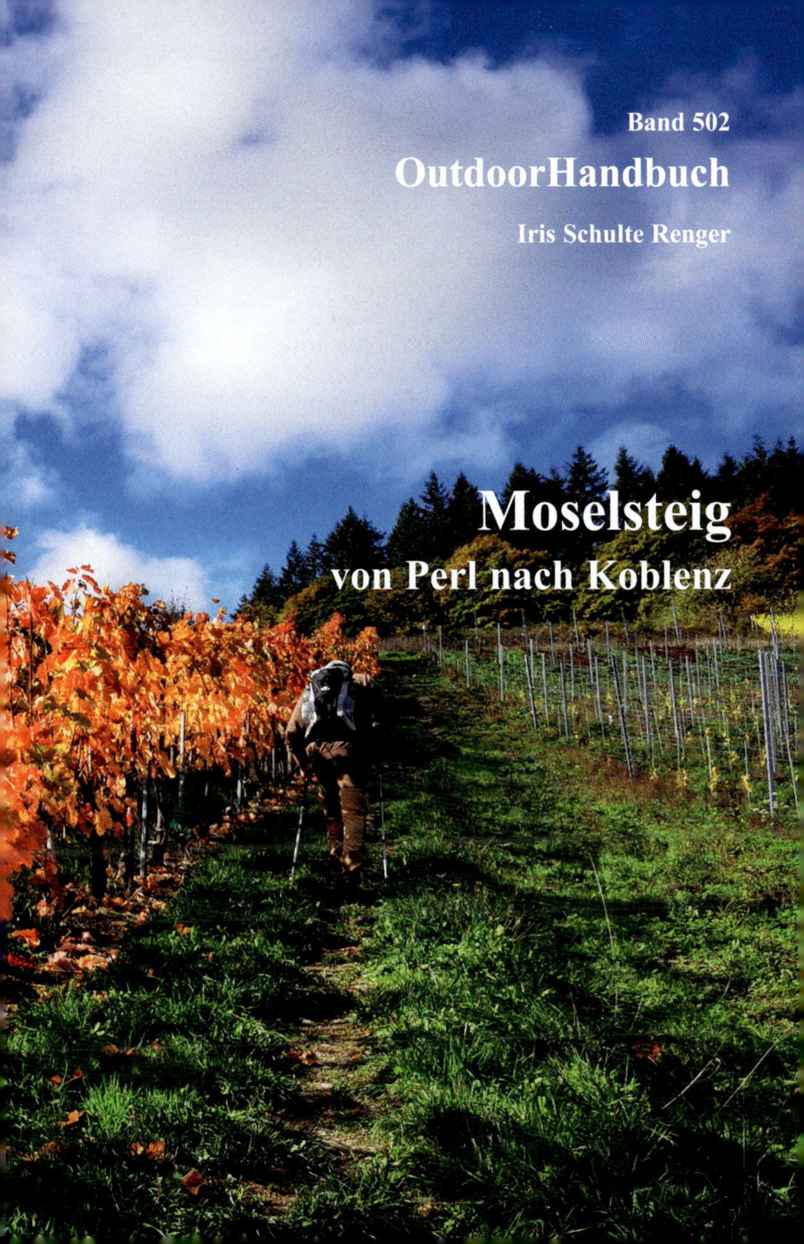

Band 502

OutdoorHandbuch

Iris Schulte Renger

Moselsteig

von Perl nach Koblenz

Moselsteig

Dieses OutdoorHandbuch wurde konzipiert und redaktionell erstellt vom:

Conrad Stein Verlag GmbH
Kiefernstr. 6, 59514 Welver
☏ 023 84/96 39 12
info@conrad-stein-verlag.de
www.conrad-stein-verlag.de
www.facebook.com/outdoorverlag
www.instagram.com/outdoorverlag

Druckprodukt mit finanziellem **Klimabeitrag**
ClimatePartner.com/53106-2406-1010

Als Outdoor-Verlag sind uns der Schutz und die Erhaltung der Natur seit jeher ein besonderes Anliegen. Auch in Sachen Klimaschutz haben wir eine Vorreiterrolle inne: Wir sind der einzige Buchverlag in Deutschland, der bereits seit 2008 seine Bücher konsequent klimaneutral in Deutschland produzieren und transportieren lässt. Dabei wird nicht nur klimaneutral, sondern auch nachhaltig, d. h. so umweltschonend wie möglich produziert, z. B. durch die Auswahl von umweltfreundlichen Materialien. Die bei der Produktion der Bücher entstandenen CO_2-Emissionen werden durch die Unterstützung von zertifizierten Klimaschutzprojekten ausgeglichen. Jedes Buch wird daher mit dem Logo „klimaneutral" und einer ClimatePartner-Zertifikatsnummer versehen. Mithilfe dieser Nummer können Sie unter www.climatepartner.com Informationen zu der eingesparten CO_2-Menge und dem Projekt finden, das mit der Abgabe gefördert wird.

Das Engagement des Conrad Stein Verlags wurde im Rahmen des Projekts „Klimaneutraler Buchverlag" mit dem Westenergie Klimaschutzpreis 2022 ausgezeichnet.

OutdoorHandbuch Band 502

ISBN 978-3-86686-829-8 1. Auflage 2024

Text und Fotos: Iris Schulte Renger
Karten: Manuela Dastig
Lektorat: Anna-Lena Ebner
Layout: Ulrich Clasen

Gesamtherstellung: AZ Druck und Datentechnik GmbH, Kempten

Dieses OutdoorHandbuch hat 224 Seiten mit 84 farbigen Abbildungen sowie 24 farbigen Karten im Maßstab 1:100.000, 24 farbigen Höhenprofilen, 6 farbigen Stadtplänen und einer farbigen, ausklappbaren Übersichtskarte.

Autorin und Verlag freuen sich über Ihr Feedback. Schreiben Sie Ihre Tipps und Verbesserungen an info@conrad-stein-verlag.de oder nutzen Sie unsere Social-Media-Kanäle. Bitte nennen Sie dabei Titel, Auflage und Seitennummer.

Dieses Buch ist im Buchhandel und in Ausrüstungsläden erhältlich und kann im Internet oder direkt beim Verlag bestellt werden.

Titelfoto: Ruine Grevenburg (13. Etappe)

Inhalt

☺ Eine **Übersichtskarte** des Weges, **Autorinnenprofil** sowie eine Liste aller verwendeten **Symbole** in diesem Buch finden Sie auf den vorderen und hinteren Umschlagseiten bzw. -klappen.

Einleitung

Der Moselsteig

Wo der Moselsteig anfängt, bestimmen allein Sie: Entweder bringt er Sie vom Dreiländerblick in Perl an das Deutsche Eck in Koblenz oder umgekehrt. Dieser Wanderführer folgt dem Originalverlauf von Perl nach Koblenz. So oder so – es erwarten Sie 24 aufregende Etappen über mehr als 373 km, die Sie so schnell nicht vergessen werden.

Schon vor der offiziellen Eröffnung wurde dieser Weg vollkommen zu Recht mit dem europäischen Wandersiegel „Leading Quality Trail – Best of Europe" ausgezeichnet. Es folgten bis heute noch viele weitere Auszeichnungen.

Von Perl aus wandern Sie von der Obermosel über Trier und romantische Fachwerksdörfer und -städtchen wie Bernkastel-Kues und Zell bis an die Untermosel, wo Ihr Abenteuer am Zusammenfluss von Mosel und Rhein enden wird. Unterwegs werden Sie viele spannende und bedeutende Sehenswürdigkeiten wie die Porta Nigra, das Neumagener Weinschiff oder auch den Bremmer Calmont, Europas steilsten Weinberg, kennenlernen. Ganz zu schweigen von den vielen beeindruckenden Burgen und Schlössern, zu denen auch das Gemäuer vom 500-Mark-Schein, die Burg Eltz, gehört.

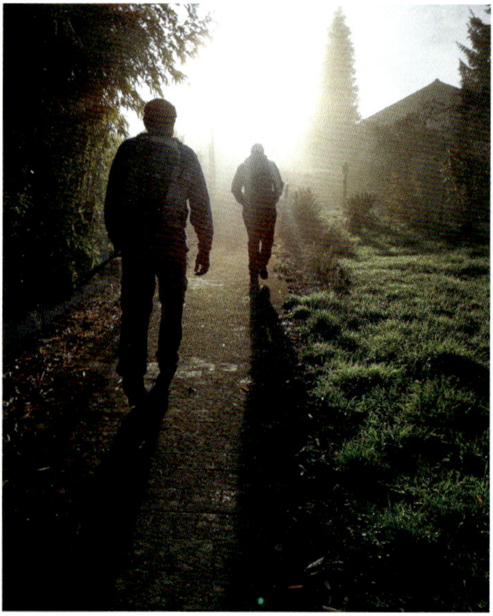

Im Frühtau zu Berge (Etappe 7)

Am Ende werden Sie mit Sicherheit eines verstanden haben: Dass die Moselregion eben nicht nur ein Paradies für Rentnerinnen und Rentner ist, sondern stattdessen für alle, die traumhafte Natur, zauberhafte Gastgeberinnen und Gastgeber und neue Erlebnisse zu schätzen wissen.

☺ Tipp für Fans vom Geocaching: Der Moselsteig lohnt sich auch für sie, denn er ist zum einen komplett bedost und hält zum anderen den ältesten noch aktiven Cache Deutschlands bereit.

Die Mosellandtouristik GmbH

Der Moselsteig wurde von der Mosellandtouristik GmbH markiert und eröffnet. Sie ist verantwortlich für die touristische Vermarktung der Ferienregion Saar-Mosel – gemeinsam mit vielen Partnern. Eröffnet wurde der Steig im April 2014. Seither kümmert sich die Mosellandtouristik auch um die Instandhaltung des Trails, dessen Vorbereitung rund fünf Jahre in Anspruch genommen hat.

Sie hält zudem viele nützliche Infomaterialien bereit, unter anderem sogar einen Stempelpass. Wer also schon mal einen Jakobsweg gelaufen ist und diesen vermisst, sollte sich einen besorgen. Haben Sie 16 Stempel gesammelt, erhalten Sie eine Markierungsplakette des Moselsteigs. Bei 24 Stempeln werden zusätzlich ein Pin und eine Urkunde vergeben und es gibt die Chance auf einen schönen Gewinn bei der jährlichen Stempelpass-Verlosung (mehr Infos unter: 💻 visitmosel.de). Den Pass gibt es übrigens nicht nur online, sondern auch bei den Tourist-Informationen.

Danke!

Im Jahr 2011 führte mich mein Weg zum ersten Mal an die Mosel – lange bevor ich überhaupt mein Herz für das Wandern entdeckt hatte. Ich kam als Geocacherin, schrieb einen Artikel über ein großes Wandergebiet, in dem außergewöhnlich viele Caches zu finden waren. Nach diesen zwei Tagen war ich mir sicher: Ich hasse Wandern.

Heute, 13 Jahre später, bin ich einige Jakobswege und noch viele andere Wege gelaufen. Nun weiß ich: Wandern ist eine wunderbare Art, Entschleunigung zu finden. Aber vor allem ist es die vielleicht beste Weise, Gegenden und Menschen gut kennenzulernen.

Obwohl ich den Moselsteig nicht aus purem Spaß an der Freude, sondern auch für die Arbeit an diesem Buch erkundet habe, kann ich sagen: Es ist ein Weg, der mich so schnell nicht loslassen wird, denn die Gegend ist zu meiner Herzensheimat geworden. Und das, obwohl ich mir früher sicher war, dass man die Mosel als älterer Mensch und Mitglied eines Kegelklubs bereisen muss, um sie mögen zu können. Was für ein großer Irrtum.

Dass dieser Weg für mich zu einem Highlight meiner Wandererlebnisse geworden ist, liegt nicht nur an diesem Fluss und der traumhaften Gegend. Es liegt auch an Menschen, die mich begleitet haben, an Menschen, die mich unterstützt haben und die immer für mich da sind.

Daher von Herzen ein großes „Danke" an:
Mama – die wirklich beste Mama, die man sich vorstellen kann; ich hab dich lieb und würde keine andere haben wollen!

Judith – die beste Freundin, die man sich wünschen kann (danke für dein immer offenes Ohr und alles andere)

Jess – die Cousine, die stets für ein dummes Foto und einen Spaß zu haben ist (bleib, wie du bist)

Heinz – der immer Verständnis hat, ein toller Kerl ist und durch ein interessantes TV-Programm für Abwechslung sorgt (auf dass Schalke wieder in die 1. Liga aufsteigen möge!) ☺

Theo – den besten und loyalsten Freund der Welt

Egon – der ebenfalls ein toller Freund ist

Werner – einen großartigen Unterstützer und Motivator, was die Arbeit an diesem Buch sehr erleichtert hat (auch wenn ich nie verstehen werde, warum „Bersch" richtig und „Bersche" falsch sein soll)

Ylli – der einen gut daran erinnern kann, dass man zwischendurch auch mal abschalten muss (Prost!)

Susan – my „real" Canadian friend, who probably made me laugh more than a million times on one of my very first caminos (you are brilliant, „Mofo", don't you ever forget that!)

Hildegard – deren Aufmunterungen aus der Ferne immer wieder für ein Lächeln gesorgt haben, du bist toll (und Hartmut auch)!

Jim – my American „Kanadanish" friend (aka family ☺), whose wise and funny words can always cheer me up

Dennis – für die Überraschung, mir doch ähnlicher zu sein als gedacht

Ich hoffe, ihr bleibt alle noch lange gesund, freut euch am Leben und findet immer etwas, das euch vorantreibt. Ihr alle werdet für alle Zeit einen besonderen Platz in meinem Herzen einnehmen.

Danke auch allen Fotomodellen für die Freigaben der Bilder.

Außerdem geht ein großes „Dankeschön!" an das gesamte Team des Conrad Stein Verlags. Seit ich meinen ersten Jakobsweg mit eurem kleinen gelben Buch gelaufen bin, habe ich mir gewünscht, durch ein solches Buch mit der Mosel verbunden zu sein – dieser Wunsch ist nun wahr geworden. Zudem ein herzliches Danke an Desiree Klopfleisch und an Anna-Lena Ebner für die unkomplizierte Hilfestellung sowie das sorgfältige Lektorat.

Land und Leute

Woran denken Sie zuerst, wenn Sie an die Mosel denken? Vermutlich an Wein. Aber der insgesamt 545 km lange Fluss, der in Frankreich entspringt, ist auch als Grenze bekannt, denn er trennt die Eifel- von der Hunsrückregion. Erstere befindet sich links der Mosel, Letztere rechts der Mosel.

Eifel und Hunsrück lassen schon erahnen: Gut zu Fuß sollten Sie sein, wenn Sie den Moselsteig in seiner ganzen Länge erwandern möchten. Denn Sie entdecken nicht nur die charmanten kleinen und größeren Orte am Ufer der Mosel, sondern auch vergleichsweise luftige Höhen. Insgesamt werden Sie im Auf- und Abstieg jeweils mehr als 14.500 Höhenmeter bewältigen – das kann auch schon mal wehtun, wenn man nicht ganz so durchtrainiert ist (ich kann davon ein Lied singen).

Die Ursprünge der Mosel liegen in den tektonischen Bewegungen, die das europäische Festland formten und tief in das Schiefergestein einschnitten. Diese einzigartige Flusslandschaft ist das Ergebnis der stetigen Erosion und Sedimentation, die das heutige Tal mit seinen markanten Windungen und steilen Weinbergen hervorbrachten.

Die Moselregion ist außerdem das Land der Burgen und Schlösser, aber auch der Römerinnen und Römer, deren Spuren vor allem in Trier, der ältesten Stadt Deutschlands, immer noch zu entdecken sind. Mit seinen zehn Moselschleusen und zwölf Burgen bietet der Moselsteig eine Reise durch das Herz deutscher Weinkultur. Auf einer Rebfläche von mehr als 8.600 Hektar gedeihen rund 60 Millionen Rebstöcke, bewirtschaftet von etwa 2.850 Betrieben, von denen 1.900 ihren eigenen Wein abfüllen und rund 110 Winzerinnen und Winzer Straußwirtschaften betreiben. Mit etwa 1,9 Millionen Ankünften von Gästen und 5,6 Millionen Übernachtungen allein im Jahr 2022 ist das Moselgebiet ein Magnet für Liebhaberinnen und Liebhaber malerischer Flusstäler, üppiger Weinberge und kultureller Schätze.

Die 51 Moselbrücken zwischen Perl und Koblenz, einschließlich der zu Fuß und mit dem Rad nutzbaren Eisenbahnbrücken, spannen den Bogen zwischen Naturerlebnis und kultureller Entdeckungsreise.

In diesem Flusstal leben rund 350.000 Menschen in einem 1.378 km² großen Gebiet, die Besucherinnen und Besucher aus aller Welt willkommen heißen. Gastfreundschaft, der charmante moselfränkische Dialekt, die kulinarischen Genüsse – all das wird Ihnen am Ende des Weges gezeigt haben, dass die Mosel so viel mehr ist als nur Wein. Genießen Sie Land und Leute!

Reise-Infos von A bis Z

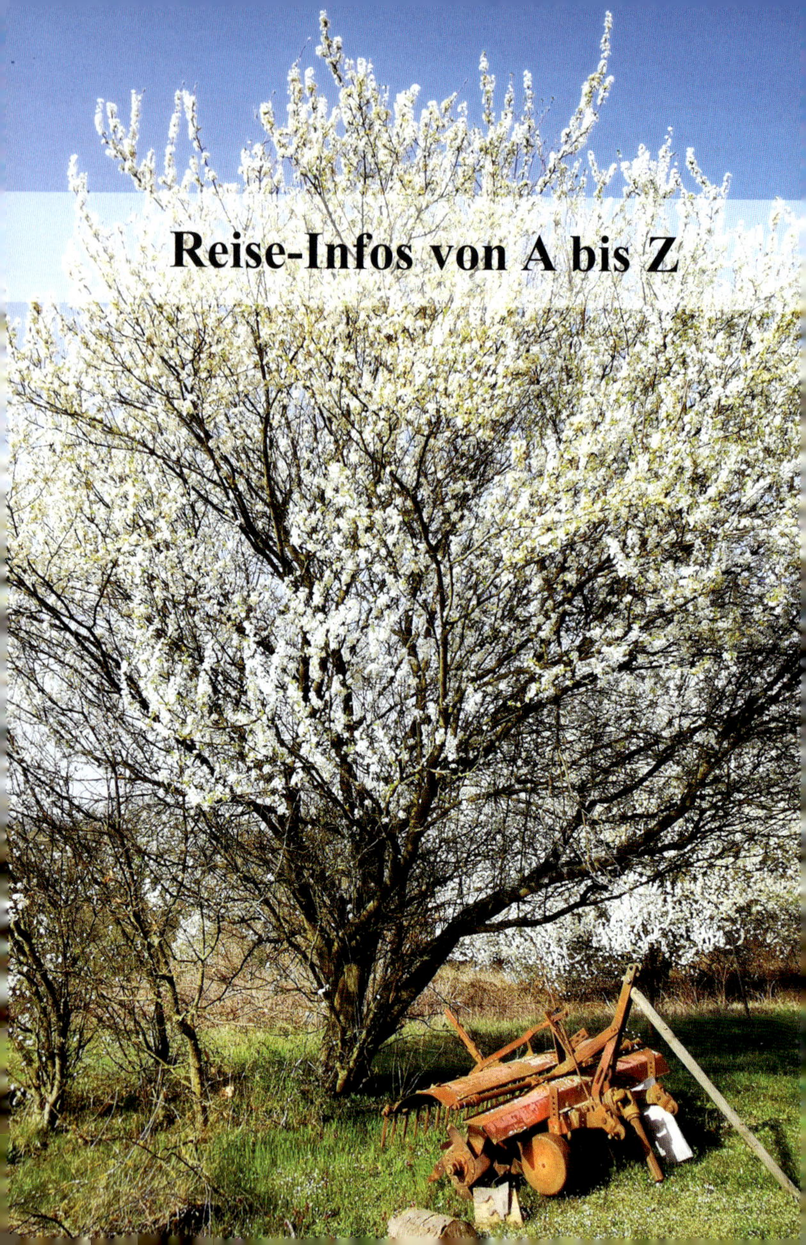

Aktuelle Informationen und Updates

Es gibt von Zeit zu Zeit Änderungen auf dem Moselsteig. Der Conrad Stein Verlag veröffentlicht deswegen Updates zu diesem Wanderführer, die direkt von der Autorin oder von Leserinnen und Lesern des Buches stammen. Sie finden sie auf der Verlagshomepage www.conrad-stein.verlag.de Suchen Sie dort nach diesem Buchtitel und gehen Sie zu dem Punkt „Updates". Der abgebildete QR-Code führt Sie direkt zu der richtigen Seite.

Aktuelle Infos gibt es außerdem auf den folgenden Seiten:

- visitmosel.de/wandern (mit aktuellen Wegemeldungen)
- moselsteig.de
- tourenplaner-rheinland-pfalz.de (hier finden Sie auch Infos zu allen Moselsteig Seitensprüngen, Traumpfaden und Traumpfädchen, den spannenden Rundwanderungen beziehungsweise Partnerwegen abseits des Moselsteigs)

An-/Abreise

Der offizielle Startpunkt in Perl ist bequem per Bus und Bahn zu erreichen. Hier ist nur zu beachten, dass es an Feiertagen, an Wochenenden und in den rheinland-pfälzischen Schulferien immer mal zu Änderungen im Fahrplan kommen kann.

- Deutsche Bahn, ☏ 030/29 70, bahn.de sowie per DB-Navigator-App
- VRT (Verkehrsverbund Region Trier), ☏ 018 06/13 16 19 (20 Cent pro Anruf aus allen deutschen Netzen, Mo-Fr 8:00-20:00, Sa 9:00-14:00 erreichbar), vrt-info.de, alle Infos zu Bussen und Zügen zwischen Eifel, Hunsrück, Mosel, Ruwer, Saar und Sauer, mit VRT-App

Bei der Anreise mit dem Auto (Parken ist am Bahnhof Perl oder in der Nähe möglich) gibt es natürlich diverse Möglichkeiten der Anreise, je nachdem, woher Sie kommen.

- ▷ Aus Norden (etwa Köln/Bonn): Die schnellste Route führt über die A1 und A48 in Richtung Trier, dann auf die A64/B51 bis zur Abfahrt auf die B419, die direkt nach Perl führt.
- ▷ Aus Osten (etwa Frankfurt/Main): Fahren Sie auf der A3 bis zum Dreieck Dernbach, wechseln Sie dort auf die A48 in Richtung Trier und folgen Sie der A1/A64 bis zur Ausfahrt auf die B419, die Sie nach Perl bringt.

- ▷ Aus Süden (etwa Saarbrücken): Die A8 Richtung Luxemburg bietet eine direkte Verbindung. An der Kreuzung Saarlouis wechseln Sie auf die A620, folgen dieser bis Merzig und nehmen dann die Ausfahrt auf die B51/B407, die nach Perl führt.
- ▷ Aus Westen (Luxemburg): Über die A13 in Luxemburg wechseln auf die A8 in Richtung Saarbrücken, Ausfahrt Perl.

Koblenz können Sie, außer mit dem Flugzeug, wohl auf jedem Wege verlassen, denn am Hauptbahnhof gibt es Züge und Busse in alle Himmelsrichtungen. Um von Koblenz zurück zum Startpunkt des Moselsteigs in Perl zu gelangen, nehmen Sie am besten einen Zug der Deutschen Bahn. Je nach Verbindung bringt dieser Sie mehrmals täglich in zwei bis drei Stunden zurück nach Perl, falls dort Ihr Auto stehen sollte.

Ausrüstung

Denken Sie stets daran: Weniger ist mehr. Das sollte auch für das Gepäck gelten. Wenn es maximal 10 Prozent Ihres Körpergewichts wiegt, so ist das schon ganz ordentlich. Wenn der Rucksack sehr bequem sitzt und gut gepolstert ist, fallen auch ein paar Gramm mehr nicht ins Gewicht. Die Bibel oder einen sonstigen Schinken für die tägliche Lesestunde sollten Sie allerdings vielleicht nur in digitaler Form mit sich führen.

Trekkingzubehör

- ☐ Wanderrucksack (bequem, verstellbar, wasserfest oder mit Regenhülle)
- ☐ Packsäcke (wasserdichte Beutel zum Verstauen der Kleidung und Dokumente im Rucksack)
- ☐ wasserdichter Umhängebeutel für Geld oder Dokumente, die schnell erreichbar sein müssen
- ☐ leichter Schlafsack für Übernachtungen in Jugendherbergen etc.
- ☐ Sonnenbrille
- ☐ Schlauchaufsatz für Wasserflaschen oder Wassersack
- ☐ eventuell Wanderstöcke (nicht unbedingt nötig; einfaches Gelände)
- ☐ eventuell Taschenlampe
- ☐ Taschenmesser
- ☐ eventuell Plastikdose und Besteck für Speisen
- ☐ Handy mit Ladegerät
- ☐ Powerbank
- ☐ eventuell Fotoausrüstung

- ☐ GPS-Gerät (oder Handy)
- ☐ Wanderkarte(n)

Kleidung

- ☐ leichte Trekkinghose mit abnehmbaren Beinen
- ☐ 2 bis 3 Shirts
- ☐ 2 Sets Unterwäsche (ratsam sind Funktionswäsche oder Merinowäsche)
- ☐ 2 Paar Socken
- ☐ feste Wanderschuhe
- ☐ Badelatschen oder leichte Schuhe/Trekkingsandalen für abends
- ☐ Regenkleidung oder Poncho
- ☐ Mütze
- ☐ dünner Fleecepulli
- ☐ wasserfeste Outdoorjacke
- ☐ eventuell Badehose oder -anzug

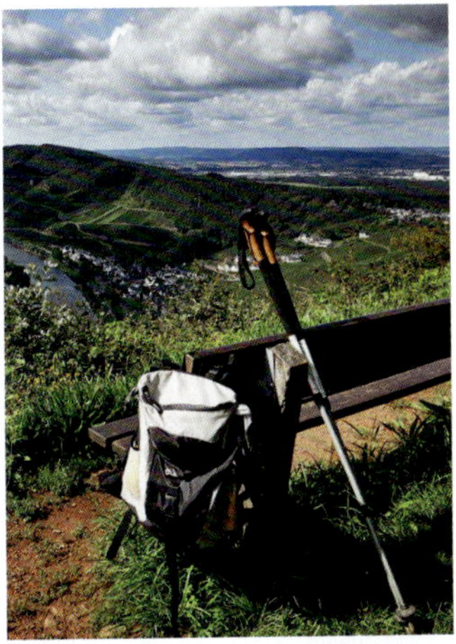

Geschmackssache: Wanderstöcke sind auf dem Moselsteig nicht unbedingt notwendig

Hygiene/Gesundheit

- ☐ kleines Handtuch
- ☐ Beutel mit Waschkram wie Shampoo, Zahnpasta, Zahnbürste, Kamm, (Sonnen-)Creme, Rasierzeug, Tampons/Binden etc.
- ☐ Medikamentenbeutel (persönliche Medikamente, Erste-Hilfe-Paket mit Leukoplast, Heftpflaster, Desinfektionsmittel, Mullbinden, Schmerzmittel, Anti-Durchfallmittel, Mittel gegen Erkältung und Fieber, Blasenpflaster oder Nadel und Faden zum Aufstechen von Blasen, Sportlersalbe (Kytta, Voltaren, Mobilat …), Wundsalbe (Betaisodona, Bepanthen …), Hirschtalg oder Vaseline, um dem „bösen Wolf“ (Wundreiben) vorzubeugen)
- ☐ Taschentücher

Dokumente

- ☐ Ausweis
- ☐ dieses Outdoor-Handbuch ☺
- ☐ EC- oder Kreditkarte
- ☐ Krankenkarte
- ☐ eventuell Führerschein

Einkaufen unterwegs/Verpflegung

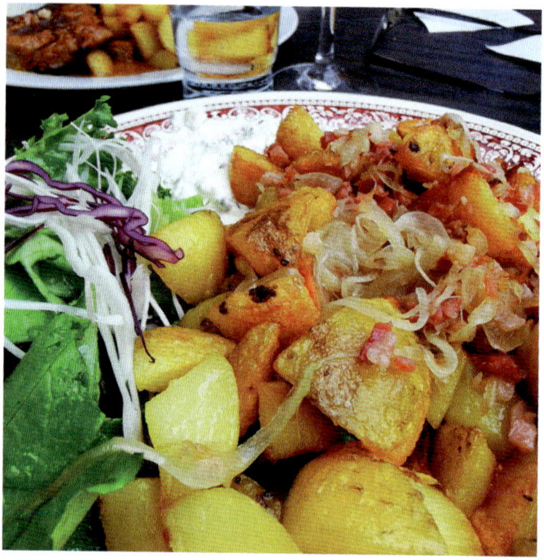

Deftiges Essen in „Schinnens Scheune" (Etappe 16)

In den meisten Etappenorten am Moselsteig gibt es mindestens einen Bäcker oder eine Tankstelle. Sollte das mal nicht der Fall sein, so finden Sie diese Info in der Etappenbeschreibung. In diesem Fall müssen Sie sich entweder schon vorher mit Lebensmitteln für zwei Wandertage eindecken, im Hotel nach einem Lunchpaket fragen oder sich im Rahmen der Einkehrmöglichkeiten zwischendurch versorgen. Allerdings sind Sie an der Mosel unterwegs und damit in einer touristisch sehr erschlossenen Gegend. Sollte es an Ihrem Etappenziel tatsächlich mal keine Einkaufsmöglichkeit geben, dann können Sie sicher sein, dass der Lieferservice aus dem Restaurant im nächsten Ort mit Sicherheit auch zu Ihnen kommt.

Erste Hilfe (ärztliche Versorgung/Hausmittel)

In den meisten Orten des Moselsteigs gibt es (Sie bewegen sich am Ende des Tages ja doch immer wieder in der Zivilisation) Apotheken und/oder Arztpraxen. In den größeren Orten wie Trier, Zell oder Koblenz gibt es natürlich auch Krankenhäuser. Telefonnummer für den Notruf/Krankenwagen/Feuerwehr etc.: 112.

Obendrein gibt es mit „Hilfe im Wald", kostenlos verfügbar für iOS und Android, eine App, die rund 60.000 Rettungspunkte in Deutschland anzeigt. Sollte Ihnen auf der Wanderung etwas passieren, können Sie damit sehr schnell den nächstgelegenen Punkt identifizieren und den Rettungskräften mitteilen, wo diese Sie finden.

Etappen und Distanzen

Mit einer Gesamtlänge von mehr als 373 km, aufgeteilt in 24 Etappen, führt der Steig von Perl an der deutsch-luxemburgischen Grenze bis zum Deutschen Eck in Koblenz. Die einzelnen Etappen variieren in ihrer Länge zwischen rund 9 und maximal etwa 24 km, was den Moselsteig zu einem idealen Wanderweg für sowohl erfahrene Langstreckenwanderinnen und -wanderer als auch für diejenigen macht, die es vorziehen, die Schönheit der Mosel in gemäßigteren Tagesabschnitten zu erkunden. Die Infrastruktur ist hervorragend ausgebaut. Daher ist es auch möglich, die eine oder andere Etappe zusammenzufassen. Es ergibt aber schon Sinn, dass einige Etappen in diesem Buch recht kurz gehalten sind. Am Anfang stehen Ihnen noch nicht so viele Höhenmeter bevor. Doch auf der kürzesten Etappe bekommen Sie es zum Beispiel mit dem steilsten Weinberg Europas zu tun. Nicht ganz so gut trainierte Hobbywanderinnen und -wanderer (wie ich) brauchen dafür schon eine Weile. Aber insgesamt ist tatsächlich eine flexible Planung möglich – je nach Ihrem persönlichen Fitnessgrad.

GPS-Tracks

Mit diesem Outdoor-Führer haben Sie nicht nur einen kompakten Begleiter für unterwegs erworben, sondern praktischerweise auch gleich die GPS-Tracks aller hier im Buch geschilderten Etappen für Ihre Handy-App oder Ihr GPS-Gerät.

Nutzen Sie den QR-Code oder suchen Sie auf der Seite des Verlags (💻 www.conrad-stein-verlag.de) nach dem Buchtitel und gehen Sie zu dem Punkt „GPS-Tracks", um die GPS-Tracks als Zip-Datei herunterladen. Anschließend entpacken Sie die Datei, die Sie nun in Ihrem Downloadordner finden, mit einem Programm wie Winzip.

Literaturtipps

Sehr empfehlenswert sind meiner Ansicht nach die „Glücksorte"-Bücher aus dem Droste Verlag. Dazu gehören unter anderem:

- 📖 Glücksorte an der Mosel von Carmen Sadowski, ISBN 978-3770020843 (alternativ gibt es von Carmen Sadowski auch das Magazin „Mosel – Das Magazin für Entdecker", das ebenfalls sehr ansprechend aufgebaut und geschrieben ist)
- ♦ Glücksorte in Koblenz von Bettina Manuela Hambuch, ISBN 978-3770022519
- ♦ Glücksorte in Trier von Martin Recktenwald, ISBN 978-3770020508

Aber auch die Reihe „111 Orte" aus dem Emons Verlag macht bei der Vorbereitung des Trips Spaß, so zum Beispiel:

📖 111 Orte an der Mosel, die man gesehen haben muss von Anke Müller, ISBN 978-3954513253

Wer mehr auf Mystisches steht, wird hiermit gut bedient sein:

♦ Sagen und Legenden von Saar und Mosel von Josef Ollinger, Regionalia Verlag, ISBN 978-3955403362

Außerdem hat unter anderem Matthias Erlenkamp für Leserinnen und Leser mit Spaß an Detektivgeschichten vier Mosel-Krimis im Lübbe-Verlag veröffentlicht.

Radwandern

Der Moselsteig eignet sich nur sehr bedingt für das Befahren mit dem Rad. Es dominieren Hangkantenpfade, steile Weinberge und schmale, sich durch die Wälder schlängelnde Wege, die zum Teil sogar seilgesichert oder gleich als Klettersteige ausgeschrieben sind.

Daher empfehle ich, sich die Schönheiten des Moselsteigs am besten zu erwandern. Wer gerne mit dem Rad unterwegs ist, sollte sich den Mosel-Radweg näher anschauen. Aktuell ist sogar ein Moselhöhenradweg in Planung.

Reisezeit/Klima

Ganz ehrlich? Wenn im Winter über jedem Seitental Regenwolken hängen, kann es schon recht trist werden an der Mosel. Aber: Das kommt eigentlich recht selten vor. Für die Vorbereitungen dieses Buches war ich tatsächlich auch noch im Dezember im T-Shirt unterwegs. Das Klima entlang der Mosel ist gemäßigt, mit relativ milden Wintern und warmen Sommern, was den Moselsteig zu einem attraktiven Ziel für fast das ganze Jahr macht.

Der Frühling, speziell von April bis Juni, ist eine hervorragende Zeit für eine Wanderung. Die Natur erwacht zu neuem Leben, die Weinberge beginnen zu grünen und die Temperaturen sind ideal für längere Wanderungen.

Der Sommer, von Juli bis August, bietet lange Tage und warmes Wetter, ideal für Wanderinnen und Wanderer, die die leuchtenden Farben der voll belaubten Weinberge und die lebhafte Atmosphäre der Moselorte erleben möchten. Es ist allerdings auch die Zeit, in der mit den höchsten Temperaturen gerechnet werden muss, was insbesondere auf offenen Abschnitten des Steigs anstrengend sein kann – also immer genug Verpflegung und Sonnenschutz mitführen!

Der Herbst, von September bis November, ist vielleicht die magischste Zeit, um den Moselsteig zu begehen. Die Traubenlese (bitte nicht „Weinlese" sagen) beginnt und die Weinberge leuchten in spektakulären Rot- und Goldtönen. Die Temperaturen sind immer noch angenehm warm und die klare Luft bietet tolle Fernsichten. Zudem laden zahlreiche Weinfeste entlang der Mosel dazu ein, die lokale Kultur und die berühmten Moselweine zu genießen.

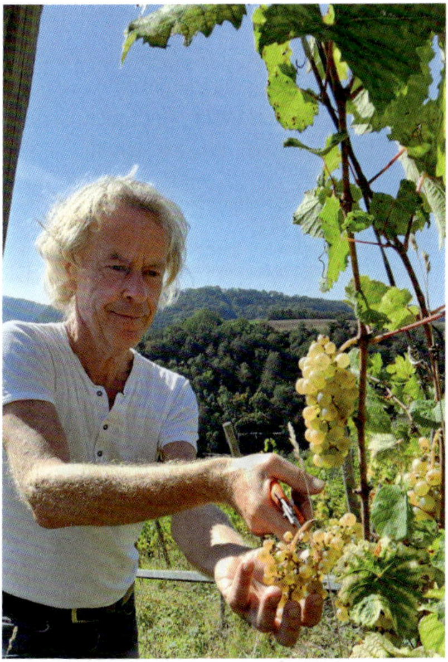

Das Lesen der Trauben kann, vor allem in Steillagen wie hier an der Untermosel, eine anstrengende Arbeit sein

Der Winter ist generell ruhiger. Schnee ist in der Region selten, was bedeutet, dass Wanderungen auch in den kälteren Monaten möglich sind. Viele Betriebe entlang der Mosel sind jedoch geschlossen oder haben nur eingeschränkte Öffnungszeiten. Und wenn Sie tatsächlich im Schnee wandern, kann es an einigen Stellen schon extrem glatt und gefährlich werden. Daher ganz eindeutig: Meine Lieblingszeit an der Mosel ist der Herbst.

Sehenswürdigkeiten

Einige Sehenswürdigkeiten, von denen Sie auf diesem Wege viele erwarten werden, werden in diesem Buch für Sie näher beschrieben. Einen Anspruch auf Vollständigkeit dieser Liste erhebe ich nicht, da der Platz sehr begrenzt ist und es in diesem Wanderführer ja auch in erster Linie darum gehen soll, dass Sie Ihren Weg finden, anstatt sich im Sightseeing zu verlieren. Vergessen Sie daher nie, die engagierten Mitarbeitenden der Touristen-Informationen aufzusuchen, die Ihnen noch viele weitere Tipps geben und Führungen anbieten können.

Telefon und Internet

Der Handyempfang sollte in der Moselregion meistens kein Problem sein – außer vielleicht im tiefsten Wald. Und auch in den Hotels und Pensionen entlang des Weges ist kostenloses WLAN Standard.

Unterkünfte

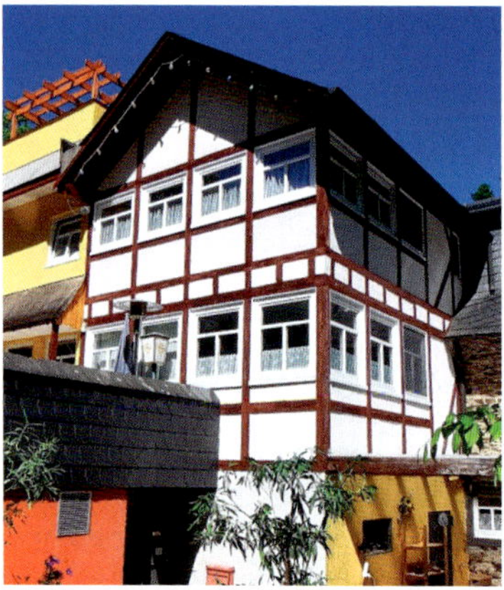

Pension Linkemühle (Etappe 22)

Die bei Touristinnen und Touristen sehr beliebte Urlaubsregion hat natürlich jede Menge Pensionen, Hotels, B&Bs, Jugendherbergen und Campingplätze zu bieten. Allerdings würde ich in der Hochsaison stets versuchen, einige Zeit vor der Ankunft in einem Etappenort ein Zimmer zu reservieren, da diese gerade im Sommer schnell ausgebucht sind. Zudem kann es schwierig sein, eine Unterkunft für nur eine Übernachtung zu finden. Deshalb bieten einige der hier genannten Gastgeberinnen und Gastgeber auch Mosel-Arrangements für zwei und mehr Nächte, manchmal inklusive Bringdienst, an. Erkundigen Sie sich daher rechtzeitig beim Beherbergungsbetrieb Ihrer Wahl.

Die Preise für ein Einzelzimmer beginnen bei zirka € 40, die Preise für ein Doppelzimmer bei zirka € 65 (nach oben hin offen).

Verkehrsmittel unterwegs

Dank der engen Zusammenarbeit der Verkehrsverbünde VRT (Verkehrsverbund Region Trier) im Abschnitt von Perl bis Bullay und VRM (Verkehrsverbund Rhein-Mosel) von Bullay bis Koblenz ist die gesamte Moselregion durch ein dichtes und effizientes Netz an Bus- und Bahnlinien erschlossen. Diese Verbindungen garantieren eine bequeme An- und Abreise zu allen Etappen des Moselsteigs. Für die Planung sollten Sie die Websites und Fahrplan-Apps der Verkehrsverbünde VRT und VRM nutzen. Unter 💻 vrt-info.de und 💻 vrminfo.de, aber auch unter 💻 bahn.de finden sich aktuelle Fahrpläne und Verbindungsinfos.

Für Wanderinnen und Wanderer, die nach einer Tour entlang der Mosel wieder zu ihrem Ausgangspunkt zurückkehren möchten, bietet sich neben Bus und Bahn noch eine Alternative: die Moselschifffahrt. Mit verschiedenen Anbietern (mehr Infos unter 💻 moselrundfahrten.de, 💻 ms-goldstueck.de, zum römischen Weinschiff in Neumagen-Dhron 💻 neumagen-dhron.de) können Sie die Mosel also auch vom Wasser aus erleben.

☺ Wichtiger Tipp: In manchen Orten sind Unterkünfte rar gesät oder schnell ausgebucht. Es ist aber kein Problem, auch mal 2, 3 oder gar 4 Nächte in einem Hotel zu bleiben. Die meisten Orte sind am Ende des Tages sehr gut mit Bus und Bahn zu erreichen, sodass Sie sich auch oft ein „Basislager" buchen können, zu dem Sie abends zurückkehren.

Wanderkarten

Empfehlenswert ist die laminierte Wanderkarte PublicPress Leporello „Moselsteig Perl – Koblenz" im Maßstab 1:35.000. Sie enthält Ausflugsziele, Einkehr- und Freizeittipps, Entfernungen, Etappen, Höhenprofil und ist GPS-genau. Die Auflage von 2018 hat die ISBN 978-3-89920699-9.

Keine (!!!) Wanderkarte ist zwar die einseitig bedruckte Straßen- und Freizeitkarte „Eifel, Mosel, Hunsrück, Westerwald" im Maßstab 1:150.000 von Freytag & Berndt (Papierausgabe, Auflage 2024). Sie bietet aber dennoch einen sehr schönen Überblick über das gesamte Wandergebiet.

☺ Die Kartenempfehlungen wurden geprüft von der Geobuchhandlung Kiel, ☎ 04 31/942 49.

Aber wenn ich ehrlich bin, reichen die GPS-Tracks aus diesem Buch für den Moselsteig aus, zumal er auch noch hervorragend ausgeschildert und damit „unverlaufbar" ist.

Wandern mit Hund

Das Wandern auf dem Moselsteig ist mit Hund möglich. Die meisten Etappen sind hundefreundlich. Auf der anspruchsvollen Etappe 21 von Moselkern nach Löf treffen Sie zwar auf eine Leiterpassage, aber hierfür ist eine Umleitung ausgeschildert. Ansonsten ist das Überwinden von Stufen, schmalen Pfaden und felsigen Passagen für Hunde machbar, solange sie die nötige Kondition haben. Einige Tipps für das Wandern mit dem Hund auf dem Moselsteig:

Stellen Sie sicher, dass Ihr Hund für die Länge und Schwierigkeit der Wanderungen geeignet ist. Nehmen Sie immer genug Wasser für sich und Ihren Hund mit. Dasselbe gilt für Essen beziehungsweise Hundefutter. Planen Sie regelmäßige Pausen ein, besonders an warmen Tagen, um Ihren Hund zu schonen. Auf einigen Strecken kann es erforderlich sein, den Hund anzuleinen, insbesondere, wenn Wildtiere in der Nähe sind oder der Weg sehr nahe an steilen Abhängen verläuft.

Überprüfen Sie regelmäßig die Pfoten Ihres Hundes auf Schnitte oder Risse, besonders nach felsigen Abschnitten. Achten Sie auf die Wettervorhersage und vermeiden Sie Wandertouren bei extremer Hitze oder schlechten Wetterbedingungen. Darüber hinaus ist es immer eine gute Idee, eine kleine Erste-Hilfe-Ausrüstung für Ihren Hund und für sich selbst mitzuführen.

In den größeren Orten am Moselsteig gibt es Tierärzte. Manche Unterkünfte akzeptieren Hunde, andere nicht – das sollten Sie im Vorfeld abklären.

Wegmarkierungen

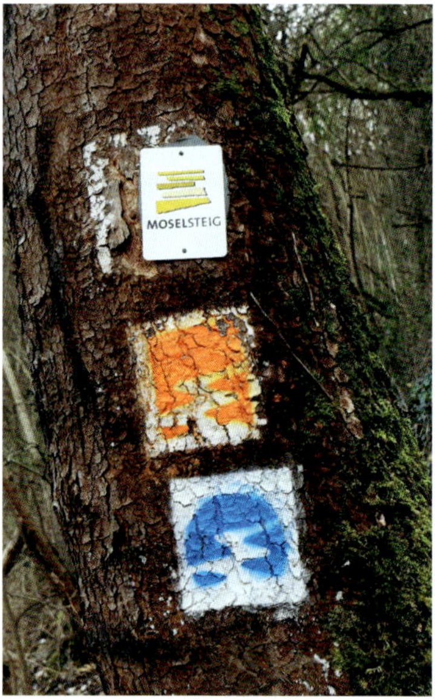

Wegmarkierungen an einem Baumstamm

Der Moselsteig ist durchgängig mit einem einheitlichen Wegzeichen markiert. Es besteht aus gestaffelten Linien in diversen Gelbtönen, die eine Schichten-Optik erzeugen; darunter steht das Wort „Moselsteig". Diese Struktur symbolisiert auch die Vielschichtigkeit der Region mit ihrem Reichtum an landschaftlichen und kulturellen Schätzen sowie das für die Mosel typische Schiefergestein.

Bei Zuwegen zum Hauptweg findet sich außerdem das Wort „Zuweg" auf den entsprechenden Schildern.

Das Logo für die Moselsteig-Seitensprünge behält die Schichten-Optik bei, verwendet jedoch die Farbe Braun. Unter dem Schriftzug „Moselsteig" ist bei den Seitensprüngen zusätzlich der jeweilige Name des Seitensprung-Weges zu lesen.

Der Moselsteig von Perl nach Koblenz

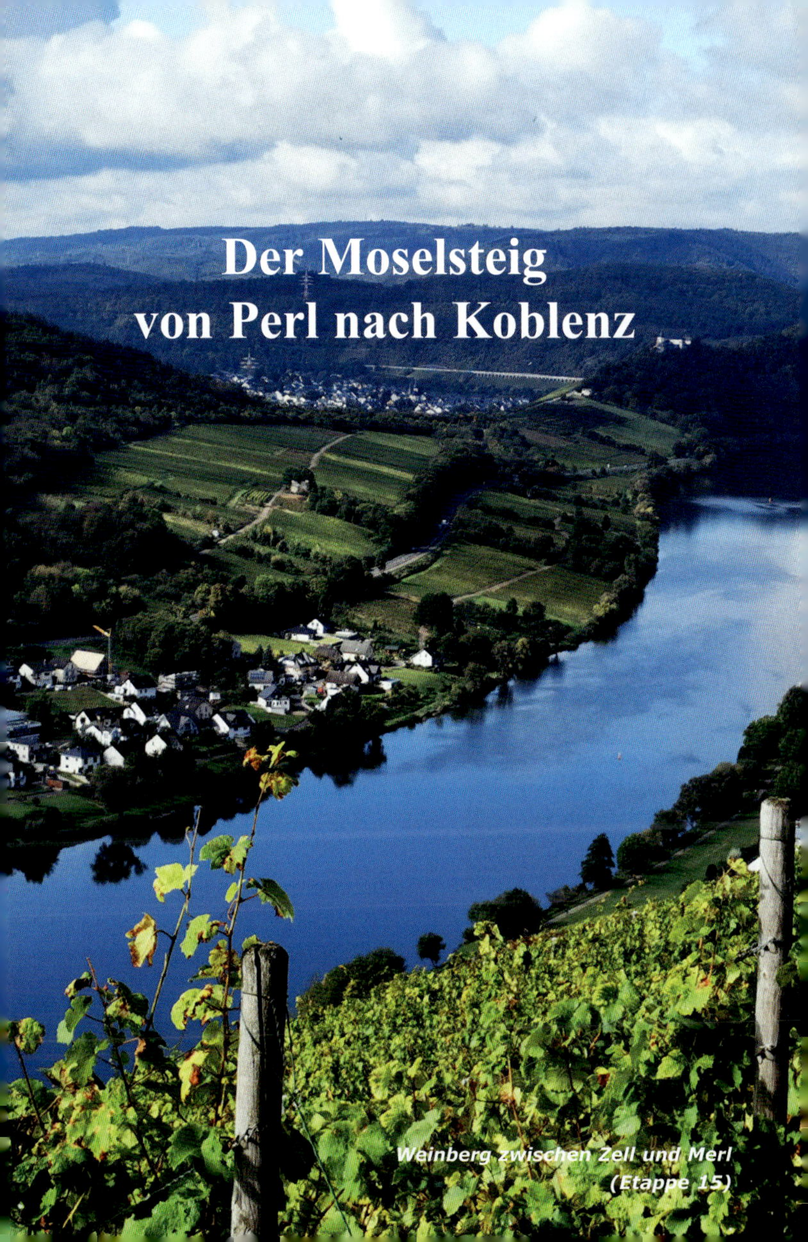

Weinberg zwischen Zell und Merl (Etappe 15)

Perl ⇧ 254 m, 8.992 Ew.

Touristinformation Perl, Trierer Straße 8, 66706 Perl, ☏ 068 67/661 01, info@perl-mosel.de, perl-saarschleifenland.de, Mo-Fr 9:00-14:30

Wein Erlebnis Hotel und Restaurant Maimühle, Bahnhofstraße 100, 66706 Perl, ☏ 068 67/911 31 70, info@maimuehle.de, maimuehle.de, ÜF EZ ab € 80, ÜF DZ ab € 110, Lunchpaket € 8 pro Person, Mi-So 11:30-15:00, Fr und Sa 18:00-23:00, Ruhetag: Di, Rezeption täglich 9:30-18:00, direkt am Bahnhof

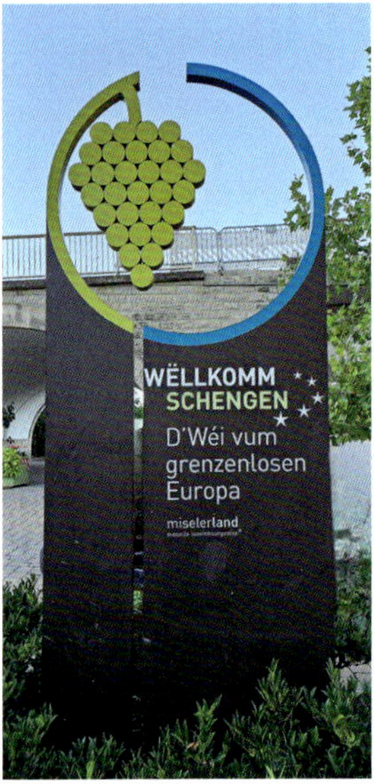

In Schengen liegen die Anfänge des grenzenlosen Europa

Ausgangspunkt Ihres Abenteuers ist eine Weinbaugemeinde des Saarlandes: Perl. Der Startpunkt des Moselsteigs ist gut gewählt, denn Perl ist der erste Ort in Deutschland, durch den die Mosel fließt, wenn sie uns von Frankreich aus erreicht. Ab hier wird der Steig nun 14-mal die Uferseiten wechseln, bis Sie schließlich am Deutschen Eck in Koblenz angelangt sind. Perl gehört wohl zu einem der ältesten Siedlungsgebiete des Saarlandes. Auch die Römerinnen und Römer fühlten sich in der Region wohl – Überreste einer ⌘ Römervilla können Sie zum Beispiel auf der 2. Etappe des Moselsteigs erkunden.

Weinstuben und Restaurants laden in Perl zum Verweilen ein, aber auch nahe gelegene Sehenswürdigkeiten, wie der ⌘ Apacher Eiffelturm, wollen bestaunt werden.

Wer sich einen Tag in Perl gönnt, sollte auch einen Abstecher nach **Schengen** machen. Dieser Ort liegt auf der anderen Moselseite. Und er atmet Geschichte, ist er doch als Ort des **Schengener Abkommens** berühmt geworden.

Das Schengener Abkommen

Unterzeichnet wurde das Schengener Abkommen im Jahr 1985 – auf dem Fahrgastschiff M.S. Princesse Marie-Astrid. Hier trafen sich Staatssekretäre aus Frankreich, Deutschland, Belgien, Luxemburg und den Niederlanden. Damit legten sie den Grundstein für ein grenzenloses Europa. Es trat 1995 in Kraft. Heute zählen 27 europäische Länder und damit rund 420 Millionen Menschen zum Schengen-Raum. All diese Menschen können seither ohne Visum von A nach B reisen.

Warum das Ganze ausgerechnet in Schengen geschah? Weil Luxemburg in jenen Tagen den Vorsitz der EU-Ratspräsidentschaft hatte.

In Schengen leben zwar nur etwa 550 Einwohnerinnen und Einwohner, aber wer sich für Denkmäler und Geschichte interessiert, muss herkommen. In der Tourist-Info (die sich auf einem Schiff befindet, November bis März 10:00-17:00, April bis Oktober 10:00-18:00) gibt es alle Flyer und Infos zum ⌘ Europäischen Museum, zum Schloss Schengen, zu den beiden Teilen der ⌘ Berliner Mauer und weiteren spannenden Denkmälern.

☺ In Perl beginnt nicht nur der Moselsteig am Dreiländerblick. Der Ort ist zudem der Ausgangspunkt des Saar-Hunsrück-Steigs. Und auch ein Jakobsweg führt durch den Ort.

1. Etappe: Perl – Palzem (inklusive Zuweg vom Bahnhof Perl zum Startpunkt)

23,3 km, 6 Std. 30 Min., ↑ 598 m, ↓ 565 m, ⇧ 147-386 m

0,0 km	⇧ 147 m	Perl, Bahnhof
1,9 km	⇧ 247 m	Moselsteig-Startpunkt Dreiländerblick
4,9 km	⇧ 384 m	Pausenplatz an Rinderweide
9,0 km	⇧ 263 m	Wochern (Eiche mit Steinkreuz)
14,3 km	⇧ 239 m	Doline mit Schluckloch
15,0 km	⇧ 276 m	B406
20,2 km	⇧ 242 m	Sportplatz Kreuzweiler
21,2 km	⇧ 194 m	kleine Brücke
23,3 km	⇧ 178 m	Palzem, Wegekapelle auf'm Carlsberg (Ortsrand)

Los geht es (mit genug Verpflegung, denn es gibt keine Einkehrmöglichkeiten) eher ruhig – und meistens weit entfernt von der Mosel. Am Bahnhof startet das Abenteuer mit dem rund 2 km langen Zuweg zum Dreiländerblick. Genießen Sie die Aussicht auf die Mosel, denn es wird für eine Weile die letzte sein. Sie werden heute die Hektik des Alltags auf Ihrem Weg durch idyllische Wälder eines Naturschutzgebietes, vorbei an Feldern, Streuobstwiesen und Dolinen schnell hinter sich lassen. In den Dörfern Wochern und Tettingen können Sie herrlich ruhig verschnaufen. In Palzem gibt es ein Glas Wein zum Lohn dafür, dass Sie als echte Grenzgängerin oder echter Grenzgänger unterwegs gewesen sind: Sie standen nicht nur mit einem Bein in Deutschland, mit einem in Frankreich und schauten dabei auf Luxemburg, sondern Sie haben auch die Grenze zwischen dem Saarland und Rheinland-Pfalz passiert.

Sie starten am **Bahnhof Perl**. Zunächst überqueren Sie das Gelände der Maimühle, biegen links in die Bahnhofstraße und folgen ihr bis zum Kreisverkehr. Wer noch Vorräte braucht, stattet dem dahinterliegenden Supermarkt mit Bäckerei einen Besuch ab. Danach geht es hinter dem Kreisverkehr links auf einen Waldweg. Jetzt heißt es: Kondition abrufen! An Wiesen und Obstbäumen entlang führt der Weg recht steil über Beton bergan, bis Sie endlich Oberperl durchqueren können.

Die Straße Zum Hammelsberg bringt Sie zum offiziellen Startpunkt des Moselsteigs, dem **Dreiländerblick ❶** (km 1,9). Der Weg in den Wald hinein ist nicht nur im Naturschutzgebiet, sondern auch ein Grenzweg zwischen Frankreich und Deutschland. Begleitet wird er von schönen Aussichten, aber auch von Baumwurzeln. An der Schutzhütte sind Sie oben angekommen. Im Anschluss geht es weiter durch einen urigen Wald; die Wege sind hervorragend ausgeschildert.

Aussicht am Startpunkt Dreiländerblick

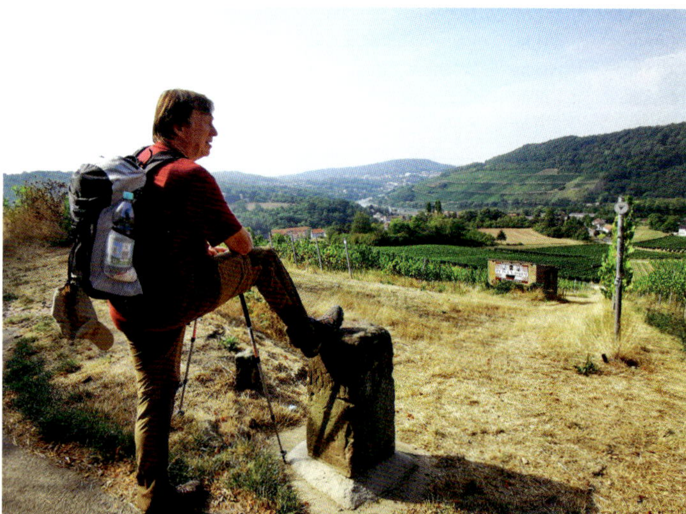

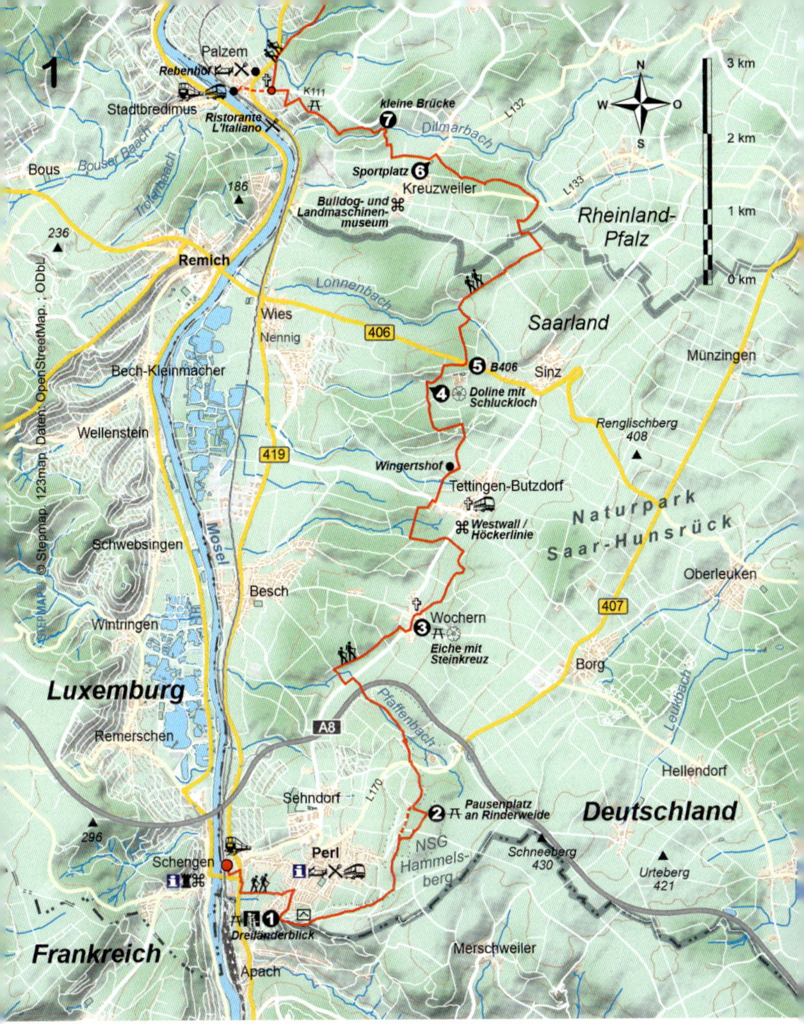

Im fröhlichen Auf und Ab führt der Moselsteig weiter durch den dichten Laubwald, der auch kunstvolle Überraschungen für Sie bereithält – Augen auf! Sie queren etwa bei km 3,4 eine Asphaltstraße und biegen an einer weiteren links ab, erneut in einen urigen Wald hinein. Er lockt mit einem kurzen Stück voller Treppenstufen.

Bald liegt rechts von Ihnen eine große Weide, auf der manchmal Gallowayrinder zu bestaunen sind. Das geht am besten vom ruhigen ⛩ **Pausenplatz an der Rinderweide ❷** (km 4,9) aus, auf den Sie beim Umrunden der Weide treffen (sollte der Weg zum Schutz der Rinder gesperrt sein, dann folgen Sie der ↳ Abkürzung weiter geradeaus, anstatt an der Wiese rechts abzubiegen!).

Nach einem weiteren flachen Stück durch ein Wäldchen liegt zirka bei km 5,8 die L170 vor Ihnen, die Sie ✋ vorsichtig queren. Haben Sie das Pfaffenbachtal hinter sich gelassen, will eine Autobahnbrücke unterquert werden. Der Moselsteig führt Sie weiter am Waldrand entlang, bis Sie auf das Dörfchen **Wochern ❸** ✞ ⛩ (km 9) stoßen. Hier bietet sich eine Rast an der großen ❀ Eiche mit Steinkreuz an. Ansonsten ist in diesem Ort allerdings nicht viel los.

Nach weiteren Wiesen, Feldern und Wäldern treffen Sie auf ein ruhiges Tal. Am Ende streifen Sie den Ort **Tettingen** ✞ ⌘ 🚌. Wem die 1. Etappe zu lang ist, kann hier mit dem 🚌 Bus zurück nach Perl fahren.

☺ ↳ Wer einen kleinen, geschichtlich interessanten Abstecher (Hinweg rund 710 m) machen möchte, begibt sich von der Bushaltestelle aus geradeaus weiter über die Bescher Straße in den Ort. Wenn Sie auf dic Zerwasstraße treffen, biegen Sie rechts ab. Nach rund 145 weiteren Metern geht es links in den Feldweg und rund 55 m später stehen Sie am ⌘ Westwall/Höckerlinie. Diese „Drachenzähne" sind Befestigungen aus Stahlbeton. Sie dienten im Zweiten Weltkrieg dazu, Panzerbewegungen zu behindern. Ein Schild werden Sie allerdings nicht finden.

Erster Blick auf Tettingen

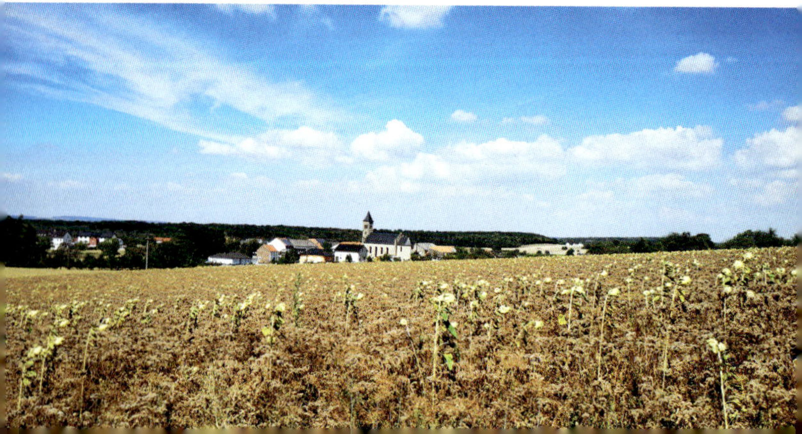

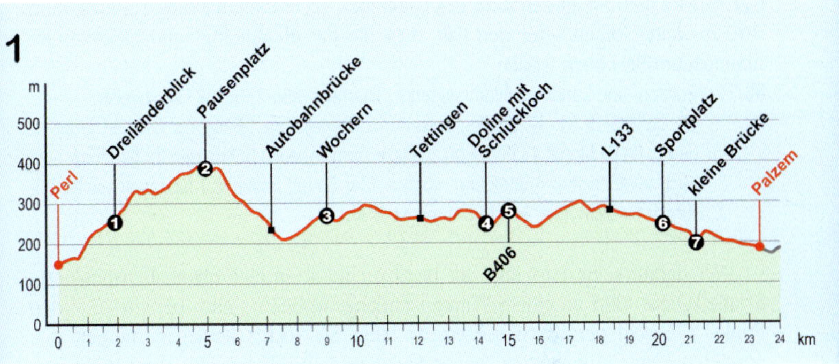

Wer lieber weiterwandern möchte, den führt der Moselsteig direkt an Tettingen vorbei. Sie passieren einen Bauernhof, biegen links ab und genießen ein weiteres Mal die Ruhe der Felder und Wälder. Etwa bei km 14,3 stoßen Sie dann rechter Hand auf eine spannende Erscheinung: die **Doline mit Schluckloch ❹**.

Doline mit Schluckloch

Die Doline mit Schluckloch hat nicht nur einen klangvollen Namen, sondern auch eine interessante Geschichte. Kalkgestein beherrscht das Gebiet. Wenn dieser sich durch Wasser löste, entstand eine solche Doline, in der sich das feuchte Nass sammelte. An der Stelle, an der Sie jetzt stehen, gelangte das Wasser durch das Schluckloch bis in unterirdische Hohlräume, was die Ansammlung von Regenwasser verhinderte. Regnet es im Moment? Dann haben Sie vielleicht zwar nasse Füße, können aber eventuell das unterirdische Rauschen hören.

Kurz nach dem Schluckloch erreichen Sie die **B406 ❺** (km 15), die Sie vorsichtig überqueren. Nach einem weiteren Wäldchen wandern Sie durch ein Tal, in dem Sie unter Umständen viele tieffliegende Schwalben bestaunen können.

Wiesen, Felder, Waldränder und Weitsichten begleiten Sie erneut, bis Sie bei km 17,7 auf Asphalt treffen. Lassen Sie sich von den Ausblicken aber nicht zu sehr ablenken, denn nur ein paar Meter weiter müssen Sie rechts auf einen Wiesenweg abbiegen, der Sie bis zu einem Waldrand hinaufführt. Bei km 18,6 überqueren Sie vorsichtig die L133. Nach dem Mischwald stehen Sie am Rande von Kreuzweiler, das bereits zu Palzem gehört. Auf der Höhe des **Sportplatzes Kreuzweiler ❻** (km 20,2) biegen Sie links ab auf die Moselstraße.

☺ ↳ Möchten Sie in den Kern des Ortsteiles, so müssen Sie dieser Straße rund 760 m weiter folgen – für den Fall, dass Sie das ⌘ Bulldog- und Landmaschinenmuseum besuchen wollen.

⌘ Bulldog- und Landmaschinenmuseum, Thornerstraße 7, 54439 Kreuzweiler, ☏ 065 83/13 51, 💻 bulldog-museum-kreuzweiler.de, 🚪 Mai bis Oktober jeden 1. und 3. Sa im Monat 13:00-17:00, weitere Termine, auch Führungen für Gruppen, sind nach telefonischer Anmeldung möglich. Der Eintritt kostet € 3 für Erwachsene. Für Kinder bis zum Alter von 14 Jahren ist er frei.

Wer darauf keine Lust hat, der biegt rechts ab in eine ebenfalls asphaltierte Straße. Diese führt an einem Wingert entlang, wobei Sie etwa bei km 20,7 den Punkt ✋ nicht verpassen sollten, an dem Sie rechts abbiegen müssen. Sie passieren einige Apfelbäume, bevor Sie dann linker Hand wieder im Wald verschwinden. Sie folgen dem Weg abwärts und queren eine **kleine Brücke ❼** (km 21,2).

Sobald Sie aus dem Wald heraustreten, trennen Sie noch 2,2 km vom Ortskern von Palzem. Kurz vor einer Kreuzung stoßen Sie auf einen Wingert und eine Bank, die sich für ein Päuschen anbietet. Danach geht es auf Asphalt weiter abwärts. Nach vielen Blicken auf Obstbäume und Rebstöcke liegt schließlich die wenig befahrene K111 vor Ihnen. Wenden Sie sich nach links und wandern Sie gemütlich weiter zur ✞ **Kapelle auf'm Carlsberg**, die bei km 23,3 links von Ihnen auftaucht. Sie markiert das Ende der Etappe; morgen geht es an dieser Stelle fröhlich weiter nach rechts durch den Wingert.

Für heute reicht es allerdings, sodass Sie (wenn Sie möchten) ↳ geradeaus in Richtung Ortskern von **Palzem** weiterlaufen können, den Sie nach rund 430 m erreichen. Hier biegen Sie links ab und folgen den Straßen An der Kirche und Bahnhofstraße, bis Sie nach weiteren zirka 115 m am 🚆 Bahnsteig angekommen sind.

Palzem 🛏 ✕ ✞ 🚌 🚆 ⇧ 165 m, 1.557 Ew.

🛏 ✕ Rebenhof, Obermoselstraße 9, 54439 Palzem, ☏ 065 83/537, ✉ info@rebenhof-palzem.de, 💻 rebenhof-palzem.de, ÜF EZ € 62, ÜF DZ € 85, 🚪 ✕ Mo, Do-Sa warme Küche 12:00-14:00 und 18:00-21:00, So warme Küche 12:00-14:00 und geöffnet bis 15:00, Ruhetage: Di und Mi

✕ Ristorante L'Italiano, Obermoselstraße 1, 54439 Palzem, ☏ 065 82/99 29 19, 🚪 So-Do 10:30-22:00 sowie Fr und Sa 10:30-00:00

🚆 Von Palzem aus gelangen Sie per Bus und Bahn unter anderem zurück nach Perl oder auch direkt nach Nittel.

Palzem liegt an der Obermosel. Der Legende nach waren es die Römer, die hier den Elbing zum ersten Mal als Rebe anpflanzten – vor 2.000 Jahren.

☺ Wer mehr darüber erfahren und einen Extratag in Palzem einlegen möchte, kann sich auf den Wanderweg Via Caliga begeben. Er ist 40 km lang, kann aber auch in zwei Schleifen erkundet werden. Eine davon beginnt in Palzem und umfasst 21 km.

Zu Palzem gehört auch der Ort Helfant mit dem ✞ **Helfanter Dom**, an dem Sie morgen vorbeikommen werden.

2. Etappe: Palzem – Nittel

14,8 km, 5 Std., ↑ 410 m, ↓ 400 m, ⇧ 171-305 m

0,0 km	⇧ 178 m	Wegekapelle auf'm Carlsberg Palzem ✞
3,8 km	⇧ 230 m	Helfanter Dom ✞
6,3 km	⇧ 259 m	Wincheringen, Ortsrand BANK ✞
10,5 km	⇧ 211 m	Kapelle St. Martin Rehlingen ✞
11,2 km	⇧ 263 m	Kölliger Höhe mit Bank
13,7 km	⇧ 262 m	Broudermännchesbur-Quelle mit Picknicktisch
14,8 km	⇧ 189 m	Nittel, Nitteler Bach/Ortskern BANK ✞

Die kleine Kapelle auf'm Carlsberg, an der die zweite Moselsteigetappe oberhalb von Palzem startet, können Sie getrost links liegen lassen: Mit dem Helfanter Dom wartet heute ein ungleich imposanteres Gotteshaus auf Sie. Sowohl die Aussichten als auch die Wegführung werden jetzt von Schritt zu Schritt abwechslungsreicher. In Wincheringen könnten Sie einkehren, allerdings streifen Sie den Ort nur. Ein Pausenplatz mit Aussicht bietet sich danach an der Rehlinger Kapelle St. Martin. Weiter geht es dann in Richtung Kölliger Höhe. Kurze steile An- und Abstiege bringen Spannung ins Spiel. Kurz vor dem Etappenziel erblicken Sie bereits die 20 m hohe Dolomitfelswand, die Sie morgen näher kennenlernen werden. Bevor es in den kleinen, quirligen Weinort Nittel geht, machen Sie noch Bekanntschaft mit dem Broudermännchesbur.

Von der ✞ Kapelle auf'm Carlsberg aus geht es durch den Wingert bis zu einer weiteren kleinen ✞ Kapelle. In dieser wird der gefallenen und nicht heimgekehrten Soldaten des Zweiten Weltkrieges gedacht. Da Sie allerdings in hoffentlich fröhlicher Stimmung sind, lassen Sie diesen traurigen Ort besser schnell hinter sich.

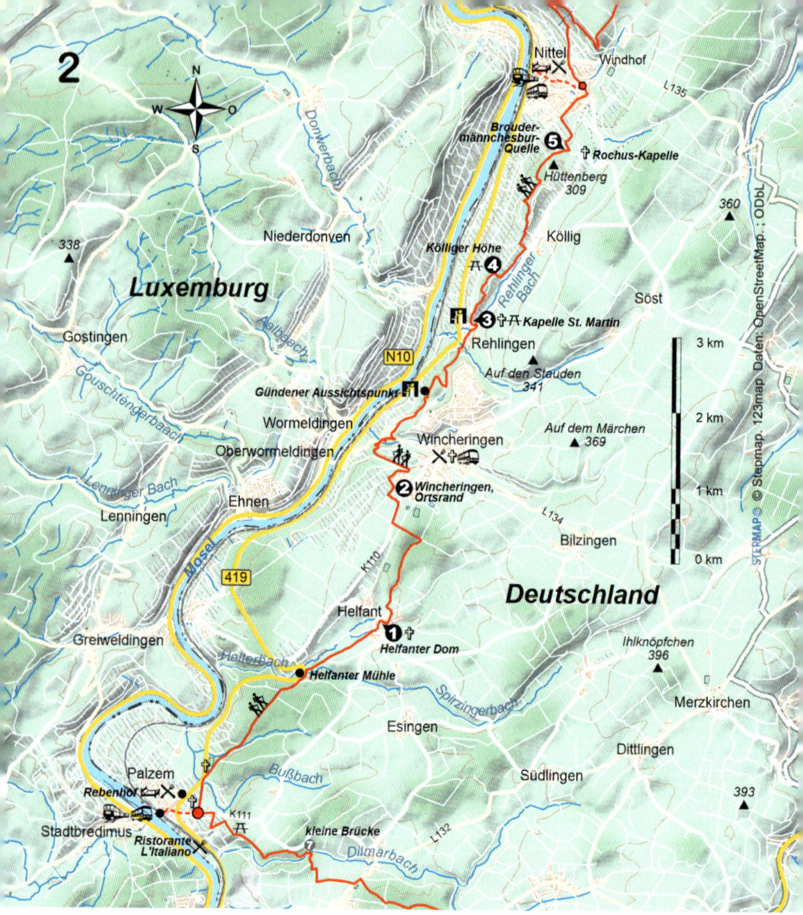

Eine ganze Weile geht es nun durch einen schattigen Hochwald. Dann passieren Sie die Helfanter Mühle. Spätestens jetzt bietet sich Ihnen der erste Blick auf den ✝ **Helfanter Dom** ❶, der ab 1848 errichtet wurde. Nach rund 3,8 km entspannten Wanderns ist er auch schon erreicht.

✝ **Helfanter Dom**: Die Bewohnerinnen und Bewohner von Helfant konnten es nicht aushalten, dass ihre Kirche 60 Jahre lang keine Türme hatte. Als der Bischof sich 1910 immer noch knauserig zeigte, kratzten sie selbst ihre Taler zusammen und bauten sie in Eigenregie auf ihre Dorfkirche St. Bartholomäus.

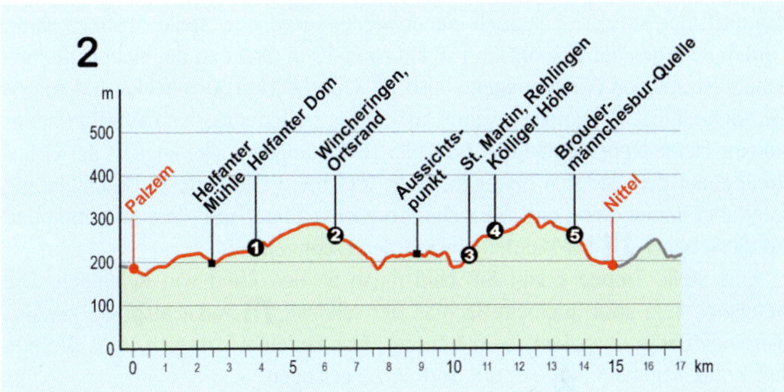

Seither wird diese liebevoll als „Dom" bezeichnet, auch wenn die Bezeichnung aus kirchenrechtlicher Sicht keine Bewandtnis hat. Die Türme kosteten damals 71.500 Mark, wobei ein Maurer stolze 38 Pfennige pro Stunde bekam – fast das Vierfache eines Bieres. Und trotz mancher Widrigkeiten, wie Kriegsschäden und Feuchtigkeit, hält der Dorfgeist die Kirche immer noch in Topform. Zum Jubiläum im Jahr 2012 wurde der Helfanter Dom, ein wuchtiger Bruchsteinbau mit Schieferdach, noch umfangreich saniert. Ein Blick hinein lohnt sich allemal.

Bis Wincheringen wandern Sie durch einen lichten Wald. Der Weg steigt bis zum Fußballplatz kurz vor dem Ort immer wieder leicht an, bevor er dann wieder eben wird. Überqueren Sie bei km 6 ☝ vorsichtig die K110. Der Moselsteig bringt Sie nur an den **Ortsrand Wincheringen ❷** (km 6,3) und dann in großem Bogen um die Ortschaft herum, wobei es mal auf und mal ab geht.

Wincheringen ⇧ 240 m, 2.529 Ew.

- Da Winchi Döner, Am Markt 15, 54457 Wincheringen, ☏ 065 83/220 49 01, Mo-Sa 11:00-22:00, So 12:00-22:00, Ruhetag: Mi
- Wagner's Bäckerei Café, Saarstraße 14, 54457 Wincheringen, ☏ 065 83/994 71 61, Di-Sa 6:00-13:00, So 7:00-11:00, Ruhetag: Mo
- Mit dem Bus gelangen Sie (selten!) nach Palzem.

Der Wanderweg führt Sie am Wingert entlang und durch einen kleinen Hohlweg. Es folgen immer mal wieder die tollen Aussichten auf die Mosel, die Sie gestern ein wenig vermisst haben könnten. Die Rebstöcke bringen Sie zur entsprechenden Jahreszeit sicher immer wieder in Versuchung. Gut, dass Sie sich auf andere Dinge konzentrieren müssen, denn der Weg nach **Rehlingen** schlängelt sich nicht nur, sondern hält auch immer wieder kurze, aber steile Anstiege parat. Zudem bewegen Sie sich bei km 7,9 km rund 30 m direkt an der viel befahrenen Bahnhofstraße von Wincheringen – also Obacht! Und auch bei km 8,4 sollten Sie noch einmal Vorsicht walten lassen: Sie treffen außerhalb Wincheringens auf eine kleine Nebenstraße, der Sie zirka 160 m folgen – allerdings ist der Grünstreifen, auf dem Sie sich bewegen, nicht sehr breit. Die perfekte Beschilderung sorgt aber immer dafür, dass Sie sich ansonsten auf Ihre Füße, Ihre Kondition und auf die schönen Fernsichten konzentrieren können.

Eine steile Treppe bringt Sie bald hinab an den Rand von Rehlingen. Die Gemeinde liegt zwar in einem Bachtal, der schönste Aussichtspunkt gewährt allerdings Blicke von oben auf die Mosel. Das bedeutet natürlich, dass Sie nun Ihre Kräfte sammeln müssen, um dorthin zu gelangen.

Ist der Aufstieg über Asphalt geschafft, liegt vor Ihnen die kleine, barocke **Kapelle St. Martin Rehlingen ❸** (km 10,5) aus dem Jahr 1700, die von einem ebenso kleinen Friedhof umrahmt wird. Davor haben nette Menschen eine Sinnesbank aufgebaut, die nun zur Rast einlädt.

Achtung: Ich spreche aus Erfahrung, wenn ich Ihnen rate, nach der Pause wachsam zu sein. Denn wenn Sie wieder aufgestanden sind und einen Blick auf die Wegweiser hinter sich werfen, so mag es so aussehen, als wollte das Moselsteig-Schild Sie nach links schicken. Dem ist nicht so! Gehen Sie einfach geradeaus weiter, auch wenn dieser Weg leicht ansteigt.

Nach einem kleinen Spaziergang vorbei an Rebstöcken und durch ein Wäldchen erreichen Sie die **Kölliger Höhe ❹** mit Bank (km 11,2). Wer von den kurzen An- und Abstiegen müde geworden ist, der kann sich hier noch eine Pause gönnen. Am Rande von Köllig geht es dann erneut in einen Mischwald hinein. Der Weg führt eine kurze Zeit recht steil abwärts, bevor Sie wieder ebenen, moosigen Waldboden unter den Füßen haben.

Achten Sie trotzdem auf Stolperfallen in Form von Wurzeln!

Mal auf, mal ab – auch dieser kleine Zauberwald hat es in sich. Irgendwann erreichen Sie das Ende des Waldes. Der nächste Wingert hält nun eine Überraschung bereit: Nehmen Sie Platz an der **Broudermännchesbur-Quelle** mit **Picknicktisch ❺** (km 13,7)! Doch was bedeutet dieses seltsame Wort?

Broudermännchesbur-Quelle

Die Sage „Nitteler Broudermännchesbur" erzählt von einem Einsiedler von der „Bruderschaft der unbefleckten Empfängnis". Diese Bruderschaft bewohnte eine

Klause neben der Rochus-Kapelle oberhalb des Brunnens. Der durstige Brudermeister musste damals stets einen beschwerlichen Weg auf sich nehmen, um Wasser von einer Quelle aus dem Oberdorf zu holen – besonders der Rückweg bergauf muss anstrengend gewesen sein. Eines Tages kippte er seinen Wassereimer um – kurz vor der Klause. Er betete frustriert, bat um Hilfe. Und, oh Wunder, Gott half: Er spendierte dem Jammernden eine frische Quelle direkt vor Ort. Da diese nicht aufhörte zu sprudeln, musste der Brudermeister fortan keine beschwerlichen Wege mehr auf sich nehmen, denn von diesem Ort aus liegt die Kapelle ja nur einen Katzensprung entfernt. Ein Prost auf die himmlische Intervention! Die Klause wurde Anfang des 19. Jahrhunderts aufgelöst. Was geblieben ist, ist der Brunnen, an dem Sie nun rasten können.

Aber genug gerastet: Wie Sie schon sehen können, ist Nittel nicht mehr weit! Es geht den Kreuzweg hinunter, bevor Sie sich am Friedhof nach rechts wenden. Schließlich stoßen Sie im Ortskern auf den **Nitteler Bach an der Gabelung Weinstraße/Im Blümchen**. An dieser Stelle ist Schluss für heute mit dem Wandern; morgen geht es auf der Straße Im Blümchen weiter.

Um Nittel näher kennenzulernen oder den noch etwa 800 m entfernten Bahnhof zu erreichen, folgen Sie einfach der Weinstraße hinab in den Ort.

Sinnesbank an der Kapelle Rehlingen

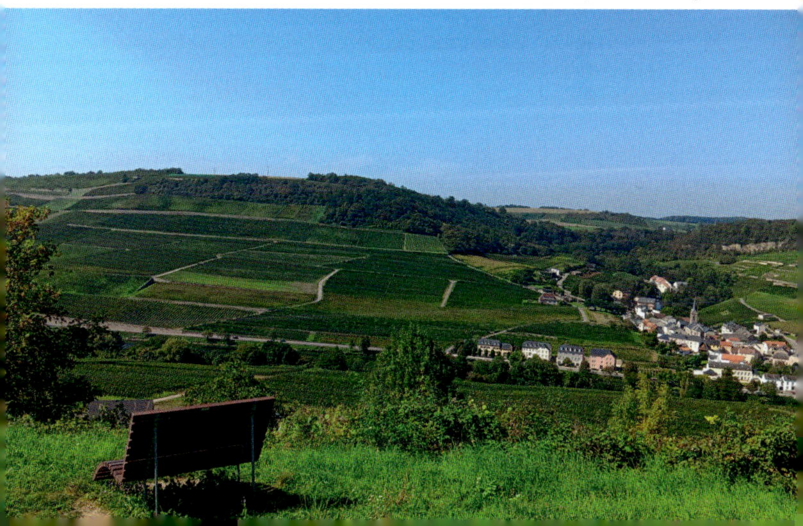

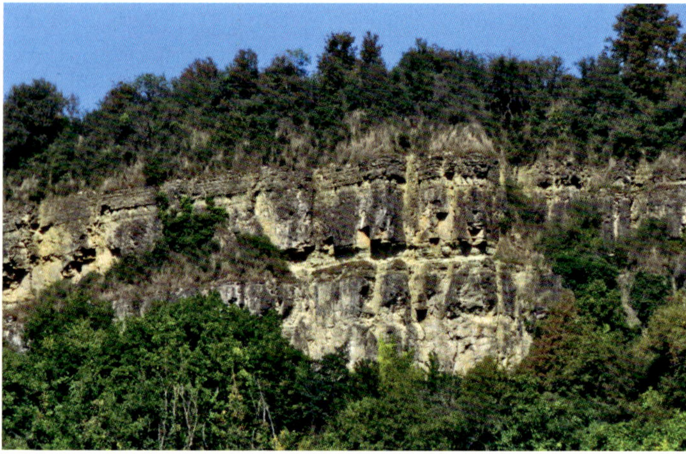

Nitteler Felsen

Nittel

180 m, 2.655 Ew.

Zum Mühlengarten, Uferstraße 5, 54453 Nittel, ☎ 026 05/849 57 27, info@relaxinnhotels.com, relaxinnhotels.com, @, Low-Budget-Unterkunft mit digitaler Rezeption, Check-in-Codes gibt es per Mail, Ü EZ ab € 45, Ü DZ ab € 49, direkt am Bahnhof

Steakhouse Zum Mühlengarten, Uferstraße 5, 54453 Nittel, ☎ 065 84/914 20, Do-Di 11:00-14:00 und 16:30-20:30, Ruhetag: Mi

Mit dem Zug geht es nach Palzem oder Konz.

Steile Felswände und wilde Orchideen, Winzerhöfe und ein verträumter Ortskern: In Nittel kann man die Seele baumeln lassen. Winzerinnen und Winzer bieten Weinwanderungen an – kein Wunder, dass dieses Fleckchen Erde an der Obermosel ein staatlich anerkannter Erholungsort ist. Bereits in der Steinzeit wurde Nittel besiedelt, urkundliche Erwähnung fand der Ort jedoch erst im Jahr 1.000. Die Gemeinde gilt zudem als Zentrum des Elbling-Anbaus – auf der Rebfläche von gut 290 Hektar macht der Elbling einen Anteil von etwa 75 Prozent aus. Wer feiern möchte, findet in Nittel ein attraktives Ziel: Es gibt unter anderem das Weinlehrpfadfest am Karsamstag, die Tage der offenen Weinkeller im Mai, die St.-Rochus-Weinkirmes, aber auch ein Weinfest mit den Nachbarinnen und Nachbarn aus Machtum (Luxemburg), wobei Schiffe zwischen den beiden Orten pendeln.

3. Etappe: Nittel – Konz

21,5 km, 6 Std. 30 Min., 544 m, 600 m, 132-345 m

0,0 km	189 m	Nittel, Nitteler Bach/Ortskern
2,2 km	219 m	Skulptur „Großer Zeiger" ⌘
3,7 km	283 m	Blick auf Nittel
7,6 km	320 m	Roler Höhe
10,7 km	311 m	Aussicht Fellerich
12,3 km	267 m	Sinnesbank mit Blick auf Fellerich
13,4 km	207 m	Albach-Brücke
16,8 km	334 m	Löschemer Kapelle
18,3 km	166 m	Wasserliesch Ortsrand BANK
21,5 km	136 m	Konz, Bahnhof BANK ⌘

Heute steigen Sie vom Winzerdorf Nittel aus auf und lassen sich von steilen Felswänden und Feldern verzaubern. Für die ersten 5 km sollten Sie Fitness mitbringen und am Abend zuvor nicht zu tief ins Glas geschaut haben. Bald nachdem Sie Nittel verlassen haben, eröffnet sich auch schon der atemberaubende Blick über das Moseltal und die Kalksteinfelsen. Diese Felsen sind gut 210 Millionen Jahre alt. Der Moselsteig schlängelt sich daran entlang, mitten durch das Naturschutzgebiet Nitteler Felsen. Weiter geht es über offene Felder, hinab ins Albachtal, wieder hinauf zur Löschemer Kapelle und erneut hinab nach Wasserliesch, wo Sie einkehren können. Von dort aus ist es allerdings nur noch ein Katzensprung bis nach Konz an der Saarmündung.

☺ *Nehmen Sie genug Verpflegung mit; Einkehrmöglichkeiten gibt es erst in Wasserliesch kurz vor Konz.*

Am Nitteler Bach, dem Endpunkt der 2. Etappe, biegen Sie nun rechts ab in die Straße Im Blümchen. Diese bringt Sie durch den Weinberg bis zum Naturschutzgebiet Nitteler Felsen. Zuvor, rund 660 m nach dem Start in Nittel, passieren Sie noch die kleine ⌘ Skulptur „Knie mit Gelenk", die manchen vielleicht an eine Kanone erinnert. Weiter geht's über den steinigen Pfad und vorbei an den schroffen Felsen, bis Sie etwa bei km 1,6 links abbiegen und damit steil runter durch einen Weinberg wandern müssen.

Bei nasser Witterung kann es hier rutschig werden.

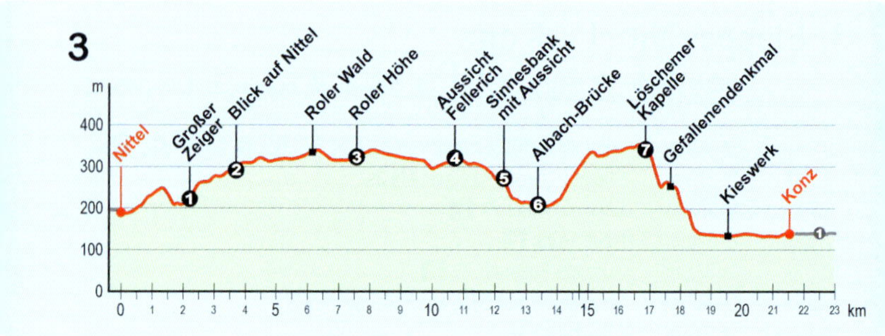

Ein paar Meter weiter treffen Sie auf den Felsengarten Im Lehlinger. An diesem in Terrassen eingeteilten Hang können Sie gut erkennen, dass hier einmal Weinbau betrieben wurde. Heute hat die Familie Orzechowski die Pflege übernommen, um die Artenvielfalt zu erhalten. Sie sammeln hier frische Kräfte für den nächsten kurzen Anstieg, der Sie zur **⌘ Skulptur „Großer Zeiger" ❶** (km 2,2) bringt. Von Palzem bis Konz finden sich insgesamt 16 dieser Skulpturen, die 15 Bildhauer aus Deutschland, Frankreich, Luxemburg, Italien und Österreich geschaffen haben. Der „Große Zeiger" stammt von Jürgen Waxweiler.

Der Weg führt Sie nun über einen mitunter rutschigen, aber sehr idyllischen, schmalen Wald- und Felsenpfad.

Oft säumen Orchideen den Weg. Zudem lernen Sie mittels Schautafeln eine Menge, zum Beispiel über die Mosel, den Moselknick bei Machtum und den Bergrutsch in den Jahren 1964/1965, mit dem man durch die Kanalisierung der Mosel und den Neubau der Bundesstraße auf beiden Moselseiten zu kämpfen hatte.

Setzen Sie trotz all dieser Infotafeln die Schritte mit Bedacht – die Sicherungen und Seile, die Sie an manchen Stellen unterstützen, wurden nicht grundlos angebracht.

Nach einigem Auf und Ab und mehreren Stufenpassagen erreichen Sie den **Blick auf Nittel ❷** (km 3,7). Hier bietet sich die Möglichkeit, vielleicht ein zweites Frühstück einzunehmen. Nachdem Sie ein Privathaus passiert haben, erreichen Sie eine Hochebene. Nun liegt eine rund 4 km lange Strecke mit Fernsicht über Felder und Wiesen vor Ihnen, die sich ein wenig ziehen kann.

Vergessen Sie hier im Hochsommer den Sonnenschutz nicht!

An der **Roler Höhe ❸** (km 7,6) lassen Sie die Felder endgültig hinter sich. Sie durchqueren ein Waldgebiet, bis Sie, scheinbar urplötzlich, an einem Ort ankommen, der durch einen Picknicktisch erneut zur Rast einlädt. Unter Ihnen liegt ein Dörfchen – die **Aussicht Fellerich ❹** (km 10,7) ist erreicht. Und bis hierher dürften die Wegmarkierungen Ihnen keinerlei Probleme bereitet haben.

Vom Picknicktisch aus geht es links weiter; Sie erwandern sich auf der Höhe einen Feld- und Waldweg, bis Sie bei km 11,9 wieder auf Asphalt treffen. Dieser abfallenden Straße folgen Sie nach rechts.

Hinter der nächsten **Sinnesbank mit (erneutem) Blick auf Fellerich ❺** (km 12,3) geht es links weiter, zum Teil recht steil hinab ins lauschige Albachtal. Hier ist es nahezu gespenstisch still, abgesehen von den Geräuschen Ihrer Füße, des Baches und den Rufen der Vögel. Das romantische Tal verlockt zur Meditation, aber Sie müssen wachsam sein. Sie treffen bei km 13,4 nämlich auf die kleine **Albach-Brücke ❻**.

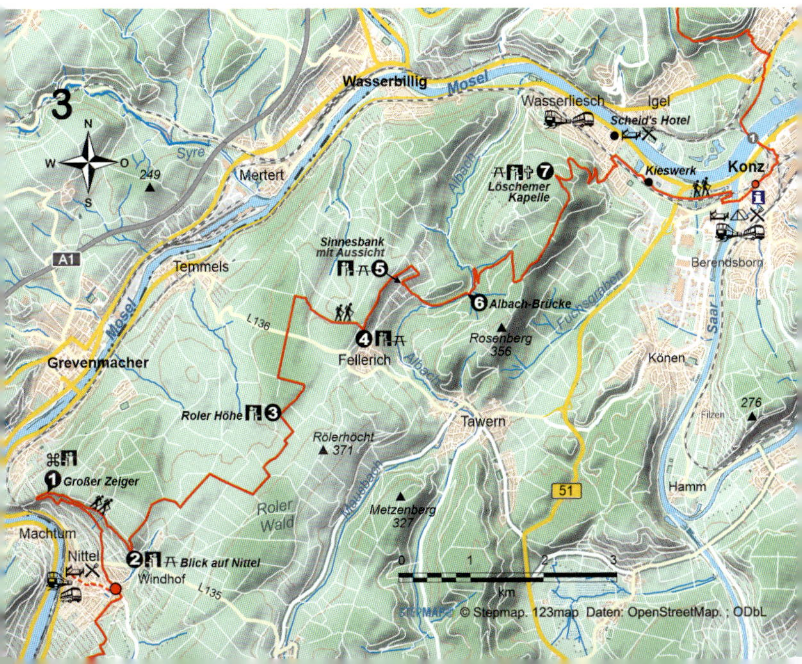

Und auch wenn der breite Weg vor Ihnen Sie zum Weiterlaufen animieren möchte: Direkt nach der Brücke geht es auf einem kleinen Pfad links ab und am Bach entlang weiter.

Kurz darauf wird der schmale Pfad wieder zum breiten Waldweg. Wer nicht gerne bergauf wandert, dem werden nun vielleicht einige Flüche über die Lippen kommen. Denn das Hauptmerkmal dieses Weges ist, dass er eine ganze Weile ansteigt.

Zirka bei km 15,2 haben Sie es geschafft – es wird ebener – und Sie treffen auf eine Kreuzung im Wald. Sie folgen dem Schild, das zur Löschemer Kapelle weist und biegen somit links ab. Sie passieren nun immer wieder Kunst am Wegesrand, etwa eine Teppichwebstelle oder einen Tonstein. Beides lenkt Sie ein wenig vom Rauschen des dichten Blätterdaches ab.

Seit der Kreuzung mit Schild haben Sie weitere rund 1,6 km zurückgelegt. Und nun stehen Sie auch endlich vor der angekündigten ✞ ⛼ **Löschemer Kapelle** ❼ (km 16,8), die nicht nur durch den Ausblick ins Moseltal fasziniert. Denn auch die Legende, die erzählt, wie sie entstanden ist, sowie die ⌘ **Skulptur Sterngreifer** zu ihrer Linken verzaubern.

Wie die Löschemer Kapelle entstanden ist (Sage)

Die Löschemer Kapelle thront auf einem Hügel hoch über der Mosel – doch wie ist sie um 1708 herum dorthin gekommen? Ein Mann, der in Not geraten war, betete: Sollte Gott ihn erretten, wolle er an genau diesem Ort eine Kapelle errichten. Das Wunder geschah: Gott half. Das zweite Wunder(?): Der Mann vergaß seinen Schwur und starb, ohne eine Kapelle gebaut zu haben. Das schien seiner Totenruhe nicht gut zu bekommen. Der Verstorbene erschien drei Monate nach seinem Ableben einem Mädchen und bat es, einem Verwandten eine Nachricht zukommen zu lassen. Das Mädchen eilte zum Bruder des Verstorbenen und richtete aus: „Bau endlich diese verflixte Kapelle, was ich dummerweise versäumt habe und weshalb ich nun nicht in Fric-

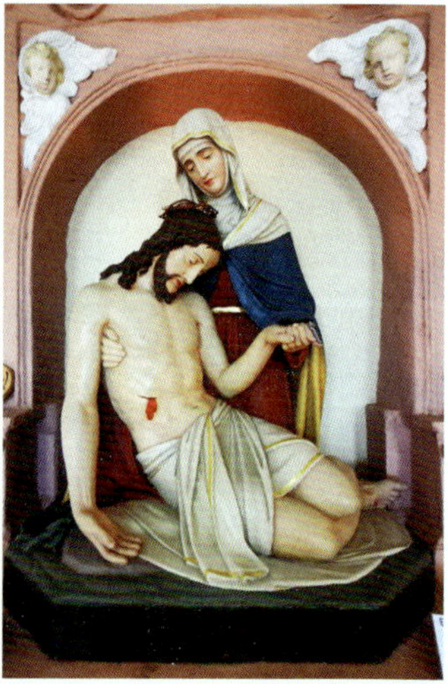

In der Löschemer Kapelle

den ruhen kann!" Na ja, die Worte werden wohl andere gewesen sein, aber die Aussage vermutlich dieselbe. Dumm nur: Der Bruder glaubte der Kleinen nicht. Das änderte sich erst, als der Verstorbene im Traum auch ihm erschien. Und so machte er sich doch noch daran, seinem Bruder zur Ruhe zu verhelfen. Allerdings wollte er zunächst schummeln und die Kapelle nicht auf den Berg bauen, sondern an einen Hang, was natürlich weniger anstrengend gewesen wäre. Doch auf wundersame Weise verschwand an dieser Stelle stets das bereits herangeschleppte Baumaterial. Zähneknirschend errichtete der Mann die Löschemer Kapelle also dort, wo sie schon sein Bruder hätte aufbauen sollen: an dieser Stelle auf dem Berg, an der Sie jetzt stehen (Quelle: Sagen und Sitten an Mosel und Saar, Michael Scherer, Geistkirch-Verlag, ISBN 978-3-938889-27-5). Seither pilgern Gläubige an diesen Wallfahrtsort – und eben auch einige tapfere Moselsteigfans.

Nun können Sie mit dem Endspurt beginnen. Abwärts geht es – ✋ mitunter steil, also Obacht! – über einen sich schlängelnden Kreuzweg, vorbei an drei Ħ Liegen, die zum Waldbaden einladen. Sie passieren auch noch ein ⌘ **Gefallenendenkmal**, bevor Sie den Ort **Wasserliesch** bei km 18,3 erreichen.

Wasserliesch 🛏 ✕ BANK ✝ 🚌 🚆 ⇧ 135 m, 2.222 Ew.

🛏 ✕ Scheid's Hotel & Restaurant, Reinigerstraße 48, 54332 Wasserliesch, ☎ 065 01/920 97 92, ✉ info@scheids-wasserliesch.de, 💻 scheids-wasserliesch.de, ÜF EZ ab € 87,50, ÜF DZ ab € 107, 🚪 ✕ Mi-Sa 18:00-21:30 (Küche), So und feiertags 12:00-14:00 und 18:00-21:00 (Küche), Ruhetage: Mo und Di (außer an Feiertagen und für Gesellschaften)

✕ Wasserliescher Hof, Neudorfstraße 3, 54332 Wasserliesch, ☎ 065 01/149 90, 🚪 Mi-Fr 12:00-14:00 und 17:00-22:00, Sa 17:00-22:00, So 11:30-14:00 und 17:00-22:00, Ruhetage: Mo und Di

🚆 Natürlich können Sie hier auch mit dem Zug weiterfahren bis Konz.

Nach den ersten Häusern überqueren Sie bei km 18,8 eine Brücke über die Bahngleise, damit Sie nicht Gefahr laufen, von einem Zug überrollt zu werden. Auf der anderen Seite führt der Moselsteig rechts weiter über einen Wiesenweg bis zum Kieswerk. Laufen Sie hier bloß nicht zu schnell; laut Schild ist hier nur Schrittgeschwindigkeit erlaubt. Ein Wäldchen liegt nun noch zwischen Ihnen und dem Klärwerk, das Sie ebenfalls links liegen lassen.

Am Ende des Klärwerksgeländes haben Sie die Wahl: Entweder nehmen Sie den ↳ Abstecher nach links mit – in diesem Fall stehen Sie nach gut 200 m an der ✿ **Saarmündung**. Wer sich diese besser später in Ruhe angucken und lieber sofort zur Übernachtungsmöglichkeit weiterwandern möchte, hält sich rechts, macht einen kleinen Schlenker und passiert dann die Konzerbrück. Auf der anderen Seite der Saar erblicken Sie den Kreisverkehr mit dem ⌘ „Roten Reifen". Dieser überdimensionale Donut ist ein Kunstwerk von Harald Pompl. Am Kreisverkehr geht es dann weiter geradeaus in die Granastraße, bis Sie mit dem Bahnhof Konz nach 21,5 km Ihr heutiges Etappenziel erreicht haben. Gut gemacht!

Konz

BANK ⌘

⇧ 150 m, 18.403 Ew.

Tourist-Information Konz, Saarstraße 1, 54329 Konz, ☏ 065 01/601 80 40, info-konz@saar-obermosel.de, saar-obermosel.de, Mo-Fr 9:00-17:00 und Sa 10:00-14:00

Park Hotel, Granastraße 26, 54329 Konz, ☏ 065 01/603 79 87, info@parkhotel-konz.com, parkhotel-konz.com, @ und Wellnessbereich, ÜF EZ ab € 92, ÜF DZ ab € 114, pro Person € 8

Campingplatz Konz, Am Moselufer 1, 54329 Konz, ☏ 065 01/25 77, camping@campingplatz-konz.de, campingplatz-konz.de, Preise ändern sich jede Saison, stets aktuelle Preise für Ü im Zelt, Campingfass oder auch DZ finden Sie immer auf der Homepage.

Gasthaus an der Saarmündung, Gasthaus auf dem Campingplatz, Am Moselufer 1, 54329 Konz, ☏ 065 01/969 90 10, campingplatz-konz.de/restaurant, solide Hausmannskost: Suppen, Salate, Schnitzel, Flammkuchen, Hackbraten und mehr, in der Saison Mo, Mi-Fr 12:00-22:00, Di 15:00-22:00, Sa, So und feiertags 11:00-22:00

Café Treff, Granastraße 60, 54329 Konz, ☏ 065 01/77 01, mit Terrasse, sehr nette Bedienung, große Kuchenauswahl und Brunch-Frühstücksbuffet (hier zahlt man, was man isst), Mo-Sa 6:00-18:00 und So 7:30-18:00

Zwischen Konz und Nittel sowie Konz und Trier gibt es regelmäßig Züge.

Kaiser Valentinian I. soll im 4. Jahrhundert beschlossen haben, hier in Konz seine Sommerresidenz, den Kaiserpalast Contionacum, zu bauen. Der Name hat sich später zu „Konz" verkürzt und von der Villa sind nur wenige Steine geblieben. Dafür sind die sonnenverwöhnten Hügel von Konz ein Segen für Weinfans. Mit 256 Hektar Rebfläche ist der Weinbau auch hier stark vertreten. Die geografische Lage an der Mündung von Saar und Mosel macht die Stadt zudem zu einem idealen Ausgangspunkt für Abenteuerlustige: Wanderungen oder Radtouren entlang der Flussufer sind beliebte Unternehmungen. Daneben hat die Stadt aber auch weitere Sehenswürdigkeiten zu bieten.

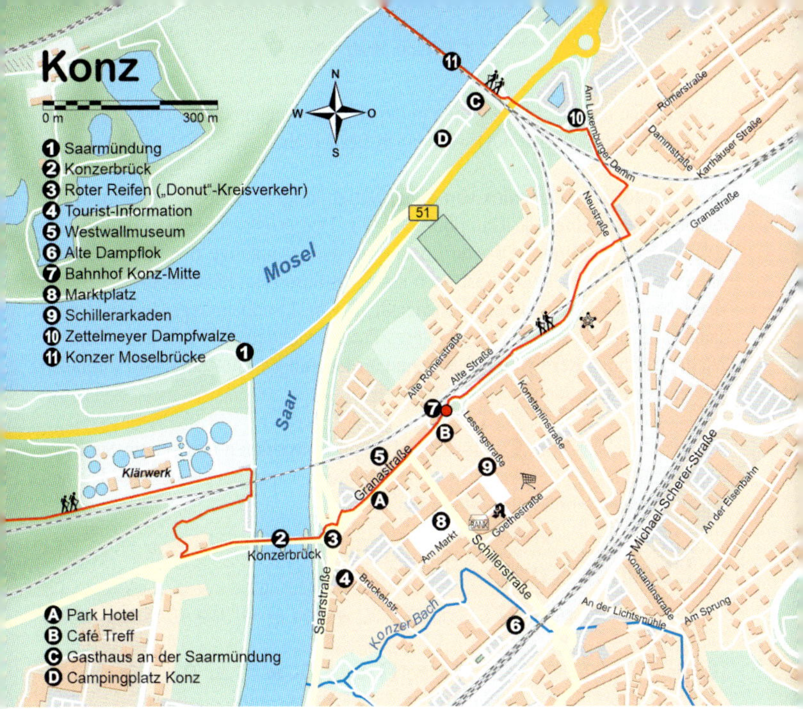

⌘ **Das Westwall-Museum Konz**: Die Stadt Konz ist nicht nur entspannend, sondern auch Zeuge einer bewegten Geschichte. Wussten Sie zum Beispiel, dass die Region einst Teil der berühmten „Siegfried-Linie" beziehungsweise des „Westwalls" war? Von den Tausenden von Bunkern, die in den 1930er-Jahren erbaut wurden, sind heute noch viele Spuren erhalten. Während ein Großteil dieser Befestigungen zerstört oder verlassen wurde, ist die mysteriöse „Villa Gartenlaube" immer noch erhalten. Ein eher untypischer Name für einen Bunker, nicht wahr? Aber genau das macht diesen Ort so interessant. 2012 liebevoll restauriert, öffnen Museum und Denkmal seit 2015 die Türen für Besucherinnen und Besucher. Dieses Bauwerk erzählt nicht nur von der militärischen Vergangenheit, sondern dient auch als Mahnmal. Es beherbergt eine Dauerausstellung, ergänzt durch immer neue Sonderausstellungen.

♦ Granastraße 25 (Eingang durch den Hinterhof), 54329 Konz, 01 78/881 70 14, westwallmuseum-konz@online.de, westwallmuseum-konz.de, März bis Oktober jeden zweiten und vierten So im Monat 14:00-18:00, im Winter können Termine unter der genannten Telefonnummer vereinbart werden.

Wenn Sie noch nicht tief genug in die Geschichte eingetaucht sind, dann statten Sie auch diesem Schmuckstück einen Besuch ab:

⌘ **Historische Dampflok von Konz**: Mitten in Konz steht dieses Zeugnis der Eisenbahngeschichte: die Dampflok 64 393. Hergestellt in den 1930ern ist die Lokomotive ein Symbol für eine Epoche, in der Dampfzüge den Rhythmus des Alltags bestimmten. Und selbst nach ihrer Ausmusterung blieb sie nicht lange in Vergessenheit. Das beherzte Engagement von Eisenbahnbegeisterten sorgte dafür, dass sie restauriert wurde. Dieses Projekt mündete 2015 in der offiziellen Wiedereröffnung der Dampflok, die nun als lebendiges Museum dient. Infotafeln erzählen ihre Geschichte.

Lassen Sie sich von der Power der Dampflok inspirieren und setzen Sie Ihren Fußmarsch entlang des Moselsteigs fort. Natürlich erst nach einer geruhsamen Nacht und einem hoffentlich guten Frühstück.

4. Etappe: Konz – Trier

18 km, 5 Std. 30 Min., ↑ 424 m, ↓ 389 m, ⇧ 129-387 m

0,0 km	⇧ 136 m	Konz, Bahnhof ⌘
1,0 km	⇧ 129 m	Moselbrücke Konz
2,3 km	⇧ 142 m	Zewen, Gallo D'Oro
5,4 km	⇧ 336 m	Schutzhütte an der K2
7,7 km	⇧ 360 m	Ortsrand Herresthal
9,7 km	⇧ 368 m	A64
14,6 km	⇧ 300 m	Café Mohrenkopf
15,3 km	⇧ 218 m	Zuweg Sirzenicher Wasserfall
18,0 km	⇧ 175 m	Rosengarten der Hochschule Trier, Trier, Ortskern ⌘

Die 4. Etappe des Moselsteigs verbindet Konz mit der ältesten Stadt Deutschlands: Trier. Wenn Sie hier noch nie gewesen sind, lohnt es sich, zumindest einen Tag für Besichtigungen einzuplanen. Der Weg zur Stadt mit der Porta Nigra ist nach Konz von üppiger Natur geprägt. Besonders an warmen Tagen bieten die Wälder angenehmen Schatten. Auf dem Markusberg müssen Sie sich entscheiden: Der Originalweg führt hinab ins Busental, was bei großer Hitze empfehlens-

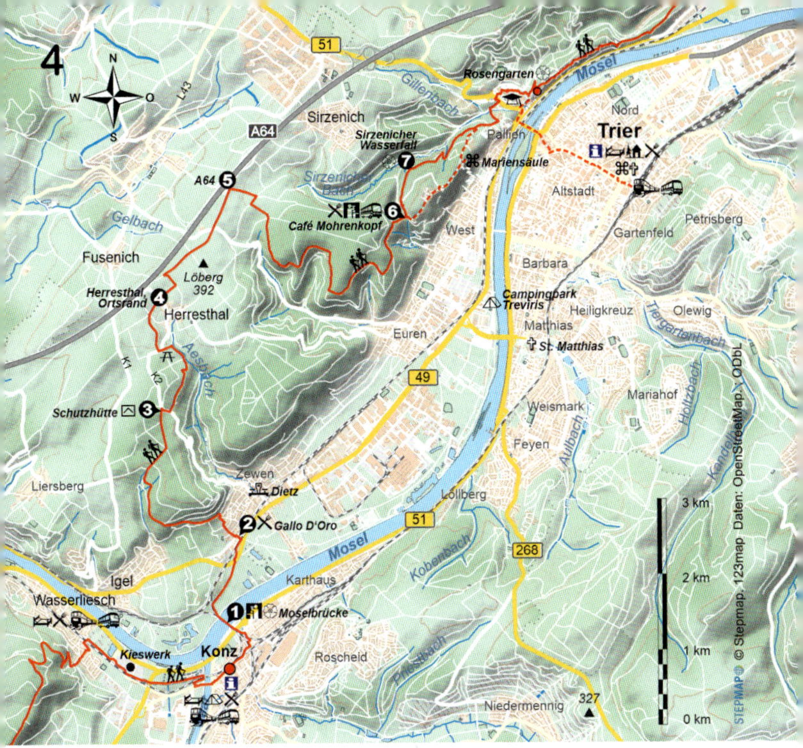

wert sein kann. Hier lässt sich auch ein rund 220 m langer Abstecher zum Sirzenicher Wasserfall einbauen. Ist Ihnen eher nach Aussichten, so wählen Sie ab dem Café Mohrenkopf (hier und vorher bereits in Zewen können Sie heute übrigens einkehren) eine Alternativstrecke: den Moselhöhenweg. Offiziell endet die Etappe am Rosengarten der Hochschule. Ein 2,5 km langer Zuweg bringt Sie zum Trierer Hauptbahnhof.

Auf den ersten 680 m durch Konz überqueren Sie zweimal die Eisenbahnlinie, um sie beim dritten Mal zu unterqueren, bevor Sie dann die ⌘ **Zettelmeyer Dampfwalze** rechts liegen lassen (km 0,7). Nach einigen weiteren Metern passieren Sie Campingplatz und Jachthafen, um mittels der **Konzer Moselbrücke** ❶ (km 1) auf die andere Moselseite zu wechseln, auf der Sie bis zum Etappenende auch bleiben werden.

Von der Brücke aus können Sie einen letzten Blick auf die Saarmündung links von Ihnen werfen. Dann bestaunen Sie noch die hübschen Liebesschlösser

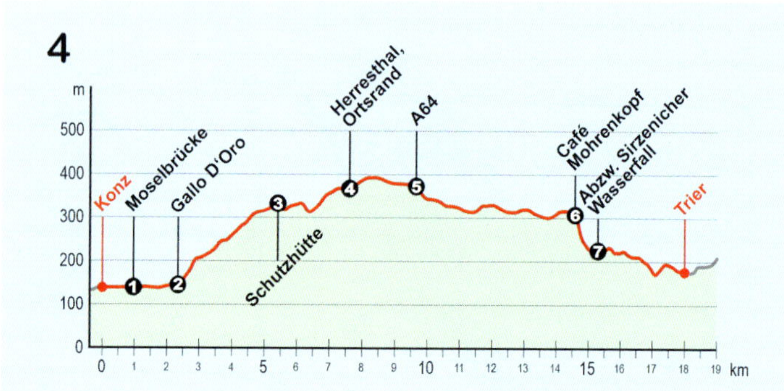

(oder lassen selbst eines da, wenn Sie zu zweit unterwegs sind), bevor der Weg Sie vorbei an Büschen und Wiesen und über Asphalt bis nach Zewen bringt. Eine Schranke sorgt dafür, dass Sie mit der gebührenden Vorsicht zunächst erneut die Schienen überqueren. Ein paar Meter weiter liegt rechts von Ihnen das italienische Restaurant **Gallo D'Oro** ❷ (km 2,3) im Trierer Ortsbezirk **Zewen**.

Zewen

⇧ 148 m, rund 3.500 Ew.

Restaurant Gallo D'Oro, Wasserbilliger Straße 59, 54294 Trier-Zewen, ☎ 06 51/998 58 93, Mo und Sa 17:30-22:00, So 16:30-22:00 sowie Di, Mi und Fr 11:30-14:00 und 17:30-22:00, Ruhetag: Do, auch ein Biergarten steht zur Verfügung.

Bäckerei Dietz, Kettenstraße 1, 54294 Trier-Zewen, ☎ 06 51/993 53 39, info@back-dietz.de, back-dietz.de, Mo-Fr 6:00-17:00, Sa 6:00-13:00, So 7:30-13:00

Zu sehr sollten Sie sich den Magen allerdings nicht vollschlagen, denn durch die Siedlung geht es recht knackig bergauf, bis Sie den nächsten breiten Waldweg erreichen. Etwas eintönig mag Ihnen der Weg durch den Wald erscheinen, doch vielleicht hilft es ja, wenn Sie ein wenig singen? Dann kommen Sie mit Sicherheit bester Laune bei km 5,4 an der **Schutzhütte an der K2** ❸ an.

Lange verweilen Sie nicht, denn schließlich wollen Sie noch einige Kilometer zurücklegen. Daher biegen Sie rechts ab auf die K2, von der Sie sich vorsichtig ein nur kurzes Stück erwandern müssen. Schon vor der nächsten Kurve geht es für Sie wieder links ab auf den steinigen und leicht ansteigenden Forstweg.

Bald jedoch wird es schon wieder eben. Von rechts gesellt sich kurz der Aesbach zu Ihnen, bevor Sie dann auf den **Ortsrand Herresthal** ❹ (km 7,7) treffen. Hier scheint man in großer Ruhe leben zu können, denn aus touristischer oder gastronomischer Sicht hat der Ort nicht viel zu bieten. Daher geht es für Sie auch direkt weiter über den Löberg – höher hinauf geht es heute nicht mehr. Schon sehen Sie linker Hand die **Autobahn A64** ❺ (km 9,7), die Sie jedoch schnell wieder hinter sich lassen werden.

Das nächste Wegstück ist so ruhig wie erholsam: Der relativ ebene Forstweg durch den Wald gibt Ihnen Gelegenheit zum Luftholen. Erst kurz bevor Sie wieder Häuser erreichen, bietet sich Ihnen ein erster kleiner Ausblick auf die alte Römerstadt Trier. Kurz darauf treten Sie aus dem Wald und treffen auf das **Café Mohrenkopf** ❻ (km 14,6).

Café Mohrenkopf, Markusberg 11, 54293 Trier, ☏ 06 51/993 69 67, diese kleine Oase bietet allerhand Leckereien – der Apfelstrudel sei Ihnen ans Herz gelegt. Sollte Sonnenschein Sie begleiten, so versäumen Sie nicht, im Biergarten Platz zu nehmen. Gemütlichkeit, ein toller Ausblick, leckeres Essen und gute Getränke locken. Sa 14:00-18:00, So 12:00-18:00, bei Frühstück (reservieren!) ab 9:30

Mit der Buslinie 10 gibt es vom Café aus pro Tag fünf Fahrten hinunter nach Trier, allerdings nur montags bis freitags.

Nun haben Sie die bereits erwähnten zwei Möglichkeiten: Entweder bleiben Sie auf dem Moselsteig oder Sie wechseln bis kurz vor der Hochschule Trier auf den **Moselhöhenweg**. Letzterer bietet auf jeden Fall beeindruckendere

Herbstliches Busental

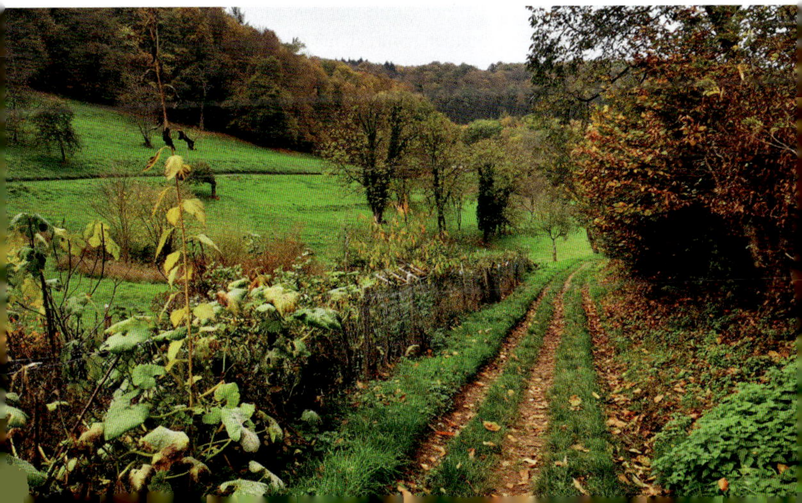

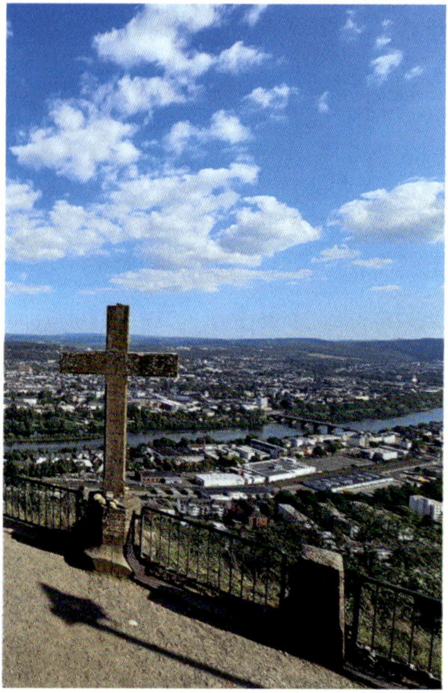

Erster Blick auf Trier bei der Mariensäule

Aussichten auf die älteste Stadt Deutschlands. Kurz vor der Hochschule trifft er wieder auf den Moselsteig. Auf diese Weise kommen Sie zunächst am 🛏 ☕ Hotel Schöne Aussicht vorbei, in dem Sie übernachten können, falls Sie Trier schon kennen und sich den Zuweg dorthin sparen möchten. Danach passieren Sie die ⌘ Mariensäule mit fantastischer Aussicht auf die Römerstadt.

Sollten Sie sich für Variante 1 entscheiden, so steigen Sie nun über einen sehr steilen Pfad hinab ins Busental. Hier ist es still und verträumt und nur 710 m nach dem Café Mohrenkopf haben Sie die Chance, einen kleinen Abstecher zu unternehmen: Links von Ihnen startet der Zuweg zum **Sirzenicher Wasserfall ❼** (km 15,3), der insgesamt hin und zurück rund 440 m lang ist. Wieder zurück auf dem Moselsteig liegen dann noch rund 1,4 km vor Ihnen – verbunden natürlich mit dem Aufstieg aus dem Busental –, bis Sie kurz vor der Hochschule Trier auf den Moselhöhenweg treffen. Hier stoßen jene wieder zu Ihnen, die sich für Variante 2 und damit für einen Weg mit weniger Höhenmetern und für die schöneren Aussichten von der überdimensionalen ⌘ **Mariensäule** aus entschieden haben.

Etwa bei km 17,3 haben Sie mit der Bitburger Straße nun endgültig die Zivilisation erreicht. Wer möchte, wechselt nun aufs Unigelände und umrundet die Hochschulbibliothek, bis man letztlich am **Rosengarten der Hochschule Trier** (km 18) und damit dem heutigen offiziellen Etappenende steht. Morgen geht es hier links in Richtung Villa Weißhaus weiter.

Wer in Trier übernachtet, dem bieten sich mehrere Möglichkeiten, dorthin zu gelangen: An der Bitburger Straße fährt regelmäßig ein Bus ab, der Sie in die Innenstadt bringt. Hinter dem Rosengarten können Sie aber auch zu Fuß rechts abbiegen, über den Felsenweg oder den Ada-Lovelace-Weg wieder zur Bitburger Straße gelangen und dieser über die Kaiser-Wilhelm-Brücke bis auf die andere Uferseite folgen (markierter Zuweg nach Trier). Danach bringt Sie der Rad- und Fußweg vorbei an der ⌘ Porta Nigra bis zum Trierer Hauptbahnhof, von dem Sie am Rosengarten gut 2,5 km trennen. Genießen Sie das bunte Treiben in der Stadt!

Trier

⇧ 137 m, 111.836 Ew.

Tourist-Information an der Porta Nigra, Simeonstraße 60, 54290 Trier, ☏ 06 51/97 80 80, info@trier-info.de, trier-info.de, März bis Dezember Mo-Sa 9:30-18:00, So und feiertags 10:00-17:00, Weihnachten/Neujahr: 24. und 31. Dezember 10:00-13:00, 25. und 26. Dezember sowie 1. Januar geschlossen, Januar bis Februar Mo-Sa 10:00-17:00 (auch Fastnachtsdienstag), Rosenmontag geschlossen

Ristorante Pizzeria Hotel Frankenturm, Dietrichstraße 3, 54290 Trier, ☏ 06 51/97 82 40, worldlocationmap.com/ristorante-pizzeria-hotel-frankenturm-jisdnai, Ü DZ ab € 52, täglich 11:30-14:30 und 18:00-22:30, nicht ganz modern, dafür im Herzen der Altstadt und mit freundlichem Personal sowie gutem italienischen Restaurant

Hotel Deutscher Hof, Südallee 25, 54290 Trier, ☏ 06 51/977 80, info@hdh-trier.de, hotel-deutscher-hof.de, mit Sauna, Aufzug (sehr praktisch bei Muskelkater), tollem Frühstücksbuffet für € 15 pro Person und sehr freundlichen Mitarbeitenden, P € 10 pro Nacht, @ kostenlos, gefüllter Kühlschrank an der Rezeption (24 Std. besetzt) mit Leckereien und Getränken zu fairen Preisen, ÜF EZ ab € 73,66, ÜF DZ ab € 98,56 (jeweils inklusive Kulturförderabgabe)

Römerstadt-Jugendherberge, An der Jugendherberge 4, 54292 Trier, ☏ 06 51/14 66 20, diejugendherbergen.de/jugendherbergen/trier, mit 370 Betten und kostenlosem WLAN, mit Café und Restaurant, barrierefrei, ÜF ab € 34,10

Campingpark Treviris, Luxemburger Straße 81, 54294 Trier, ☏ 06 51/869 21, info@camping-treviris.de, camping-treviris.de, mindestens 24 Stunden vorher reservieren, stets aktuelle Preisliste auf der Homepage und auf Anfrage

Kartoffel Restaurant Kiste, Fahrstraße 13, 54290 Trier, ☏ 06 51/979 00 66, mail@kiste-trier.de, kistetrier.de, (sauleckere) Spezialitäten rund um die Knolle, Tipp: Kisten-Teller probieren!, täglich 11:00-23:00

♦ Weinstube Kesselstatt, Liebfrauenstraße 10, 54290 Trier, ☏ 06 51/411 78, info@weinstube-kesselstatt.de, weinstube-kesselstatt.de, gemütliche Weinstube im Schatten des Domes mit Sonnenterrasse, Weinkeller und Weinproben, täglich ab 11:00, warme Küche bis 21:00, kalte Küche bis 22:00 (Küche hat Mo-Fr und So 15:00-18:00 Mittagspause)

✕ Paulaner In Zurlauben, Zurlaubener Ufer 77, 54292 Trier, ☏ 06 51/993 67 70, info@paulaner-tr.de, paulaner-tr.de, süddeutsche Spezialitäten, direkt an der Uferpromenade Zurlauben, unweit der Jugendherberge, Terrasse mit Blick auf die Mosel, Mo, Di, Do, Fr 17:00-22:00, Sa und So 12:00-23:00, Ruhetag: Mi

Von Trier aus können Sie mit Bus, Zug und Schiff an quasi jeden Ort an der Mosel gelangen. Die Schifffahrpläne sind vor Ort am Zurlaubener Ufer ausgehängt.

Trier ist wie eine große Zeitkapsel, die das Erbe Roms bewahrt. Gegründet im Jahr 17 v. Chr. als Augusta Treverorum wurde die Stadt oft als „zweites Rom" betrachtet. Wenn man heute durch die Gassen schlendert, fühlt es sich an, als wäre man in einem historischen Roman gelandet – nur dass unsere Zeit aufgrund der modernen Geschäfte und des Verkehrs im Hintergrund ebenfalls allgegenwärtig ist.

Die Vergangenheit spricht in Trier durch zahlreiche Denkmäler. Dazu gehören der ✞ Dom St. Peter und die ✞ Liebfrauenkirche. Aber beginnen wir mit dem wohl berühmtesten Bauwerk der Stadt – der ⌘ Porta Nigra.

⌘ **Porta Nigra**: Als besterhaltenes römisches Stadttor nördlich der Alpen hat es schon Generationen beeindruckt. Erschaffen wurde es um 170 n. Chr. Vom hellgrauen Sandstein, aus dem es einst erbaut wurde, sieht man heute nur noch eine dunkle Patina, die ihr den Namen „Schwarzes Tor" einbrachte. Im Mittelalter wurde es nach dem Tod des heiligen Simeon, der dort seine Tage als Eremit verbracht hatte, in eine Doppelkirche umgebaut. Der Legende nach konnte Simeons Mütze Kopfschmerzen und Augenleiden heilen. Dieser Glaube und die Umwandlung in ein kirchliches Heiligtum bewahrten die Porta Nigra vor dem Abriss während turbulenter Jahrhunderte. Napoleon ordnete später an, dass die mittelalterlichen Kircheneinbauten innerhalb der Porta Nigra entfernt werden sollten, um das Monument wieder in seine ursprüngliche Form zu bringen.

Porta Nigra

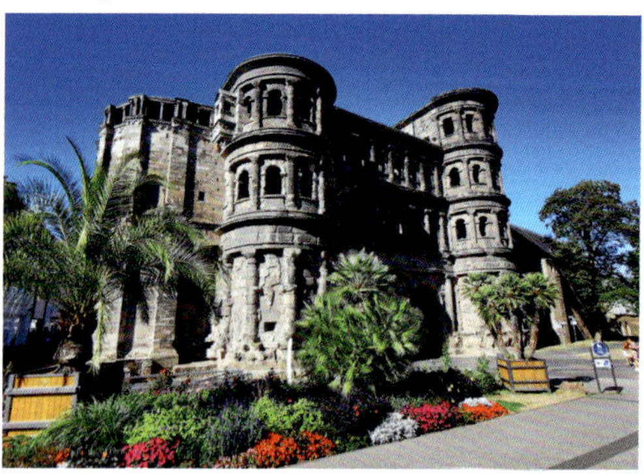

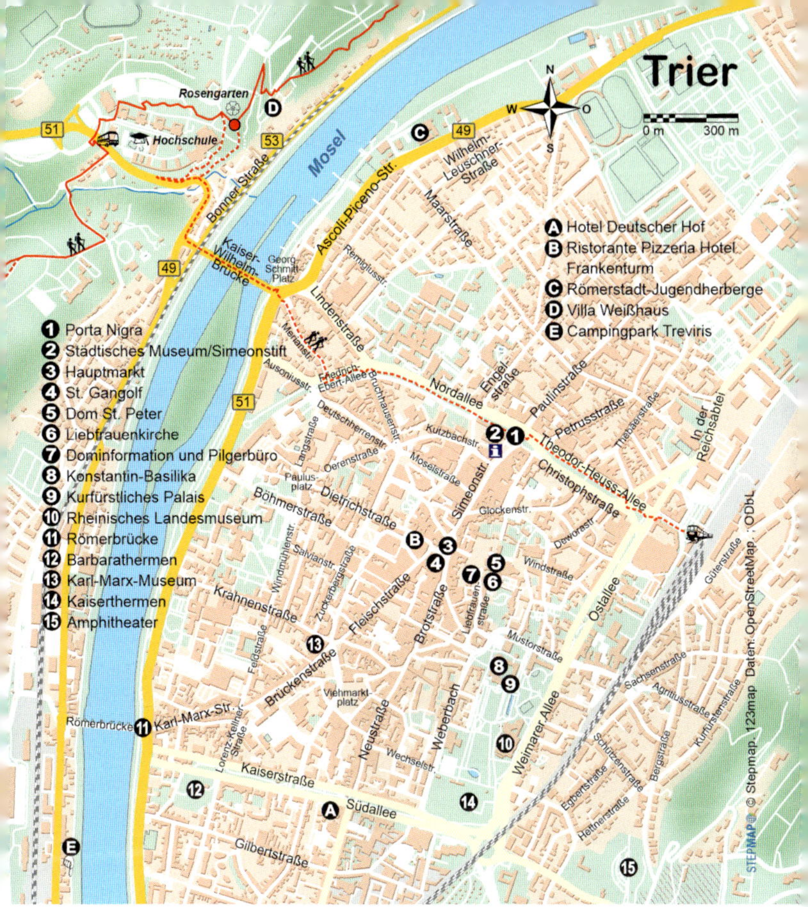

Heute lädt sie Besucherinnen und Besucher ein, die architektonische Brillanz der Römer zu bewundern. ☺ Tipp: Schauen Sie sich die Porta Nigra auch von innen an.

♦ Porta-Nigra-Platz, 54290 Trier, November bis Februar täglich 9:00-16:00, März und Oktober täglich 9:00-17:00, April bis September täglich 9:00-18:00, geschlossen am Rosenmontag, an Weihnachten, Silvester und Neujahr, letzter Einlass 30 Min. vor Schließung. Der Eintritt kostet € 4 für Erwachsene, € 3,50 für Erwachsene mit Ermäßigung sowie € 2,50 für Kinder und Jugendliche. Für Kinder unter 7 Jahren ist der Eintritt frei.

Direkt neben der ⌘ Porta Nigra lädt das ⌘ Stadtmuseum Simeonstift alle zum Staunen ein, die unter anderem alte Statuen mögen.

⌘ **Stadtmuseum Simeonstift**: Das Stadtmuseum beherbergt historische Schätze. Hier finden Sie etwa Heiligenfiguren von Petrus und Helena, die früher den Hauptmarkt schmückten. Auch gibt es zwei Stadtmodelle, die Trier sowohl um das Jahr 1800 als auch nach den Bombenangriffen des Zweiten Weltkrieges darstellen. Zu den weiteren Highlights gehören die Tietz-Statuen, der Stuhl eines Erzbischofs und das Fundament der antiken Stadtmauer. Das Museum bietet aber auch ein Kinoerlebnis und einen Kreuzgang. Es ist zudem für seine kreativen Programme bekannt, darunter Familienführungen, Museumsrallyes und Yogaveranstaltungen. Das Dreimonatsprogramm gibt vor einem Besuch einen Überblick über die aktuellen Angebote.

♦ Simeonstiftplatz 1, 54290 Trier, ☏ 06 51/718 14 59, 💻 trier-info.de, 🚪 Di-So 10:00-17:00, Eintrittspreise € 5,50 für Erwachsene, ermäßigt € 4, Kinder unter 10 Jahren zahlen nichts.

Judengasse

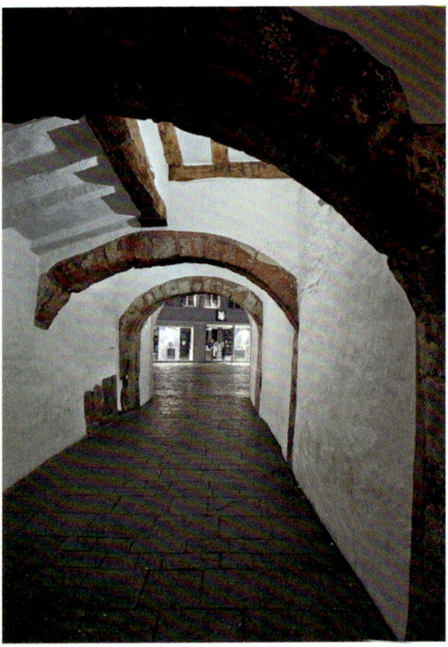

Weiter geht es über die Simeonstraße zum **Hauptmarkt**. Bevor Sie diesen erreichen, achten Sie zu Ihrer Linken auf die Hausnummer 20: Schauen Sie sich das rund 800 Jahre alte ⌘ **Dreikönigenhaus** genauer an: Wieso wurde hier im ersten Stock eine Tür platziert? Ganz einfach: Dieser Schachzug sollte die (vermutlich wohlhabenden) Besitzerinnen und Besitzer vor Einbrüchen schützen – auf diese Weise kam man nämlich nur über eine Leiter hinein. Schöne Theorie, aber ob das praktisch war?

Kurz vor dem Hauptmarkt sehen Sie auf der rechten Seite ein Zeugnis jüdischen Lebens in Trier.

⌘ **Die Judengasse mit Judenpforte**: Über Jahrhunderte hinweg lebten Jüdinnen und Juden in Trier. Sie erwählten sich als Lebensort freiwillig das jüdische Viertel, um in der Nähe ihrer Glaubensstätten zu sein. Ein Relikt ist die „Kleine Judenpforte", erbaut um 1219, die eine von drei Pforten zum Viertel darstellte. Die Judengasse beheimatet das älteste heute noch erhaltene jüdische Wohnhaus in Deutschland in der Judengasse 2. Das Viertel wuchs stetig, bis etwa 300 Jüdinnen und Juden hier lebten. Die friedliche Koexistenz unter dem liberalen Erzbischof Balduin von Luxemburg fand 1349 ein Ende. Ihnen wurde etwa unterstellt, sie hätten die Brunnen vergiftet, um ihre christlichen Nachbarinnen und Nachbarn mit der Pest zu infizieren. Diese Anschuldigungen führten zum Tod vieler jüdischer Bewohnerinnen und Bewohner und gipfelten in der Vertreibung der Gemeinde aus der Stadt im 15. Jahrhundert. Es dauerte fast zwei Jahrhunderte, bis jüdische Familien den Mut fanden, wieder nach Trier zurückzukehren.

Ein paar Schritte noch – und Sie stehen auf dem Hauptmarkt.

⌘ **Hauptmarkt mit Petrusbrunnen**: Im Jahr 958 setzte Erzbischof Heinrich I. ein markantes Zeichen: Mit dem Marktkreuz begründete er den Hauptmarkt von Trier. Zwei Drittel seiner ursprünglichen Architektur, die Renaissance, Barock, Klassizismus und späten Historismus einschließt, stehen noch stolz da. Ein Highlight des Hauptmarkts ist der Petrusbrunnen. Erzbischof Johann von Schoenenburg beauftragte 1595 Hans Ruprecht Hoffmann, diesen prächtigen Renaissancebrunnen als Nachfolger eines gotischen Modells von 1496 zu schaffen. Als Hommage an die vier Kardinaltugenden schmücken Statuen den Brunnen, während im Hintergrund freche Affen Streiche spielen. Über allem wacht St. Petrus, der Stadtpatron.

Nun geht es links ab – und schon stehen Sie auf dem **Domfreihof** und damit vor zwei wuchtigen Gemäuern: dem ✞ Trierer Dom und der ✞ Liebfrauenkirche.

✞ **Dom zu Trier**: Der mehr als 1.700 Jahre alte Dom ist mit einer Länge von 112,5 m und einer Breite von 41 m das größte Kirchengebäude der Stadt – und davon gibt es noch mehr als 30 (diese Tatsache verleitete schon Goethe dazu, Trier als „altes Pfaffennest" zu bezeichnen). Das Innere des Doms bietet Platz für 1.200 Menschen. Das Geläut, das aus dem Kirchturm erklingt, wird von zehn Bronzeglocken verursacht. Die Heilig-Rock-Kapelle verzaubert unter anderem mit ihrem Sternenhimmel, während die Schwalbennestorgel als architektonisches und musikalisches Highlight gilt. Die Spiritualität des Doms wird weiterhin durch die Gräber von Erzbischöfen und Bischöfen unterstrichen.

Der nächste Höhepunkt ist der gotische Kreuzgang (☺ hinten bei den Kerzen rechts durch die Glastür gehen!). Dieser verbindet den Dom mit der Liebfrauenkirche. An der Ostseite des Kreuzganges stand 1966 Konrad Adenauer und bewunderte die Aussicht auf das historische Ensemble – dieser Moment ging als „Adenauer-Blick" in die Geschichte ein. Seit 1986 steht der Trierer Dom mit der Liebfrauenkirche auf der Liste des UNESCO-Weltkulturerbes.

♦ April bis November täglich 6:30-18:00, November bis März täglich 6:30-17:30. Während der Gottesdienstzeiten ist die Besichtigung allerdings nicht erlaubt.

Bevor Sie die ✞ Liebfrauenkirche erkunden, werfen Sie zunächst noch einen Blick auf den ⌘ **Domstein** am Eingang des mächtigen Sakralbaus.

⌘ Der Domstein (und der Teufel)

Der Legende nach spielte sich beim Bau des Doms folgendes Drama ab: Vier robuste Granitsäulen sollten aus dem Odenwald herbeigeschafft werden, eine Distanz von 350 Flusskilometern. Als der Teufel zufällig seinen Weg kreuzte, erkannte der Architekt eine Gelegenheit: Er wickelte den Fürsten der Dunkelheit mit der Täuschung ein, er wolle das prächtigste Wirtshaus aller Zeiten errichten und bräuchte dafür des Teufels Hilfe. Ohne zu zögern, transportierte dieser die mächtigen Säulen nach Trier – bis er mit dem Aufstellen der letzten Säule erkannte: Er hatte beim Bau eines Doms mitgewirkt. Vor Wut schleuderte er die letzte Säule Richtung Dom. Doch er verfehlte und die Säule zerbarst. Tatsächlich wurde 1614 ein mysteriöser Stein unter dem Domfußboden gefunden. Dieser Stein war eines der beiden Bruchstücke jener Granitsäule, die einst das Dach des antiken Doms getragen hatte, bis sie im 4. Jahrhundert bei einer Zerstörung zerbrach. Seitdem liegt sie vor dem Portal. Ein Volksglaube besagt, dass das Rutschen über diesen alten Stein Glück bringt.

Ein paar Meter weiter befindet sich der Eingang der ✞ Liebfrauenkirche.

✞ **Liebfrauenkirche**: Die Liebfrauenkirche trägt zusammen mit der Elisabethkirche in Marburg den Titel der ältesten gotischen Kirche Deutschlands. Entworfen zwischen 1227 und 1260 verkörpert sie eine Huldigung an die Gottesmutter: vom zwölfblättrigen Rosen-Grundriss über die zwölf tragenden Säulen im Inneren, die als Symbol für die Apostel dienen, bis zu den Lilienkelchen als Zeichen für Marias Reinheit.

☺ Gleich hinter dem Haupteingang wartet eine sternförmige Bodenmarkierung auf Sie. Von diesem Punkt aus können Sie alle Säulen sehen, die mit Aposteln bemalt sind, und jede der acht Kapellen überblicken. Besonders magisch wird es in den Abendstunden, wenn das Licht durch die Vierungsturmfenster präzise auf die zentral platzierte Marienfigur trifft.

Laufen Sie nun weiter hinab, so treffen Sie bald zunächst auf die ✞ Konstantin-Basilika.

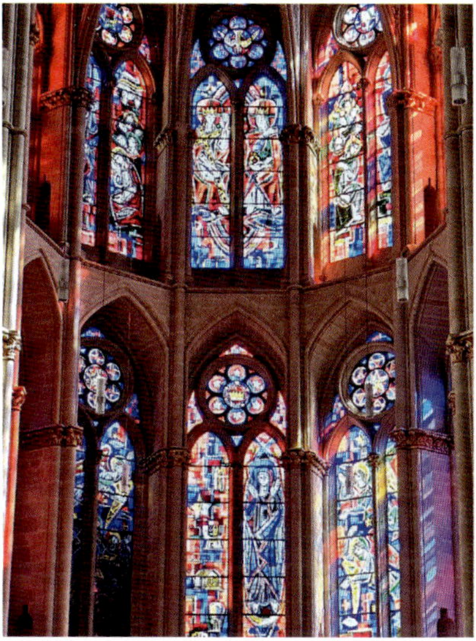

Fenster in der Liebfrauenkirche

✞ **Konstantin-Basilika** (und ⌘ **Mariensäule**): Die Konstantin-Basilika diente ursprünglich Kaiser Konstantin als Audienzhalle. Die Dimensionen sprechen für sich: 67 m lang, 27 m breit und 33 m hoch ist sie. In dieser Halle können 1.300 Menschen gleichzeitig verweilen. Im 19. Jahrhundert fand die Basilika eine neue Bestimmung als erstes protestantisches Gotteshaus im überwiegend katholischen Trier. Als Reaktion darauf errichteten empörte Katholikinnen und Katholiken die ⌘ Mariensäule auf dem gegenüberliegenden Hügel als Zeichen ihres Unmuts (an diesem Ort sind Sie auf dem Weg nach Trier bereits vorbeikommen, wenn Sie am Café Mohrenkopf die zweite Wegvariante gewählt haben. Sollte das nicht der Fall sein, holen Sie den Besuch mit dem 🚌 Bus der Linie 10 nach – der Ausblick auf Trier ist grandios).

Wenn Sie aus der Basilika heraustreten und ein paar Meter weiterlaufen, so befindet sich links von Ihnen direkt das ♜ Kurfürstliche Palais mit Palastgarten.

♜ **Kurfürstliches Palais mit Palastgarten**: Ein weiteres Juwel Triers ist das in zartem Rosa erstrahlende Kurfürstliche Palais. Dieses Rokoko-Prachtstück diente vom 17. bis zum Ende des 18. Jahrhunderts als Residenz der Erzbischöfe von Trier. Auch wenn es heute eine Behörde beherbergt, bleibt es ein Ort des kulturellen Austausches, etwa durch Veranstaltungen wie das Mosel Musikfestival. Die Erweiterungen im 18. Jahrhundert brachten den Rokokostil ins Palais, wobei

Künstler wie Johannes Seiz und Ferdinand Tietz ihre Spuren hinterließen. Tietz' Skulpturen, heute im Palastgarten zu bewundern, sind eine Hommage an diese Ära. Der Garten selbst wurde inspiriert von antiken griechisch-römischen Gärten, prunkt mit Blumen, einem plätschernden Brunnen und eben beeindruckenden Statuen. Ein Highlight im Nordflügel des Palais ist der Wasseruhrbrunnen des Frankfurter Künstlers Karl-Jakob Schwalbach.

Direkt neben dem Palastgarten befindet sich das ⌘ Rheinische Landesmuseum. Es ist für alle ein Muss, die tiefer in die Geheimnisse von Kelten, Römern und Franken eintauchen möchten.

⌘ **Rheinisches Landesmuseum**: Dieses Museum überwacht mehr als 10.000 archäologische Fundstellen des Bundeslandes und bewahrt damit die Geheimnisse von 5.700 km² Rheinland-Pfalz. Wandern Sie von der Steinzeit bis zum glanzvollen Barock. Entdecken Sie das Neumagener Weinschiff, lassen Sie sich von der umfangreichen Mosaiksammlung verzaubern und erleben Sie das Glitzern des 18,5 kg schweren Goldmünzschatzes aus der römischen Kaiserzeit! Und während Sie sich durch alle diese Zeiten bewegen, vergessen Sie nicht die weiteren Highlights: die Trierer Spruchbecher, das Stadtmodell von Trier im 4. Jahrhundert und das lebendige Modell der Porta Nigra.

♦ Weimarer Allee 1, 54290 Trier, ☏ 06 51/977 40, 💻 zentrum-der-antike.de, 🚪 Di-So 10:00-17:00 (letzter Einlass: 16:30), Ruhetag: Mo, für geführte Gruppen nach Voranmeldung auch Di-Fr ab 9:30, geschlossen an Rosenmontag, Weihnachten, Silvester und Neujahr. Der Eintritt kostet € 8 für Erwachsene, ermäßigt € 4 und Kinder und Jugendliche zahlen ebenfalls € 4. Für Kinder unter 7 Jahren ist der Eintritt frei. Die Öffnungszeiten und Eintrittspreise können bei großen Sonderausstellungen abweichen.

Wenn wir schon durch die Vergangenheit reisen, so ist es nun Zeit für weitere große römische Schätze in Trier: das ⌘ Amphitheater, die ⌘ Kaiserthermen, die ⌘ Barbarathermen und die ⌘ Römerbrücke.

⌘ **Kaiserthermen**: Ursprünglich als opulente Badeanlage geplant, wurden die Kaiserthermen leider nie vollendet, da Kaiser Konstantin seinen Amtssitz nach Konstantinopel verlegte. Trotzdem zeugen die Überreste vom Luxus, den die Römerinnen und Römer in ihrem Badealltag pflegten. Ein besonderes Detail ist der Pfotenabdruck eines Hundes auf einem Ziegel, der wahrscheinlich über den feuchten Ton lief. Heute können Besucherinnen und Besucher die unterirdischen Gänge erkunden, durch die einst Bedienstete huschten.

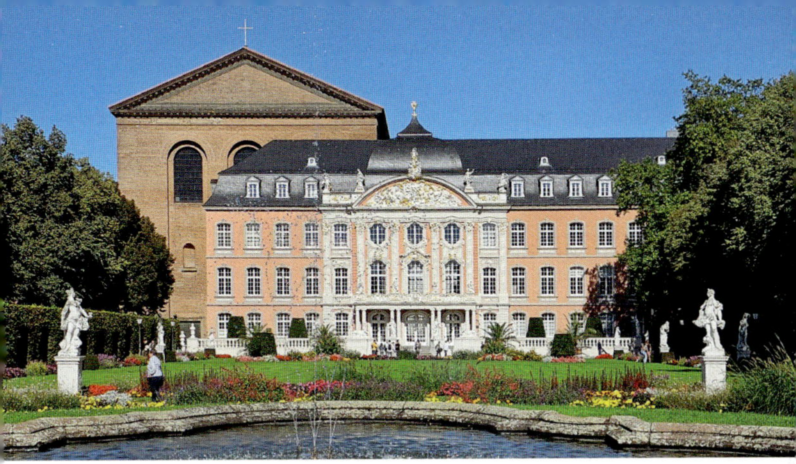

Kurfürstliches Palais

♦ Weberbach 41, 54290 Trier, ☏ 06 51/977 42 12, 💻 trier-info.de, 🚪 April bis September täglich 9:00-18:00, März und Oktober täglich 9:00-17:00, November bis Februar täglich 9:00-16:00. Der Eintritt kostet € 4 für Erwachsene, ermäßigt € 3 sowie € 2,50 für Kinder und Jugendliche. Für Kinder unter 6 Jahren ist der Eintritt frei.

⌘ **Amphitheater**: Nicht weit entfernt thronte einst das Amphitheater, das bis zu 20.000 Zuschauerinnen und Zuschauer beherbergte. Hier, im Herzen des Petrisbergs, lauschten Menschen dem Klang von Lyren, bewunderten Gladiatoren und fühlten den Nervenkitzel, wenn wilde Löwen, Bären und Stiere die Arena betraten. Später diente das Theater leider nur noch als Steinbruch.

♦ Olewiger Straße 25, 54295 Trier, ☏ 06 51/730 10, 🚪 Öffnungszeiten und Preise identisch mit denen der Kaiserthermen

⌘ **Barbarathermen**: Die Barbarathermen dienten ebenfalls der Entspannung. Von dem einst riesigen Komplex mit über 42.000 m² ist heute nur noch ein Drittel zu sehen.

♦ Südallee, 54290 Trier, ☏ 06 51/460 89 65, 🚪 April bis September täglich 10:00-18:00, Oktober und März täglich 10:00-17:00, November bis Februar täglich 10:00-16:00. Der Eintritt ist frei.

⌘ **Römerbrücke**: Lassen Sie es sich im Anschluss nicht entgehen, noch über die älteste Brücke Deutschlands zu wandeln. Die Römerbrücke ist immerhin 1.850 Jahre alt und 198 m lang. Während Teile der Brücke im Laufe der Zeit ersetzt oder restauriert worden sind, tragen fünf Originalpfeiler aus dem Jahr

150 n. Chr. noch immer die Last des Verkehrs – und der besteht aus rund 14.000 Autos täglich. Früher warfen Römerinnen und Römer Münzen über das Brückengeländer, um die Flussgöttin Mosella zu besänftigen. Als in den 1970er-Jahren im Rahmen von Schleusenarbeiten das Wasser der Mosel abgelassen wurde, sammelten die Menschen in einer wahren Goldgräberstimmung antike Münzen im Flussbett ein.

Wer sich nun fragt, warum hier eigentlich noch kein Wort über den berühmtesten Sohn Triers steht, hat natürlich vollkommen recht: Lassen Sie uns Karl **Marx' Spuren** entdecken.

⌘ **Karl-Marx-Museum** und **Karl-Marx-Denkmal**: Karl Marx wird durch eine 5,5 m hohe Statue auf dem Simeonstiftplatz geehrt, die in der Nähe seines ehemaligen Wohnhauses steht. Geschaffen vom Bildhauer Wu Weishan zieht die Statue, die seit Marx' 200. Geburtstag im Jahr 2018 dort zu finden ist, Fotografinnen und Fotografen an.

Obwohl Marx nur 15 Monate in dem barocken Wohnhaus in der Brückenstraße 10 verbrachte, in dem er geboren wurde, kann man hier heute in seine Fußstapfen treten. Die Dauerausstellung des Hauses, die 2018 überarbeitet wurde, bietet einen Einblick in sein Leben, seine Arbeit und seinen Einfluss, der bis heute anhält. Zu den Ausstellungsstücken gehören der Lesesessel, in dem

Apostelgrab St. Matthias

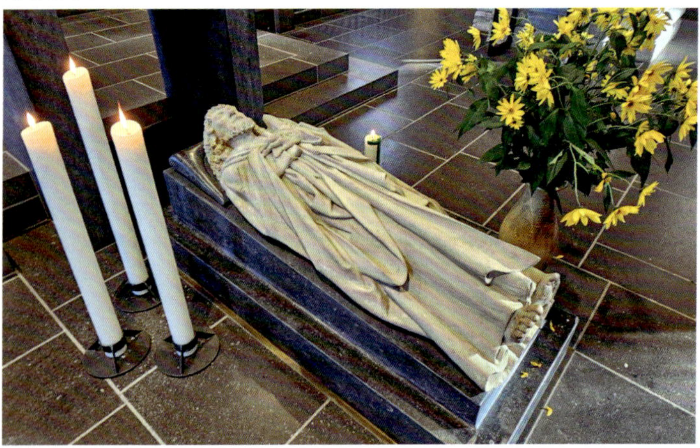

Marx verstorben sein soll, und eine Taschenuhr. Doch nicht nur Marx' Gegenstände ziehen Besucherinnen und Besucher an, sondern auch die Gedanken und Theorien des Philosophen, die in der Ausstellung dargelegt werden. Das Karl-Marx-Haus lädt jeden Sa zur kostenlosen Führung ein.

♦ Brückenstraße 10, 54290 Trier, ☏ 06 51/97 06 80, fes.de/museum-karl-marx-haus, täglich 10:00-18:00, kein Einlass 13:00-13:30, Ruhetage: Rosenmontag, Weihnachtstage, Silvester, Neujahr, Eintritt € 5 für Erwachsene, ermäßigt € 3,50

Lust auf Ruhe? Dann entfernen Sie sich ein wenig von der Innenstadt und statten Sie der ✞ Benediktinerabtei St. Matthias einen Besuch ab. Denn auch wenn Trier viele Gotteshäuser zu bieten hat, so ist der Endpunkt des Mosel-Caminos doch ein ganz besonderes Haus.

✞ **Benediktinerabtei St. Matthias**: Im Kern dieser Abtei schlummert das einzige Apostelgrab auf deutschem Boden. Seit Jahrhunderten verehrten die Benediktinermönche bereits Eucharius und Valerius, die Gründerbischöfe der Trierer Kirche. Doch als 1127 der Bau einer neuen Basilika begann, stolperten die Mönche über eine Sensation: die Gebeine des Apostels Matthias. Die 1148 geweihte Basilika trug nun den Namen des heiligen Matthias. Der Legende nach wurden die Gebeine des Apostels auf Befehl der Kaiserin Helena im 4. Jahrhundert von Jerusalem nach Trier gebracht. Ein Detail fehlte allerdings – der Schädel. Diesen soll der Ritter Heinrich II. von Isenburg während eines Kreuzzugs erworben haben. Er soll ihn zur Mosel gebracht und zu Matthias' Ehren die Matthiaskapelle in Kobern-Gondorf errichtet haben, der Sie auch noch begegnen werden.

Wer nun noch ein wenig mehr Ruhe sucht, schlendert zum **Zurlaubener Ufer**. In dieser schmalen Gasse an der Mosel siedelten einst Fischer- und Schifferfamilien. Die charmanten Häuser, die um 1800 mit ihren kleinen Gärten und Pavillons entstanden, beherbergen heute gemütliche Gaststätten. Davor erstrecken sich Biergärten, von denen aus man einen herrlichen Blick auf die roten Klippen am gegenüberliegenden Flussufer genießen kann. Wer es noch einsamer mag, begibt sich zum ⌘ Turm Luxemburg. Diesen zu erreichen, ist zu Fuß mit einiger Mühe verbunden, denn er liegt außerhalb der Stadt auf dem Petrisberg.

⌘ **Turm Luxemburg auf dem Petrisberg**: Vom Amphitheater aus führt die Sickingenstraße zum ehemaligen Gelände der Franzosen-Kasernen. Schon 30 v. Chr. nutzten die Römer diesen Hügel als strategischen Punkt für ein Militärlager. Jahrhunderte später wurde der Ort von der Wehrmacht als Kriegsgefangenenlager genutzt, wo auch der Schriftsteller Jean-Paul Sartre inhaftiert war. 2004 wurde das Gelände für die Landesgartenschau aufgehübscht. Deshalb schenkte die Stadt Luxemburg Trier eine begehbare Skulptur – den „Turm der Träume und Sehnsüchte". Dieser rund 20 m hohe Stahlturm wird heute oft als „Turm Luxemburg" bezeichnet. Über eine Treppe erreicht man seine Aussichtsplattform.

Dies sind nur einige der zahlreichen Sehenswürdigkeiten Triers. Aber da der Tag nur 24 Stunden hat (☺ Tipp: Verpassen Sie auf keinen Fall die Nachtwächterführung durch Trier!) und Sie morgen ja wieder fit sein müssen, lassen wir es nun gut sein.

5. Etappe: Trier – Schweich

17,9 km, 5 Std. 30 Min., ↑ 565 m, ↓ 608 m, ⇧ 126-259 m

0,0 km	⇧ 175 m	Rosengarten der Hochschule Trier
3,5 km	⇧ 210 m	Marienkapelle auf dem Bienenberg
7,2 km	⇧ 229 m	Ehranger Kanzel
8,0 km	⇧ 133 m	Trier-Ehrang BANK
9,3 km	⇧ 238 m	Pastor-Mohr-Kreuz ⌘
11,7 km	⇧ 177 m	Friedhof Quint
13,0 km	⇧ 202 m	Rothenberg Wanderparkplatz
14,1 km	⇧ 180 m	Wohngebiet Haardthof
17,0 km	⇧ 131 m	Brücke über den Ermesgraben
17,9 km	⇧ 128 m	Schweich, Tourist-Information Römische Weinstraße (Altes Weinhaus) BANK ⌘

Die fünfte Tagesetappe des Moselsteigs beginnt natürlich dort, wo Sie gestern die 4. Etappe beendet haben: am Rosengarten der Hochschule. Direkt nach der Villa Weißhaus geht es auch schon auf den abenteuerlichen Felsenpfad. Auf diesem Hangkantenpfad entlang des steilen Buntsandsteinfelsens bieten sich immer wieder Aussichten auf Trier. Die Höhenmeter sind heute auch nicht zu verachten, aber dafür lernen Sie Biewer und das Wallenbachtal kennen. Einer der Höhepunkte dieser Etappe ist sicherlich die Ehranger Kanzel, von der aus sich ein prachtvoller Blick über das nördliche Trierer Moseltal und bis nach Schweich bietet. Nach einem steilen Abstieg und dem Überqueren von Bahnstrecke und Kyll gelangen Sie ins Zentrum von Trier-Ehrang, wo Sie einkehren können. Von hier aus geht es nahezu postwendend wieder hinauf zur Heidekapelle, durch Wälder und

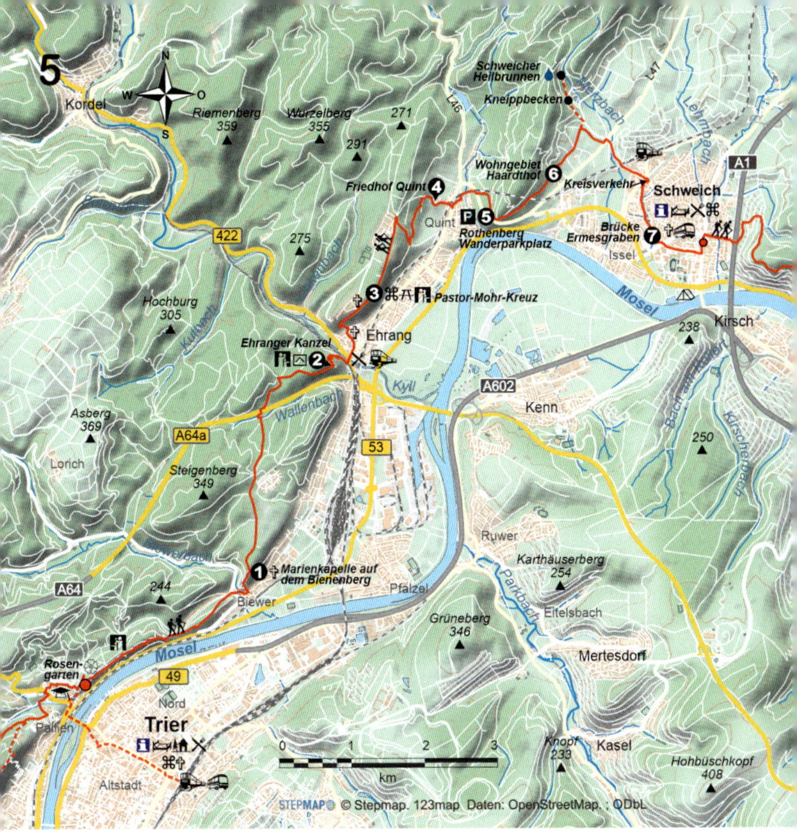

5
Kordel
N
W
O
S
Riemenberg 359
Wurzelberg 355
271
291
L46
L47
Schweicher Heilbrunnen
Kneippbecken
Lehmbach
A1
Wohngebiet Haardthof 6
Kreisverkehr
Schweich
Friedhof Quint 4
Quint
5 Rothenberg Wanderparkplatz
Brücke Ermesgraben 7
Issel
422
275
Mosel
3 Pastor-Mohr-Kreuz
Hochburg 305
Kutbach
Ehrang
Kirsch
238
Ehranger Kanzel 2
Kyll
A602
Kenn
Asberg 369
Wallenbach
A64a
53
250
Lorich
Steigenberg 349
Ruwer
1 Marienkapelle auf dem Bienenberg
Karthäuserberg 254
A64
244
Pfalzel
Biewer
Grüneberg 346
Eitelsbach
Parkbach
Rosengarten
Mosel
49
Mertesdorf
Nord
Pallien
Trier
Knopf 233
Kasel
Hohbüschkopf 408
Altstadt
0 1 2 3
km
STEPMAP © Stepmap. 123map Daten: OpenStreetMap.; ODbL

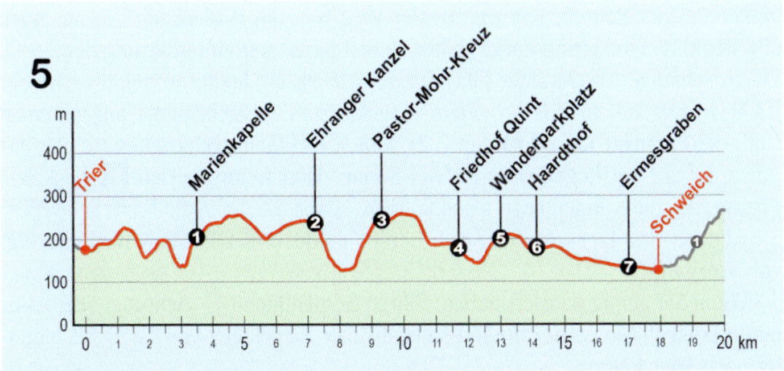

5
m
400
300
200
100
0
Trier
Marienkapelle
Ehranger Kanzel
Pastor-Mohr-Kreuz
Friedhof Quint
Wanderparkplatz
Haardthof
Ermesgraben
Schweich
0 1 2 3 4 5 6 7 8 9 10 11 12 13 14 15 16 17 18 19 20 km

Felder sowie vorbei an Obstbäumen, bis Sie schließlich an den Stadtrand von Schweich gelangen. Die Etappe endet in der Stadtmitte an der Tourist-Information Römische Weinstraße – und praktischerweise auch in der Nähe zahlreicher Restaurants.

Hinter dem ❀ Rosengarten geht es links auf einen Schotterweg.

☞ Nur rund 200 m nach dem Start sollten Sie wachsam sein, sonst verpassen Sie die scharfe Abbiegung nach rechts Richtung Felsenpfad (die allerdings gut ausgeschildert ist).

Nach einigen Treppenstufen erreichen Sie die 1823 erbaute, klassizistische **Villa Weißhaus**.

Villa Weißhaus, Weißhaus 1, 54293 Trier, mit Café, Restaurant, Biergarten und hübscher Aussicht auf Trier, Mo-Do 12:00-23:00, Fr und Sa 12:00-01:00 und So 9:00-23:00

Am Parkplatz führt Sie der Moselsteig dann auch schon auf den traumhaften Felsenpfad, der allerdings auch Konzentration erfordert – ☞ setzen Sie Ihre Füße mit Bedacht, auch wenn es zunächst keine nennenswerten Anstiege gibt. Dafür geizt der Pfad auch nicht mit magischen Aussichten auf Trier und die Mosel.

Die Beschilderung ist auch heute hervorragend, sodass Sie bald schon nach **Biewer** gelangen, wo Sie sich jedoch nicht lange aufhalten. Nach nur wenigen Metern bringen Sie (Luft holen!) viele Treppenstufen hoch in den Wald. Kräfte sammeln können Sie erst wieder an der kleinen ✞ **Marienkapelle auf dem Bienenberg ❶** – abwechslungsreiche 3,5 km liegen hier bereits insgesamt hinter Ihnen.

Weiter geht's auf einem breiten Waldweg, vorbei an Feldern und dem Wohngebiet Auf der Bausch, von wo aus der Weg bis zum Wallenbach fast nur noch abwärtsführt. Eine große Kurve später stehen Sie an der Unterführung der A64a. Durch schattige Mischwälder führt Sie der Moselsteig immer weiter, jetzt wieder leicht ansteigend, bis Sie an einem vorgelagerten Aussichtspunkt angekommen sind: der **Ehranger Kanzel ❷** (km 7,2). Eine Selbstversorgerhütte gewährt Ihnen Schutz bei Regen oder zu viel Sonne. Und wenn Sie den Blick von Ehrang, das unter Ihnen liegt, lösen können, lassen Sie ihn in die Ferne schweifen: Sie können das Tagesziel Schweich bereits entdecken! Die Stadt wird überragt von Weinbergen.

Wenn Sie genug pausiert haben, führen Serpentinen (☞ Achtung: Hier ist es mitunter steil!) Sie vorbei am ⌘ Blankenheimer Wegekreuz von 1873 bis hinunter nach Trier-Ehrang.

Trier-Ehrang ⇧ 131 m, 8.883 Ew.

- Restaurant Zur Kanzel, Kyllstraße 60, 54293 Trier-Ehrang, ☏ 06 51/611 59, zurkanzel-trier.metro.rest, Mi-Sa 17:30-22:00, So 11:30-14:00 und 17:30-22:00, Ruhetage: Mo und Di
- ♦ Aktas Pizza & Kebaphaus, Kyllstraße 12, 54293 Trier-Ehrang, ☏ 06 51/20 67 99 84, Pizza, Döner, Burger, Schnitzel, Mo-Fr 12:00-22:30, So 15:00-22:00, Ruhetag: Sa
- In Ehrang ist es kein Problem, am Bahnhof in einen Zug nach Trier oder auch nach Schweich zu steigen.

Am Ortseingang von Ehrang überqueren Sie zunächst die **Kyll** und lassen später die ✞ **Kirche St. Peter** links liegen. Nur 70 m nach der Kirche erfahren Sie dann, dass ein Kreuzweg durchaus auch heute noch Leiden bedeuten kann, denn über einen solchen und damit über viele steile Treppenstufen bringt der Moselsteig Sie jetzt hinauf bis zur ✞ **Heidekapelle**. Ist das endlich geschafft (ja, ich weiß, es ist sehr anstrengend – fragen Sie mich nicht, wie oft ich geflucht habe, auch wenn das nicht sehr christlich ist), trennen Sie nur noch rund 250 m vom ⌘ **Pastor-Mohr-Kreuz** ❸ (km 9,3). Dass Sie nun an diesem Ort Platz nehmen können, haben Sie – klar – Pastor Johannes Mohn zu verdanken. Er stiftete das riesige Kreuz anlässlich seines goldenen Priesterjubiläums – und vermutlich glücklicherweise auch die Bänke. Also gedenken Sie kurz Pastor Mohn, während Sie Ihren Blick bei hoffentlich gutem Wetter bis in den Hunsrück schweifen lassen können.

Der Pfad führt nahe der Hangkante weiter, vorbei an einzelnen Häusern, bis Sie die Siedlung Auf der Heide erreichen. Hier geht es scharf rechts ab und ☝ recht steil hinunter in einen dichten Wald. Aus diesem tauchen Sie erst wieder in Höhe des ✞ **Friedhofes von Quint** ❹ (km 11,7) auf.

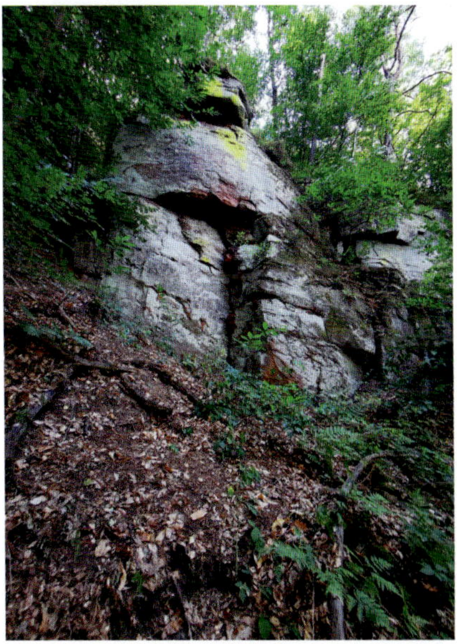

Felsformation kurz vor Ehrang

Auf dem weiteren kurzen Stück sollten Sie wachsam sein: Vom Friedhof aus führt der Abstieg zu den Bahngleisen der Haltestelle Quint. Hier müssen Sie die Bahnstrecke überqueren, in das Neubaugebiet hinein- und hindurchlaufen. Zwar könnten Sie (wie ich es aufgrund des ersten fehlenden Schildes zunächst getan habe) stattdessen sehr wohl auch an der Hauptstraße links gehen, statt über die Brücke rechts zu laufen und dann bei der nächsten Gelegenheit scharf links abzubiegen. In diesem Fall träfen Sie nach der zweiten Brücke auch wieder auf den Moselsteig, um dann links in den Wald zu verschwinden. Aber dann hätten Sie ja nichts vom ach so schönen Neubaugebiet gesehen (Achtung: Ironie).

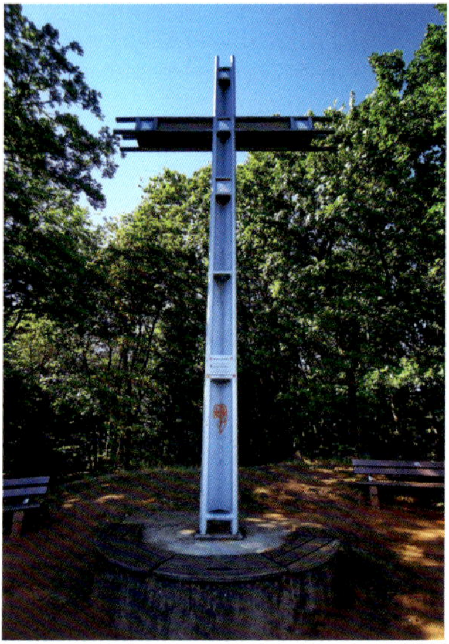

Pastor-Mohr-Kreuz

Wenn Sie also aus dem Neubaugebiet kommen und wieder an die Landstraße in Richtung Schweich gelangt sind, so überqueren Sie diese vorsichtig. Der Moselsteig taucht jetzt endlich wieder in den Wald ein. Dort, wo dieser Waldpfad auf einen Forstweg trifft, zweigt ein Pfad nach links zum Forsthaus Quint ab, wo ein kleiner Waldlehrpfad beginnt, der zum Erkunden einlädt. Der Hauptpfad des Moselsteigs hingegen setzt seine Route durch den Wald fort. Sie folgen ihm vorbei am **Rothenberg Wanderparkplatz ❺** (km 13) und den Gebäuden des **Wohngebietes Haardthof ❻** (km 14,1).

Schon kurz bevor Sie in die Stadt Schweich gelangen, können Sie hier schon eine Pilgerstätte mit angeblich heilendem Wasser besuchen: den Heilbrunnen von Schweich. Hierfür laufen Sie rund 660 m nach dem Wohngebiet Haardthof weiter geradeaus, anstatt rechts in Richtung Schweich abzubiegen. Einige Meter weiter treffen Sie auf die Straße Am Heilbrunnen, der Sie nach links etwa 405 m bis zum Kreuzweg folgen, an dessen Ende sich nach weiteren rund 275 m der Heilbrunnen befindet.

Schweicher Heilbrunnen: Der Heilbrunnen präsentiert sich als architektonisches Ensemble, das Quelle, Kapelle, Kreuzweg und ein Wegekreuz in einem parkähnlichen Ambiente umfasst. Die Anlage ist durch eine lange Baumallee gekennzeichnet, die zur Marienkapelle führt. Entlang der Ostseite dieser Allee reihen sich 14 Kreuzwegstationen. Um das Jahr 1600, nach Berichten von Wundern, wurde dieser Ort zu einem Pilgerzentrum. Die aktuelle Marienkapelle, im Jahr 1883 im neugotischen Stil aus rotem Sandstein errichtet, steht auf den Fundamenten älterer Bauten. Ihr Inneres beeindruckt mit einem kreuzrippengewölbten Bau, gestützt auf Konsolen, und originalen, zweigeteilten Dreipassfenstern.

Ohne den Umweg über den Heilbrunnen geht es rund 660 m nach dem Wohngebiet nach rechts in Richtung Schweich weiter. Hier öffnet sich die Waldlandschaft zu einer malerischen Kulisse aus Feldern und Wiesen, gesäumt von Obstbäumen. Dieser reizvolle Abschnitt begleitet Sie bis zum Stadtrand von Schweich. Nachdem Sie die Bahnunterführung durchquert haben, geht es direkt durch das ausgedehnte Neubaugebiet ins Stadtzentrum von Schweich.

Passen Sie am **Kreisverkehr** auf: Direkt danach überqueren Sie vorsichtig die Bahnhofstraße, wenden sich dann aber nach rechts und folgen ihr nicht weiter. Biegen Sie stattdessen hinter der Seniorenresidenz direkt wieder links ab auf einen Fußweg.

Bei km 17 passieren Sie eine kleine **Brücke über den Ermesgraben** ❼. Den Abschluss findet diese Etappe am ehemaligen ⌘ **Geiben-Haus**, einem der ältesten Häuser Schweichs. In einem Teil dieses Hauses befindet sich heute die Tourist-Information Römische Weinstraße.

Schweich

⇧ 133 m, rund 8.000 Ew.

Tourist-Information Römische Weinstraße, Brückenstraße 46, 54338 Schweich, ☏ 065 02/933 80, info@roemische-weinstrasse.de, roemische-weinstrasse.de, Mai bis Oktober Mo-Fr 9:00-12:30 und 13:00-18:00, Sa 9:00-12:00, November bis April Mo-Fr 9:00-12:30 und 13:00-17:00

Hotel Zum Stern, Brückenstraße 60, 54338 Schweich, ☏ 065 02/938 58 92, info@hotel-zumstern.de, hotel-zumstern.de, Ü EZ ab € 72, Ü DZ ab € 95, pro Person € 10

Mittler's Restaurant, Brückenstraße 1, 54338 Schweich, ☏ 065 02/99 51 90, info@mittlers-restaurant.de, mittlers-restaurant.de, Mi-So 11:00-22:00, warme Küche 12:00-14:00 und 17:00-20:00, Ruhetage: Mo und Di

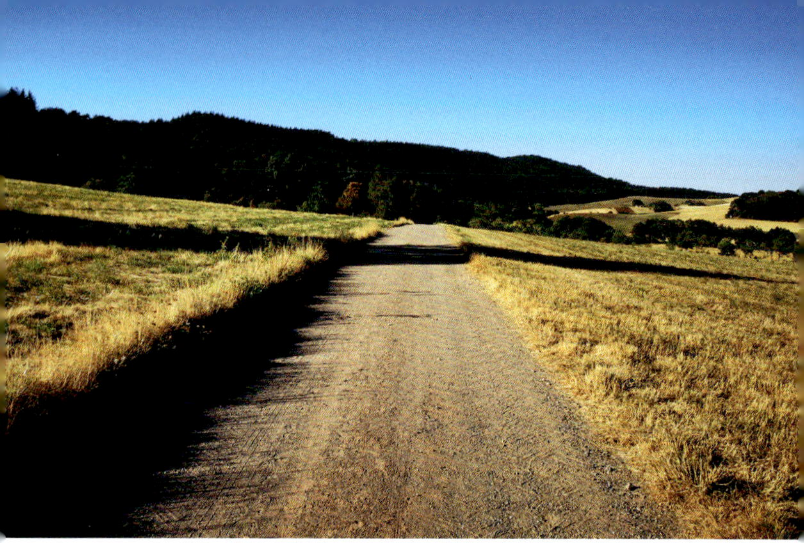

Kurz vor Schweich

⛺ ✕ Campingplatz zum Fährturm, Am Yachthafen 1, 54338 Schweich, ☎ 065 02/913 00, ✉ boote@kreusch.de, 💻 kreusch-wassersport.de, 🚪 Campingplatz und Restaurant im Fährturm: April bis Oktober täglich durchgängig 8:00-20:00 (Küche von 12:00-20:00), Ü Stellplatz kleines Zelt € 19

🚌 Mit dem Bus kommen Sie zum nächsten Etappenort **Mehring**.

🚆 Von Schweich aus gelangen Sie mit dem Zug zurück nach Trier.

⛴ Im Sommer können Sie zum Beispiel Tagesfahrten nach Neumagen oder Bernkastel-Kues unternehmen; aktuelle Fahrpläne gibt es auf 💻 moselrundfahrten.de.

Schweich hat seit der Ernennung zur Stadt im Jahr 1984 eine Transformation durchgemacht. Man sieht sich heute als das Einkaufszentrum an der Römischen Weinstraße. Die Historie der Stadt ist geprägt von keltischen, treverischen und römischen Spuren, mit Sehenswürdigkeiten wie dem ⌘ Niederprümer Hof. Dabei handelt es sich um ein Zeugnis römischer Präsenz, das heute als Kulturzentrum dient. Das stolze Wahrzeichen Schweichs, der ⌘ Fährturm, grüßt alle, die den Moselstrom überqueren und erinnert an die historische Bedeutung der Moselfähre, denn Schweich war eine der wichtigsten Übergangsstellen an der mittelalterlichen Straße zwischen Trier und Koblenz. Und mit der ⌘ Molitorsmühle findet sich außerhalb der Stadt eine liebevoll restaurierte Wassermühle. Zunächst geht es zum Wahrzeichen der Stadt:

⌘ **Fährturm**: Das Aushängeschild am Moselufer ist ein Bauwerk von Kurfürst Clemens Wenzeslaus aus dem späten 18. Jahrhundert. Dieser robuste fünfeckige Bruchsteinturm richtet seine Spitze stromaufwärts und fungierte einst als Eisbrecher, wenn die Mosel zugefroren war. Ein schiefergedecktes Zeltdach krönt den dreistöckigen Turm. Einst war der Schweicher Fährturm sogar über ein Seil mit einem Gegenpart auf der anderen Moselseite verbunden. Doch dieser Partner wurde 1902, während des Baus der Moseltalbahn (1968 außer Betrieb genommen), dem Erdboden gleichgemacht. Mit der Inbetriebnahme einer Moselbrücke im Jahr 1906 endete die Ära des Fährbetriebs endgültig.

Auch einen hübschen ⌘ Brunnen finden Sie im Ortskern – er ist dem vielleicht berühmtesten Sohn der Stadt Schweich gewidmet.

⌘ **Stefan-Andres-Brunnen**: Zu Ehren des Schriftstellers Stefan Andres wurde 1978 der Stefan-Andres-Brunnen in der (wie passend) Stefan-Andres-Straße eingeweiht. Er illustriert Szenen aus Andres' Werken und zentral prangt das Abbild des Schriftstellers selbst. 1906 in Trittenheim geboren, zog Andres bereits in jungen Jahren nach Schweich. In den 1950er-Jahren zählte er zu den populärsten deutschen Schriftstellern. Die Stefan-Andres-Gesellschaft setzt sich für die Pflege seines Vermächtnisses ein, einschließlich der Instandhaltung dieses Brunnens. Umgeben von ⛼ Sitzbänken stellt er einen einladenden Rastplatz dar.

Wollen Sie ein wenig mehr über den Schriftsteller erfahren, so müssen Sie sich zum ⌘ Niederprümer Hof begeben.

⌘ **Niederprümer Hof** (heute Kulturzentrum): Der Niederprümer Hof, ein ummauerter Winkelhof, verdankt seinen Namen einer Schenkung an das Benediktinerinnenkloster Niederprüm zwischen 1285 und 1296. Historische Aufzeichnungen belegen einen Neubau des Gebäudes im Jahr 1620. Nach einem Dorfbrand im Jahr 1705 war eine erneute Instandsetzung nötig. 1810 wurde der Hof versteigert. Nach seiner dann folgenden Zeit als Friedensrichter-Sitz wechselte er als landwirtschaftliches Anwesen erneut mehrfach den Besitzer. Erst 1973 gelangte das gesamte Ensemble in den Besitz der Gemeinde Schweich, die es bis 1983 restaurierte und als Kulturzentrum wiedereröffnete. Heute beherbergt der Hof unter anderem die Stefan-Andres-Gesellschaft und eine Ausstellung, die das Leben und Schaffen des Schweicher Dichters in den Mittelpunkt stellt.

♦ Hofgartenstraße 26, 54338 Schweich, ☏ 065 02/65 24, April bis Oktober Di 14:00-16:00, Eintrittspreise und Führungen auf telefonische Anfrage

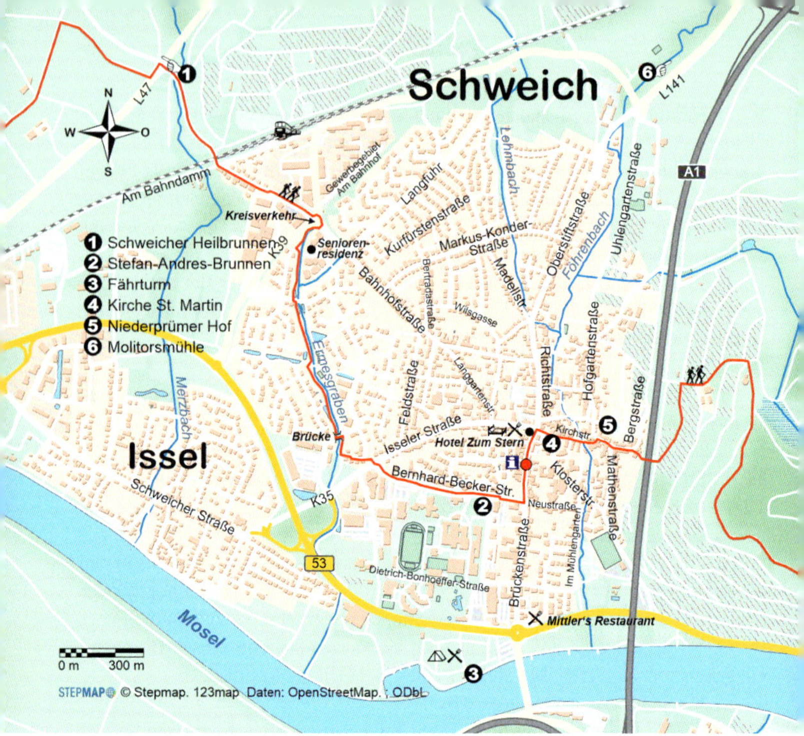

Nicht weit entfernt vom Brunnen befindet sich ein weiteres berühmtes Haus. Allerdings ist nicht seine heutige Verwendung als ℹ Tourist-Information gemeint, sondern seine ursprüngliche Gestalt. Die Rede ist vom ⌘ Geiben-Haus, heute Altes Weinhaus genannt.

⌘ **Geiben-Haus**: Das Geiben-Haus in der Brückenstraße 46, benannt nach seinen einstigen Besitzern, ist eines von Schweichs ältesten Gebäuden und repräsentiert den architektonischen Stil des 17. Jahrhunderts. 1992 hat die Verbandsgemeinde das Gebäude renoviert und es fortan Altes Weinhaus genannt. Seine Giebelposition verdeutlicht, dass es zu einem der ältesten städtebaulichen Abschnitte Schweichs gehört. Im Inneren überrascht es mit einem dreiraumtiefen Wohnteil aus dem 17. Jahrhundert, einer steinernen Wendeltreppe sowie einem Raum mit Balkendecke und einem später hinzugefügten Backofen. Heute beherbergt der vordere Teil des Gebäudes die Tourist-Information, während das Büro des Stadtbürgermeisters gleich daneben liegt.

Ebenfalls am Moselsteig liegt auch die ✞ Pfarrkirche St. Martin.

✞ **Pfarrkirche St. Martin**: Die katholische Pfarrkirche St. Martin wurde zwischen 1894 und 1897 errichtet. Dieses neugotische Bauwerk entstand an der Stelle einer Kirche aus den Jahren 1821/1822. Dieses dreischiffige Meisterwerk weist einen Chor mit fünf Seiten im Osten und einen aus der Vorgängerkirche übernommenen klassizistischen Westturm auf. Das Innenleben glänzt mit einem von Rundpfeilern getragenen Kreuzrippengewölbe und einer 1982 freigelegten Ausmalung von 1903. Die neugotische Ausstattung ist noch vollständig erhalten. Alle drei Altäre präsentieren sich in baldachinartigen Designs, ergänzt durch Reliefdarstellungen und Figurenschmuck. Ein weiteres Highlight sind die Chorfenster, die kirchliche Feste abbilden, ergänzt durch Glasfenster in den Querarmen, den Taufstein und die Kanzel. Zwei steinerne Figuren der Heiligen Andreas und Johannes, Relikte aus der ehemaligen Abtei St. Maximin in Trier, schmücken die Außenwand des Chors.

Wer jetzt noch Lust hat, ein ganz besonderes Museum zu erkunden und auf alte Handwerkskunst steht, muss sich zu Fuß über den Moselradweg Richtung Hetzerath bewegen – ein Auto wird ja vermutlich niemand im Rucksack haben. Vom Ortskern aus sind es gut 2,5 km, die Sie von der ⌘ Mühle trennen.

⌘ **Molitorsmühle**: Die Molitorsmühle ist ein Familienjuwel seit 1830. Bis 1972 wurde das Handwerk des Müllers hier ausgeübt. Seit 1997 öffnet diese museale Perle ihre Tore für Besucherinnen und Besucher, die in die Welt des Handwerks eintauchen möchten. Sie ist das letzte Zeugnis von einst sieben Mühlen in Schweich und beeindruckt mit ihrer nahezu unberührten Ausstattung aus dem 19. und frühen 20. Jahrhundert.

♦ Molitorsmühle 2, 54338 Schweich, ☏ 065 02/13 36 (auch zur Vereinbarung von Besichtigungen), 🚪 Ostern bis Ende Oktober So und feiertags 14:00-18:00. Der Eintritt kostet € 4 für Erwachsene, € 2 für Schülerinnen und Schüler sowie Studierende und € 1,50 für Kinder ab 5 Jahren und Grundschulkinder.

Wer nach dieser langen Etappe jetzt nicht mehr ganz so fit ist, dem wird Schweich es sicherlich verzeihen, wenn er sich jetzt zu Bett begibt, um morgen gut erholt in Richtung Mehring aufzubrechen.

6. Etappe: Schweich – Mehring

12,1 km, 4 Std., ↑ 380 m, ↓ 383 m, ⇧ 125-417 m

0,0 km	128 m	Schweich Tourist-Information Römische Weinstraße (Altes Weinhaus)
1,2 km	186 m	Wassermühle
2,5 km	281 m	Grillhütte Rupper
5,0 km	409 m	Mehringer Berg
9,2 km	268 m	Picknicktisch im Weinfass
10,1 km	260 m	Himmelsleiter
12,1 km	125 m	Mehring

Man könnte dazu neigen, diese 6. Etappe aufgrund ihrer Kürze zu unterschätzen. Aber bekanntlich liegt ja eben in der Kürze die Würze – so auch hier. Der Weg von Schweich nach Mehring ist knackig und stellt zum Teil eine echte Herausforderung dar. Der Pfad schlängelt sich immer wieder bergauf und bergab. Dafür wird aber auch nahezu jeder Anstieg mit Panoramablicken belohnt. Kurz nach dem Mehringer Berg können Sie sich sogar noch kurz auf die Spuren eines fast 340 Jahre alten Mordfalles begeben. Wer jetzt verschnaufen muss, freut sich auf das Huxlay-Plateau. Dort laden obendrein eine Finnenbahn sowie ein Gesundheits- und Bewegungspfad zu aktiver Erholung ein. Über die Himmelsleiter ist es von hier aus nicht mehr weit bis zum Tagesziel, sodass die Pause auch ruhig ausgedehnter ausfallen darf. In Serpentinen geht es danach hinab nach Mehring. Nehmen Sie genug Verpflegung mit, denn es gibt heute vor Mehring keine Einkehrmöglichkeit.

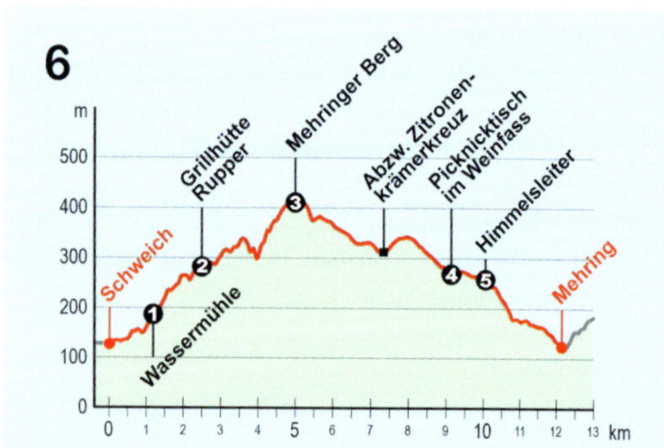

Heute starten Sie an der Tourist-Information Schweich, biegen aber schon nach gut 130 m rechts in die Kirchstraße ein. Sie passieren die Pfarrkirche St. Martin sowie den Föhrenbach.

Kurz darauf geht es hinter einem ✞ Kapellchen rechts in die Mathenstraße, die zur Bergstraße wird, welche Sie schon bald zur **A1-Unterführung** bringt. Ab jetzt wird es anstrengend. Hinter der Unterführung führt Sie der Moselsteig nach links zunächst eben in die Weinberge.

Rund 900 m nach dem Startpunkt in Schweich müssen Sie aufpassen: Hier halten Sie sich mit der ansteigenden Asphaltstraße rechts, lassen einen Bauernhof rechts liegen und wandern knackig bergauf bis zu einer Kreuzung mit Hinweistafel.

Biegen Sie rechts ab in Richtung **Wassermühle ❶** (km 1,2). Der weitere Weg hält ab und an ebene Abschnitte bereit, aber auch Steigungen erfreuen immer wieder das Herz des Moselsteigfans.

Panoramaaussichten würzen das Erlebnis; sie lenken tatsächlich fast schon von der Anstrengung ab, die der Weg hinauf zum Mehringer Berg mit sich bringt.

Schon bald erreichen Sie auf dem jetzt gut ausgeschilderten Pfad die **Grillhütte Rupper ❷** (km 2,5). Zeit für ein Päuschen.

Wenn Sie genug gerastet haben, setzen Sie Ihren Aufstieg fort. Kurz bevor Sie oben angelangt sind, wird es lichter. Es sind jetzt weitaus weniger Bäume, die Schatten spenden. Dafür dürften Sie gerade im Sommer den Grillen lauschen können. Kurz nach der Sinnesbank haben Sie es endlich geschafft: Sie haben den **Mehringer Berg ❸** (km 5) bezwungen. Herzlichen Glückwunsch; das dürfte für manchen eine harte Nuss gewesen sein. Genießen Sie das atemberaubende

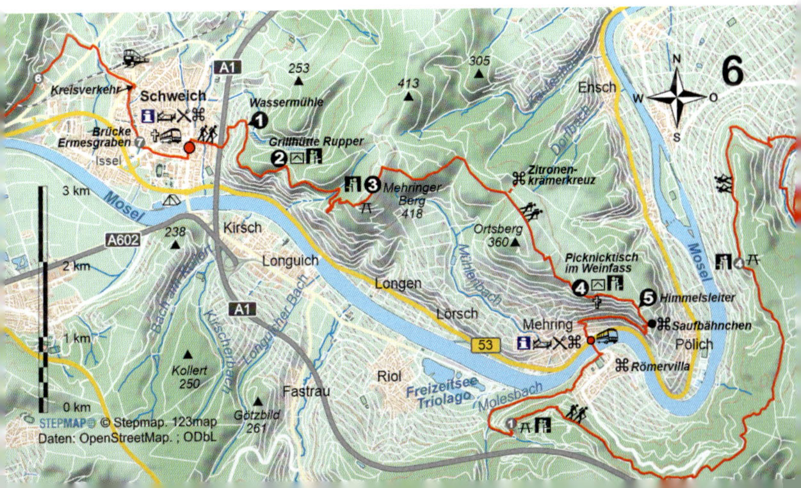

Panorama – es erstreckt sich weit über das Moseltal hinaus bis auf die Höhenzüge der Eifel und des Hunsrücks. Bei gutem Wetter kann man in der Ferne sogar den Erbeskopf, den höchsten Gipfel von Rheinland-Pfalz, am südöstlichen Horizont ausmachen.

Genug genossen? Dann nichts wie weiter! Der Weg führt zunächst nur für eine kurze Strecke über den kargen, lediglich von Wiesen bewachsenen Bergkamm, bevor er sich in einen steilen Abstieg verwandelt. Bald darauf folgt der Pfad einem Feldrand und schlängelt sich in ein Waldgebiet hinein. Entlang des Waldrandes setzt sich die Route fort, bis sie schließlich in eine offene Landschaft führt. Besonders hübsch ist hier die Aussicht gen Osten, wo abermals der Erbeskopf auszumachen ist.

Gut 7,3 km haben Sie bewältigt, wenn Sie an einer Kreuzung stehen, an der ein kleiner Abstecher möglich ist, der Sie über einen jahrhundertealten Mord informiert. Rund 220 m links von Ihnen befindet sich nämlich das ⌘ **Zitronenkrämerkreuz**.

⌘ Zitronenkrämerkreuz

Seit mehr als 300 Jahren steht hier das geheimnisvolle Gedenkkreuz. Es markiert den Schauplatz eines düsteren Kapitels in der Geschichte der über 1.000 Jahre alten Gemeinde Schleich. Die Legende erzählt von einem tragischen Vorfall im Jahr 1687, als ein Zitronenkrämer, ein wohl auf exotische Früchte spezialisierter Händler, an dieser Stelle von seinem Diener ermordet wurde. In Gedenken an den Verstorbenen, PI Carové, errichteten seine Kinder das Kreuz, das bis heute von der Tat kündet.

Ein Mann namens Ambros Carové kam zwischen 1651 und 1655 aus dem italienischen Lenno am Comersee nach Trier. Sein genaues Alter ist nicht bekannt – aber entweder er selbst oder sein Sohn mit demselben Namen wurde 1676 als Zitronenkrämer in die Trierer Krämeramtsbücher eingetragen. Einer von ihnen war es wohl auch, der sein Leben an dieser Stelle ausgehaucht hat. Armer Tropf.

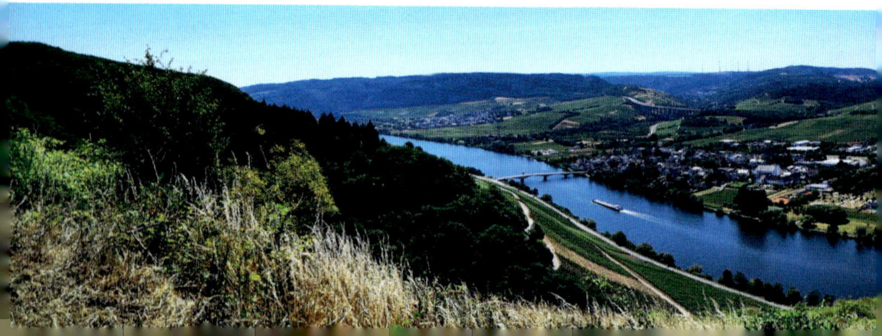

Lassen Sie nun das tragische ⌘ Denkmal des Zitronenkrämers hinter sich, um sich wieder dem Wandern zu widmen. Die Route führt nun eher sanft bergab bis zur Hangkante, von wo aus sich ein malerischer Blick auf die Moselschleife bei Mehring eröffnet. Etwa bei km 9,2 lädt eine weitere Rastmöglichkeit zum Ausruhen ein, die sehr extravagant anmutet: Nehmen Sie Platz am **Picknicktisch im Weinfass ❹**! Ein Hinweisschild verrät, dass der Senioren-Club Aktiv Mehring dafür gesorgt hat, dass es dieses idyllische Plätzchen gibt. Manche werden, gerade bei schlechtem Wetter, leise ein „Dankeschön" nach Mehring schicken.

Nur ein paar Meter weiter stoßen Sie auf eine kleine ✞ **Kapelle**, hinter der es links ab in einen Kiefernwald geht. Sie werden begleitet von einem lehrreichen Tierpfad und schweben federnden Schrittes über Holzhackschnitzel, bis Sie schließlich die **Himmelsleiter ❺** (km 10,1) erreichen. Es ist möglich, dass Menschen mit Knieproblemen die nun folgenden Holzstufen eher als Höllenleiter empfinden. Diese Leiter bringt Sie allerdings wie zur Entschuldigung zum Huxlay-Plateau, wo Sie ein weiteres Mal eine hübsche Aussicht auf Mehring und die Mosel erwartet. Kurz bevor es dann abwärtsgeht, erreichen Sie das ⌘ Saufbähnchen. Was es damit auf sich hat, ist schnell erklärt.

⌘ **Saufbähnchen**: Das Saufbähnchen, an dessen hübschem Denkmal Sie hier stehen, war einst mehr als nur eine Bahnlinie: Es war ein Stück Moselgeschichte. Gegründet 1899, verband sie Trier mit Bullay. Ihre Geschichte ist geprägt von Aufbau, Kriegszerstörung und Wiederaufbau. Der charmante Spitzname stammt aus ihrer Zeit als Moselbahn. Im Salonwagen konnte man den regionalen Wein genießen. Die Zugtickets dienten zugleich als Weinkarten, ein originelles Andenken für Reisende. Und diese kamen mit dem Saufbähnchen in Scharen zu den Weinfesten. Das Moselbahn-Kapitel endete im Jahr 1968, als der letzte Zug in Trier einrollte.

Aussicht auf das Moseltal

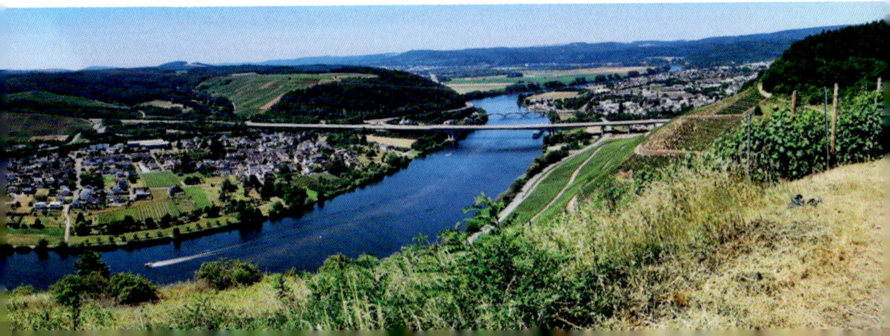

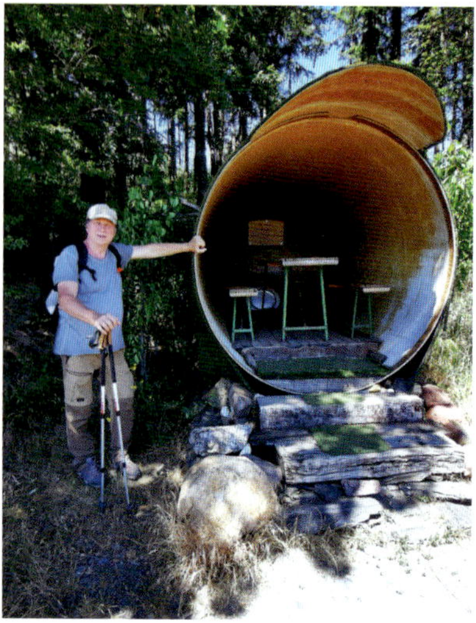

Schöner Pausenplatz: Weinfass

Der Weg nach Mehring setzt sich fort über einen Serpentinenpfad, der sich geschmeidig an den Weinberghängen hinunterwindet.

☞ Achtung: Diese Serpentinen haben es faustdick hinter den Ohren – sie sind gespickt mit Geröll und an vielen Stellen auch recht steil.

Am Ende dieses Pfades zieht sich der Moselsteig weiter entlang des sanft abfallenden Weinbergsweges bis zum Rand von **Mehring**. Nach einem kurzen Abschnitt durch den Ort erreichen Sie die Moselbrücke. Eine Treppe führt Sie hinab zur **Mehringer Bushaltestelle „Moselstraße"** (km 12,1). Wer möchte, kann von hier aus dem kurzen Zuweg folgen, der parallel zur Mosel ins Ortszentrum führt.

Mehring

BANK

⇧ 130 m, rund 2.500 Ew.

Touristinformation Mehring, Bachstraße 47, 54346 Mehring, ☏ 065 02/14 13, info@mehring-mosel.de, mehring-mosel.de, 1. April bis 31. Oktober Mo-Do 9:00-11:30, Fr 9:00-11:30 und 16:00-18:00, Sa 9:00-11:00 (Anfragen werden ganzjährig bearbeitet)

Gasthaus & Pension Zur Rebe, Neustraße 4, 54346 Mehring, ☏ 065 02/21 27, info@gasthaus-zur-rebe.de, gasthaus-zur-rebe.de, ÜF EZ ab € 40, ÜF DZ ab € 80, Mo-Fr 16:00-24:00 (November bis Mai Di Ruhetag), Sa und So 11:00-24:00 (im Winter erst ab 14:30), feiertags 11:00-24:00, im Ortskern

Bäckerei Frick, Bachstraße 43, 54346 Mehring, ☏ 065 02/54 07, backstube-frick.de, Di, Mi, Fr, Sa 6:00-12:00, Ruhetage: Mo, Do und So

Mit dem Bus erreichen Sie die Etappenorte Leiwen und Schweich.

Im Sommer können Sie von Mehring aus Tagesfahrten nach Neumagen oder Bernkastel-Kues unternehmen; aktuelle Fahrpläne gibt es auf moselrundfahrten.de.

Heute noch ist Mehring stolz darauf: Der Ort ist die Heimat der Deutschen Weinkönigin Lena (2016/2017), einer von drei Deutschen Weinköniginnen aus Mehring. Und obwohl er so charmant daherkommt, hat er harte Zeiten erlebt. 1840 brannte das halbe Dorf nieder, 1945 fielen Bomben, in den 60ern folgten Gebäudeabrisse im Zuge der Moselkanalisierung. Heute erwartet Sie trotz allem ein stolzer Wein- und Ferienort, umgeben vom Wanderparadies Mehringer Schweiz. Die rekonstruierte römische ⌘ Villa Rustica verrät unter anderem, dass sich auch in Mehring einst die Römerinnen und Römer niedergelassen haben. Im Ort lebte zudem von 1875 bis 1935 der Mundartdichter Peter Schröder, bekannt als Peter von der Mosel. Aber starten wir einfach eine kleine Erkundungstour.

⌘ **Wein- und Heimatmuseum Mehring**: Im prächtigen Rathausgebäude aus dem 16. Jahrhundert lädt das Wein- und Heimatmuseum Besucherinnen und Besucher ein, tiefer in die Geschichte des Ortes einzutauchen. Von der ersten urkundlichen Erwähnung im Jahr 752 bis in die Gegenwart spannt sich der Bogen der Ausstellung. Besonders hervorgehoben wird die römische Epoche. Ein weiterer Schwerpunkt liegt auf der 2.000-jährigen Weinbaukultur entlang der Römischen Weinstraße, illustriert durch historische Weinbauwerkzeuge und Gerätschaften aus dem 19. Jahrhundert.

♦ Bachstraße 47, 54346 Mehring, ☏ 065 02/14 13, Ostern bis Oktober Mo-Do 9:00-11:30, Fr 9:00-11:30 und 16:00-18:00, Sa 9:00-11:00, Eintrittspreise auf Anfrage in der ℹ Touristinformation im selben Haus

Wer nun neugierig geworden ist auf die Villa Rustica, kann ihr direkt einen Besuch abstatten – oder damit bis zum nächsten Tag warten. Dann nämlich überqueren Sie die Brücke des Ortes und wandern aufwärts. Unweit des Moselsteigs befindet sich die Villa.

⌘ **Villa Rustica**: Die Villa Rustica lädt zu einer Reise in die Welt der Antike ein. In den 1980er-Jahren entdeckt und teilweise restauriert ist sie heute ein offenes Denkmal der römischen Geschichte. Der Gutshof stammt aus der ersten Hälfte des 2. Jahrhunderts n. Chr. und beherbergt beeindruckende Überreste wie Teile eines Bodenmosaiks und Wandverkleidungen aus schwarzem Marmor. Sogar eine Fußbodenheizung ist zu besichtigen. Es handelte sich wohl um eine der größten Villen in der Trierer Region.

♦ In der Kirchheck 20, 54346 Mehring, für Interessierte werden von April bis Oktober gegen einen kleinen Obolus So um 11:30 Führungen angeboten. Melden Sie sich bei Interesse in der ℹ Touristinformation Mehring.

☺ Die ARGO-App ist kostenlos und kann unter ar-route.de heruntergeladen werden. Die Augmented-Reality-Anwendung zeigt mittels Smartphone, wie das ursprüngliche Bauwerk ausgesehen hat. Sie erweckt den Eindruck, als stünde es heute noch unverändert an seinem Platz.

Im Anschluss bieten sich noch ein Spaziergang entlang der Moselpromenade sowie ein Abendessen in einer der zahlreichen Lokalitäten an.

7. Etappe: Mehring – Leiwen

13,4 km, 4 Std. 30 Min., ↑ 515 m, ↓ 482 m, ⇧ 124-425 m

0,0 km	⇧ 125 m	Mehring
2,9 km	⇧ 309 m	Aussichtspunkt Felsenkreuzkanzel
6,1 km	⇧ 404 m	Parkplatz Extratour Mehringer Schweiz
7,2 km	⇧ 406 m	Aussichtsturm Fünf-Seen-Blick
10,1 km	⇧ 289 m	Aussicht auf Schleich
12,6 km	⇧ 215 m	Kaiser-Bar
13,4 km	⇧ 160 m	Leiwen, Tennisplatz

Die 7. Etappe beginnt mit der Überquerung der Mosel. Sie führt sodann durch die Mehringer Schweiz, einem Gebiet mit bewaldeten Steilhängen und vielen Felsen, das aufgrund seiner Schroffheit den Beinamen „Schweiz" erhalten hat. Der Weg schlängelt sich größtenteils durch dichten Wald und bietet trotzdem Aussichtspunkte. Darunter befindet sich die Felsenkreuzkanzel auf dem Kumer Knüppchen, oberhalb von Mehring und Riol. Von hier aus eröffnet sich ein fast schon majestätischer Blick auf den Campingpark Triolago. Ein weiterer Höhepunkt ist der Aussichtsturm Fünf-Seen-Blick, der – sofern nicht mehr geschlossen – einen ebenfalls imposanten Blick auf die Mosel bietet. Die Etappe führt dann entspannter durch den Wald und durch die Weinberge bis zum Tennisplatz oberhalb von Leiwen. Das Winzerdorf am östlichen Ende der Römischen Weinstraße empfängt Sie zur Belohnung für all die Strapazen mit einer echten Kaiser-Bar (die leider auch die einzige Stärkung heute bringt – packen Sie genug zu essen und zu trinken in den Rucksack).

Ihre heutige Wanderung startet an der Moselbrücke von Mehring, was bedeutet, dass Sie nun zum ersten Mal seit längerer Zeit wieder in den Hunsrück hineinwandern. Direkt nach der Brücke wartet schon der „Hallo wach!"-Effekt, denn es geht knackig über eine Treppe hoch in ein Wohngebiet. Rund 400 m nach dem Start gibt es hier am Sportplatz die Möglichkeit, sich links zu halten für einen kurzen und ausgeschilderten Abstecher zur bereits erwähnten ⌘ **Römischen Villa Rustica**. Sie ist nach 400 m erreicht.

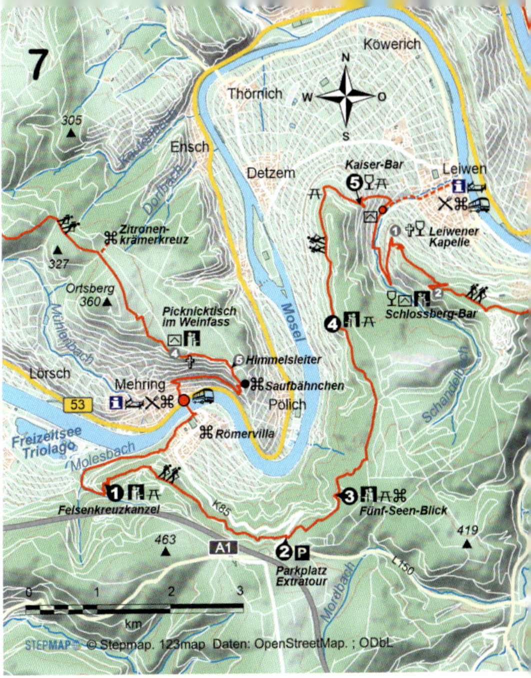

☺ Zur Erinnerung: Hier mit der ARGO-App in der Zeit zurückreisen!

Wer die Villa schon gestern besichtigt oder einfach keine Lust auf Sightseeing hat, der folgt stattdessen weiter dem Ruf der Natur. Die Route führt zum Waldrand, wo Sie erst einmal steil bergauf wandern, bevor es wieder recht steil bergab geht, fast bis hinab auf das Niveau der Mosel. An einem Wiesenweg am Fuße des Hanges und parallel zum Molesbach bringt Sie der Moselsteig bis zum Rand des Triolago-Freizeitgeländes.

Der folgende Abschnitt bis zum **Gipfelkreuz am Kumer Knüppchen** erfordert nicht nur gute Kondition, sondern auch Trittsicherheit. Der Weg steigt stark an, hinauf über Stufen und vorbei an prächtigen Schieferfelsformationen. Gut 2,9 km nach dem Start ist der **Aussichtspunkt Felsenkreuzkanzel** ❶ erreicht. Glückwunsch! Rasten Sie eine Weile und genießen Sie den Blick über das Moseltal und den **Freizeitsee Triolago**. Sie haben sich die Pause redlich verdient.

Nur rund 80 m nach dem Kreuz haben Sie dann die Wahl: Biegen Sie links ab mit der Extratour Mehringer Schweiz, so erwartet Sie ein anspruchsvolles kurzes Wegstück mit Seilsicherung über Treppen und natürliche Felsstufen. Zunächst geht es abwärts und dann an einer Hangkante entlang.

☺ Wer nicht schwindelfrei oder nicht trittsicher ist, kann allerdings rund 20 m weiter geradeaus laufen und dann auf dem breiten Waldweg weiter leicht abfallend wandern, bis er nach insgesamt rund 590 m wieder auf den Moselsteig trifft.

Im Anschluss durchqueren Sie einen längeren Waldabschnitt, der stetig ansteigt und schließlich einen offenen Buchenhochwald erreicht. Ein schmaler Pfad führt durch diesen Wald und weiter zum **Parkplatz 🚶 Extratour Mehringer Schweiz ❷** (km 6,1). Hier queren Sie die K85, um kurz darauf erneut im Buchenwald zu verschwinden.

Auf einem breiten ansteigenden Forstweg gelangen Sie zum nächsten markanten Punkt: dem **Aussichtsturm Fünf-Seen-Blick ❸** (km 7,2). Dieser ist fast 30 m hoch und hinauf zur Aussichtsplattform geht es über 105 Stufen. Sollte der Turm nicht mehr gesperrt sein (wie es seit 2020 bis zum Zeitpunkt des Drucks dieses Wanderführers leider aufgrund von Schäden an der Holzkonstruktion der Fall war), dann gönnen Sie sich diese Anstrengung, denn mit ein wenig Fantasie wirken die Moselschleifen von hier oben tatsächlich wie fünf Seen. Dieser Eindruck wird dadurch hervorgerufen, dass der Blick auf die Mosel immer wieder durch Wälder und Weinberge unterbrochen wird.

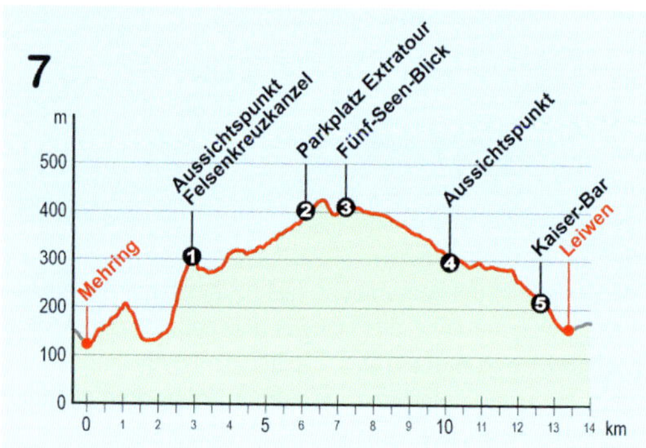

Der verbleibende Abschnitt der Etappe führt entweder bergab oder auf gleicher Höhe und kommt somit recht erholsam daher. Wald und Wiesen wechseln sich ab, bis Sie an einem Christuskreuz wieder auf einen Ort treffen, an dem sich eine Pause lohnt: die Aussicht auf Schleich ❹ (km 10,1). Wer hier Platz nimmt, kann seinen Blick außerdem zu Orten wie Detzem oder auch Pölich schweifen lassen.

Der Moselsteig führt nun (immer noch fast auf gleicher Höhe) auf einem Feldweg zwischen dem Waldrand und brachliegenden Weinbergsflächen. Am Ende dieses Weges wartet erneut ein kleiner Rastplatz, den man jedoch vielleicht einmal auslassen sollte. Denn der Moselsteig führt Sie nun weiter durch die Weinberge, erst steil bergab und dann mit einem immer noch sanften Gefälle, bis hin zur niedlichen **Kaiser-Bar ❺** (km 12,6). Es ist fast das, wonach es klingt: eine von vielen kleinen improvisierten „Bars" in dieser Region, allerdings in Form eines Weinfasses oder auch eines Kastens. Diese enthalten alkoholische Spezialitäten,

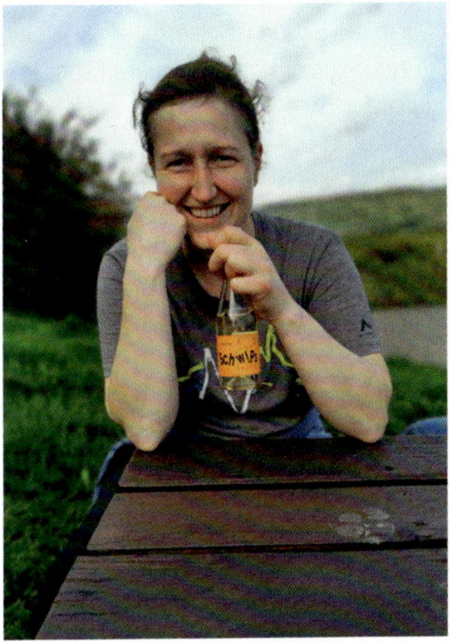

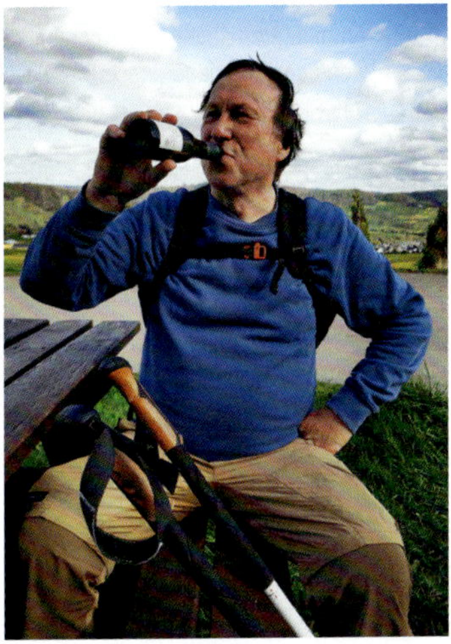

Testen der Kaiser-Bar

aber auch nicht-alkoholische Getränke. Eine Preisliste gibt es obendrein und ich wünsche mir von Ihnen, den dort genannten Obolus für Ihr Getränk in der Kasse zu hinterlegen. Auf diese Weise kommen auch nachfolgende Moselsteigfreundinnen und Moselsteigfreunde noch in den Genuss gefüllter Weintresore.

Nach dieser (vielleicht etwas längeren?) Pause geht es noch einmal hinab durch Weinberge, bis kurz vor dem **Tennisplatz Leiwen** (km 13,4) der gut ausgeschilderte ↬ Zuweg in Richtung Ortskern abzweigt. Nach etwa 1 km erreichen Sie den ⌘ **Leiwener Weinbrunnen**.

Leiwen ℹ 🛏 ✕ BANK ✝ ⌘ 🚌 ⛴ ⇧ 129 m, 1.656 Ew.

ℹ Touristinformation Leiwen, Römerstraße 1a, 54340 Leiwen, ☎ 065 02/14 13, ✉ info@mehring-mosel.de, 💻 mehring-mosel.de, 🚪 April bis Ende Oktober Mo-Fr 9:00-12:00, Fr außerdem 16:00-18:00, Sa 9:00-12:00, November bis Ende März Mo, Di, Do und Fr 9:00-11:00

🛏 Weingut & Gästehaus Alexanderhof, Liviastraße 24, 54340 Leiwen, ☎ 065 07/43 14, ✉ kontakt@alexanderhof.de, 💻 alexanderhof.de, ÜF EZ ab € 45, ÜF DZ ab € 78

✕ vierzehn85, Euchariusstraße 10-12, 54340 Leiwen, ☎ 065 07/939 39 01, ✉ genuss@vierzehn85.de, 💻 vierzehn85.de, 🚪 Do-Mo 17:30-24:00 (Küche bis 21:00)

🚌 Mit dem Bus gelangen Sie nach Mehring und auch nach Neumagen.

An mehreren Tagen pro Woche können Sie in der Saison Halbtagsfahrten von Leiwen über Neumagen nach Bernkastel und zurück unternehmen. Aktuelle Fahrpläne und Preis gibt es unter moselrundfahrten.de.

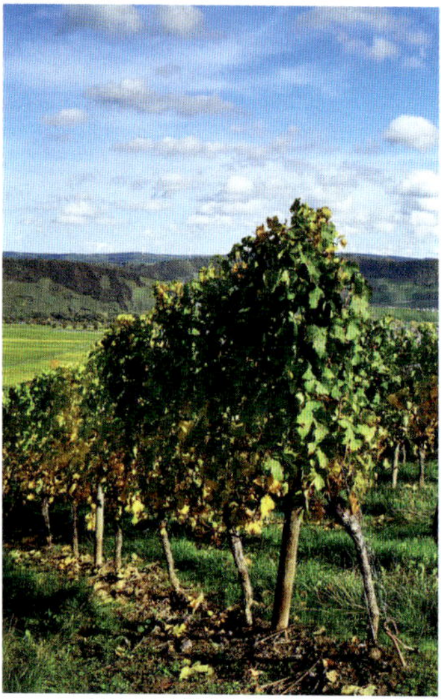

Weinberge bei Leiwen

Mit Leiwen erwartet Sie abermals ein staatlich anerkannter Erholungsort und eine der größten Weinbaugemeinden der Region. Angeblich hat schon der römische Kaiser Augustus hier Urlaub gemacht. Spuren einer römischen Villa zeugen tatsächlich von seiner Anwesenheit. Man nimmt an, dass er hier eine Sommerresidenz für seine Frau Livia errichtete. Diese liebreizende Dame hat Leiwen auch seinen Namen gegeben.

Der Ausblick von der **Zummethöhe**, die Sie auf der achten Tagesetappe kennenlernen werden, ist wohl auch heute noch so eindrucksvoll wie schon zu Römerzeiten. Vermutlich wurde sogar der berühmte römische Dichter Ausonius im 4. Jahrhundert n. Chr. von dieser Aussicht inspiriert, als er sein berühmtes Lied „Mosella" verfasste.

Zahlreiche alte Fachwerkhäuser sorgen für ein verträumtes Flair. Das Weinfest im August und der Festumzug sind Höhepunkte im Veranstaltungskalender. Die öffentliche Weinprobe der Jungwinzerinnen und Jungwinzer ist besonders beliebt. Am ersten Septemberwochenende findet zudem das Weinlesestraßenfest in der Römerstraße statt (obwohl es ja, wenn man es genau nimmt, Traubenlesefest heißen müsste, denn wer liest schon direkt den Wein aus den Reben?).

Aber nun lassen Sie uns zum Ausklang des Tages noch einige touristische Highlights näher anschauen:

⌘ **Leiwener Weinbrunnen**: Im Jahre 1970 wurde der Weinbrunnen in der Euchariusstraße der Öffentlichkeit übergeben. Er ist ein Geschenk der Firma Carl Reh, die in jenem Jahr 50 Jahre alt wurde. Leiwen ergriff zwei Jahre später die Initiative zur Gestaltung des Weinbrunnenplatzes. Das Zentrum bildet die Brunnenskulptur, die das Leben einer Winzerfamilie widerspiegelt. Heute fungiert der Platz als Veranstaltungsort für eine Vielzahl von kleineren Festlichkeiten.

Am Platz befindet sich auch eines der ältesten Fachwerkhäuser des Ortes, in dem heute das ✗ Restaurant vierzehn85 eine Heimat gefunden hat.

⌘ **Altes Fachwerkhaus Leiwen**: Das Alte Fachwerkhaus, erbaut 1884/1485, war früher ein klösterlicher Zehnthof. Der Bau spiegelt die charakteristische Bauweise des Mittelalters wider und bildet mit seiner Ständer-Riegel-Konstruktion einen Blickfang. Trotz einiger Umbauten blieb der historische Charakter des Gebäudes erhalten. Zwischen 2010 und 2017 fand eine behutsame Sanierung statt, die auch moderne Ansprüche an Komfort und Nutzung berücksichtigte. Die Arbeiten wurden in enger Zusammenarbeit zwischen Eigentümerinnen und Eigentümern und spezialisierten Handwerkerinnen und Handwerkern durchgeführt, was zu einer Auszeichnung mit dem ersten Platz im Wettbewerb „Bundespreis für Handwerk in der Denkmalpflege 2018" führte.

An den ehemaligen Zehnthof grenzt die ehemalige ✞ Euchariuskapelle an, in der sich heute das ⌘ Heimat- und Weinmuseum befindet.

⌘ **Heimat- und Weinmuseum Leiwen**: Das Gebäude des Museums, die einstige Kapelle, wurde im Jahr 1619 erbaut. Im Jahr 1821 folgte eine Versteigerung, die darin mündete, dass der neue Besitzer die Kapelle fortan als Lagerhalle nutzte. 1993 richtete man hier dann das Leiwener Wein- und Heimatmuseum ein. Dieses zeigt unter anderem archäologische Funde, historische Fotos, aber auch eine komplette Destillationsanlage und eine Küferwerkstatt.

♦ Euchariusstraße 3, 54240 Leiwen, 🚪 Mi und So ab 14:00 oder nach Vereinbarung unter ☏ 065 07/31 00 oder unter ☏ 065 07/ 3378; Eintritt frei (Spenden erwünscht)

Wer eher in der Natur seine Ruhe suchen möchte, erreicht nach einem kleinen Spaziergang ein echtes Kleinod, das Natur und Kunst gekonnt miteinander verbindet.

⌘ **Skulpturenpark Bohnengarten**: Erschaffen wurde der Park 2004 vom Künstler Arnold Laux. Heute umfasst er rund 13.000 m^2. Wer ihn erkunden möchte, betritt ihn durch die schwere Tür gegenüber der Klosterstraße 66. Zwischen Wiesen, einem Wäldchen und Teichen tauchen nun immer wieder Kunstwerke regionaler Künstler auf. Darunter findet sich alles von Tieren über Menschen bis hin zu Fantasiegestalten.

♦ Im Bohnengarten 1, 54340 Leiwen. Der Eintritt ist frei und der Park barrierefrei gestaltet.

Wer nun müde vom Wandern und von der Besichtigungstour ist, nimmt jetzt besser Platz in einer der schönen Lokalitäten im Ort und lässt den lieben Gott einen guten Mann sein. Morgen geht es dann frisch und munter weiter zu einem Ort, der ein echtes Römerschiff zu bieten hat. Schlafen Sie gut!

8. Etappe: Leiwen – Neumagen

12,6 km, 4 Std., 350 m, 390 m, 117-356 m

0,0 km	160 m	Leiwen Tennisplatz
1,8 km	230 m	Leiwener Kapelle mit Bar
3,5 km	315 m	Schlossberg-Bar am Moselkino Leiwen
6,1 km	248 m	Zummethöhe
7,6 km	323 m	Aussichtspunkt Vogelsang
11,0 km	118 m	Märtyrerkapelle
12,6 km	118 m	Neumagen, Anlegestelle Stella Noviomagi BANK

Die 8. Etappe entführt Sie heute auf eine besonders malerische Route von Leiwen nach Neumagen-Dhron, auch wenn es keine Einkehrmöglichkeiten gibt. Sie erklimmen zunächst die Zummethöhe. Grandiose Ausblicke auf die Trittenheimer Moselschleife stellen hier das erste Highlight des Tages dar. Anschließend führt der Weg durch vielfältige Landschaften, darunter hübsche Weinberge und stille

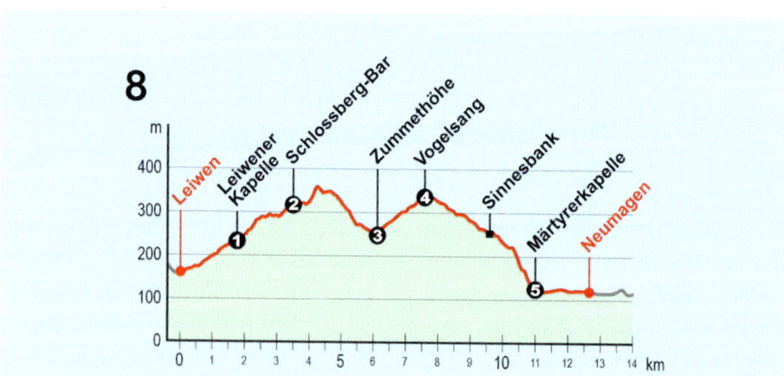

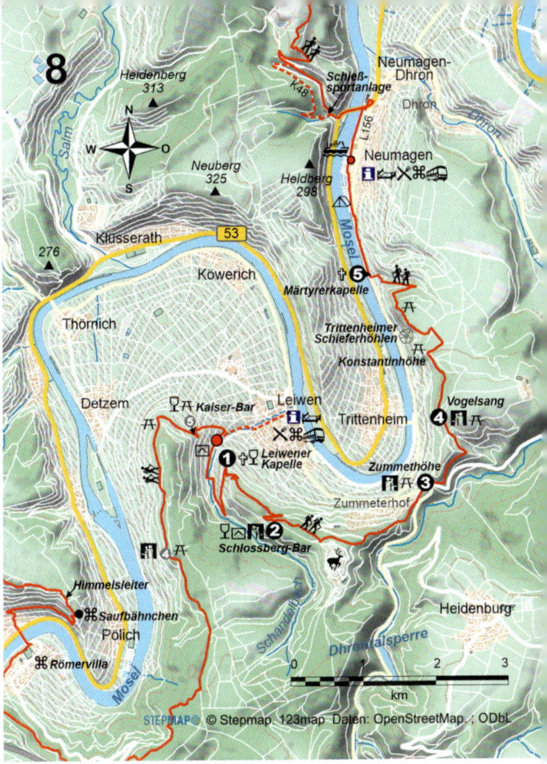

Wälder. Die Aussichten werden dabei nie langweilig. Ein schöner, ruhiger Pausenplatz ist die Konstantinhöhe, ein paar Meter abseits des Weges. Unter ihr liegen zudem die Trittenheimer Schieferhöhlen, deren Besichtigung ebenfalls beeindrucken kann. Nach weiteren tollen Panoramaaussichten und einem netten Spaziergang vorbei an weiten Feldern senkt sich der Weg auch schon hinab nach Neumagen-Dhron. Sie passieren noch vor dem Ortseingang die Märtyrerkapelle, um die sich blutige Legenden ranken. Wer zartbesaitet ist, sollte sich die Infotafeln nicht allzu genau durchlesen. Den Abschluss findet diese Etappe an der Anlegestelle des römischen Weinschiffes Stella Noviomagi. Eine Fahrt damit ist übrigens durchaus zu empfehlen.

Auf der heutigen Etappe wünsche ich Ihnen ganz viel Sonnenschein, denn dann werden Sie die Aussichten umso mehr begeistern. Obendrein gibt es viele schöne Pausenplätze. Am Etappenstartpunkt wandern Sie geradeaus weiter. Zirka 350 m nach der Grillhütte biegen Sie links ab auf einen gut ausgeschilderten Wiesenweg, der Sie zu einer kleinen Brücke über den Schandelbach führt. Direkt hinter der Brücke schauen Sie bitte nach rechts: Die erste erfrischende Überraschung erwartet Sie mit einem weiteren Weintresor, der **W(u)ander-Bar**. Von der gestrigen Etappe wissen Sie ja bereits, dass es sich hierbei um eine nette kleine Bar in Form eines mit diversen Getränken gefüllten Weinfasses handelt. Ich wünsche Ihnen trotzdem einen guten Durst!

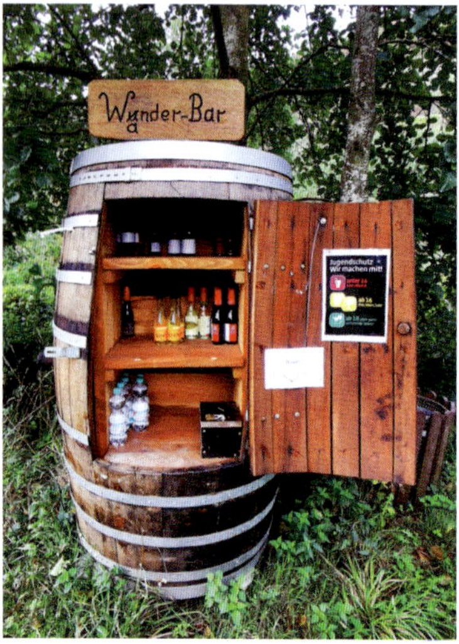

Wander-Bar – wunderbar!

Über einen breiten Wanderweg schrauben Sie sich bei endlich einmal angenehmer Steigung langsam in die Höhe, bis Sie in einer scharfen Rechtskurve an einem Wingert auf einen idyllischen Ort stoßen. Die ✞ ⛩ 🚻 **Leiwener Kapelle mit Bar ❶** (km 1,8) will zur Rast locken. Mit Bar? Ja, denn auch hier treffen Sie auf einen Weintresor, der passenderweise 🍷 Kapellen-Quelle getauft wurde. Humor haben die Leiwener jedenfalls (und Durst offenbar auch immer und überall).

Der Weg setzt seinen Aufstieg durch Weinberge fort, die in höheren Lagen von einem Wald abgelöst werden. Am Josefsberg vorbei erreichen Sie das Moselkino Leiwen. Oberhalb des Kinos erwartet Sie nicht nur ein wieder mal malerischer Blick über das Moseltal, sondern auch eine ⌂ Schutzhütte. Daneben – wie könnte es anders sein? – die 🍷 ⌂ ⛩ 🚻 ⌘ **Schlossberg-Bar am Moselkino Leiwen ❷** (km 3,5). Um was es sich hierbei handelt, muss ich Ihnen ja wirklich nicht noch einmal erklären.

Nach der Stärkung verschwinden Sie im Wald. Hier geht es steil bergan bis an den Rand des Ferienparks Sonnenberg. Nach einem 🦌 **Wildgehege mit Spielplatz und ⛩ Picknicktisch** biegen Sie links ab auf einen recht steinigen, abfallenden Waldweg (✋ Achtung bei Nässe!). Linker Hand erhaschen Sie bald einen Blick auf das unter Ihnen liegende Panoramabad Römische Weinstraße. Anschließend überqueren Sie ✋ vorsichtig eine Straße, bevor Sie wieder auf einen steinigen Wanderweg gelangen. Dieser führt ebenfalls abwärts. Es geht vorbei an der Siedlung **Zummethöhe ❸** ⛩ 🚻 (km 6,1), die eine herrliche Perspektive auf die **Trittenheimer Moselschleife** eröffnet.

Der Moselsteig erklimmt nun den Bergrücken, lässt kurz das Moseltal hinter sich und steigt durch ehemalige Weinbergsflächen im Seitental der Kleinen Dhron auf. Hier, wo oft die Sonne über den Nebelschwaden des Tals thront, stehen Sie bald oberhalb des wunderschönen 🚻 ⛩ **Aussichtspunktes Vogelsang ❹** (km 7,6). Der Weg verläuft weiter entlang der Hangkante, wo sich Ihnen spektakuläre Blicke auf die steilen Hänge der Mosel bieten.

Bei km 8,6 macht der Moselsteig eine Rechtskurve. Bevor Sie dieser in Richtung der weiten Felder folgen, gestatten Sie sich einen ↳ Abstecher nach links: Nur 40 m von Ihnen entfernt befindet sich das Plateau **Konstantinhöhe** mit einigen Sitzgelegenheiten. Unterhalb des Plateaus liegen auch die **Trittenheimer Schieferhöhlen**.

☺ ↳ Wenn Sie vernünftiges Schuhwerk anhaben und noch über genug Puste verfügen (der Weg über Serpentinen hinab ist zirka 300 m lang), schauen Sie sich diesen spannenden Ort an. Die Höhlen sind frei zugänglich und begehbar.

Schließlich führt der Pfad, mitunter recht steil, hinab in die Weinberge bis zur ✞ **Märtyrerkapelle ❺** (km 11), die von tragischen Legenden umwoben ist.

✞ **Die Märtyrerkapelle**: Die Märtyrerkapelle, erbaut Anfang des 16. Jahrhunderts, erinnert an ein grausames Kapitel der Geschichte, als Christinnen und Christen wegen ihres Glaubens hingerichtet wurden. Am 6. Oktober 286 fanden an diesem Ort viele Unschuldige ein schreckliches Ende. Ihr Blut floss dabei angeblich so reichlich, dass es die Mosel färbte und deren Wellen bis zu dem Ort, an dem heute die Kapelle steht, rot erscheinen ließ. Ein anderer Mythos erzählt von Kaiser Maximian, der die Leichname der Märtyrer in Trier in die Mosel werfen ließ. Sie sollen mit der Mosel bis an diesen Ort getrieben worden sein.

Blick aus der Schieferhöhle Trittenheim

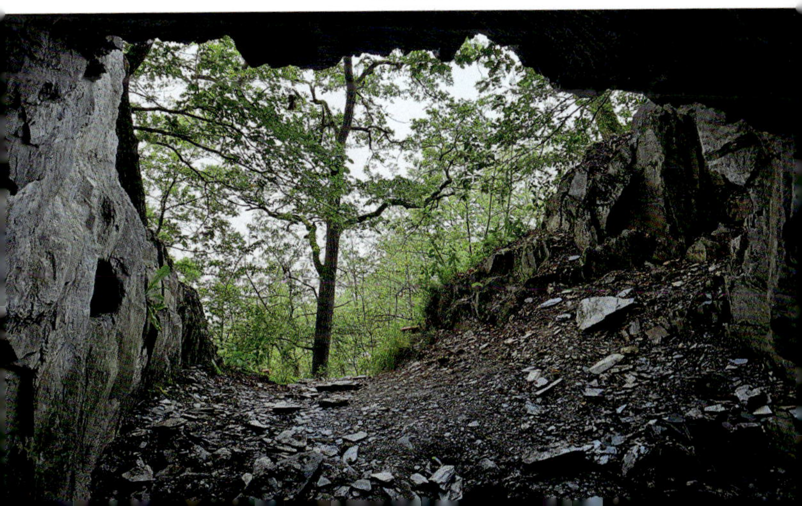

Der Moselsteig schlängelt sich weiter an der Straße entlang durch das Kreuzweggelände und erreicht über den Radweg bald den Ortsrand von **Neumagen-Dhron**. Ein ehemaliger Bahndamm leitet zum Jachthafen und durch das Zentrum des ältesten Weinorts Deutschlands, wo im Sommer der Nachbau des ⌘ **römischen Weinschiffs Stella Noviomagi** vor Anker liegt. Am ↳ Zuweg zur Anlegestelle endet die heutige Etappe. Hoffentlich früh genug, um diesen sehr touristischen Ort zu erkunden.

Neumagen-Dhron

⇧ 130 m, rund 2.400 Ew.

Tourist-Information Neumagen-Dhron, Römerstraße 137, 54347 Neumagen-Dhron, ☏ 065 07/65 55, touristinfo@neumagen-dhron.de, neumagen-dhron.de, 1. Mai bis 23. Dezember Mo-Fr 9:00-12:30, Mo, Di, Do, Fr außerdem 14:00-16:30, Sa 9:00-12:00, 27. Dezember bis 30. April Mo-Fr 9:00-12:30 und Sa 9:00-12:00

Hotel Restaurant Lekker, Grafenweg 1, 54347 Neumagen-Dhron, ☏ 065 07/93 97 71, info@hotel-lekker.de, hotel-lekker.de, ÜF EZ ab € 115, ÜF DZ ab € 130, pro Person € 12, Küche geöffnet Di-Sa 18:00-21:00, Ruhetage: So und Mo (auf Anfrage für Gruppen geöffnet)

Marina Mittelmosel, Moselstraße 22, 54347 Neumagen-Dhron, 01 74/967 82 96, info@marina-mittelmosel.de, marina-mittelmosel.de, Ü im Zelt pro Person und Nacht ab € 14,50

Nachbau eines historischen Weinschiffs: die Stella Noviamagi

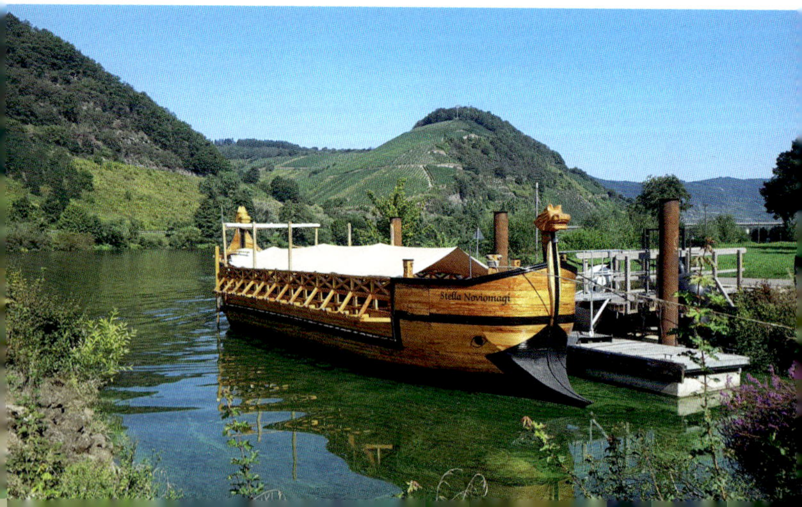

Von Neumagen aus geht es mit dem Bus bis Leiwen. Wer nach Monzel gelangen möchte, fährt am besten mit dem Bus bis Kesten und läuft von dort aus 2,5 km bergauf bis nach Monzel.

Möglichkeiten, mit dem Schiff die Mosel zu erkunden, gibt es in Neumagen viele. Empfehlenswert ist die kleine Erlebnistour mit der Stella Noviomagi, aber auch Fahrten nach Trier oder Bernkastel-Kues sind möglich. Mehr Infos gibt es unter moselrundfahrten.de.

Im Herzen der Moselregion befindet sich das malerische Neumagen-Dhron. Es ist bekannt als die Wiege des deutschen Weinbaus – ja sogar als ältester Weinort der Mosel. Hier wurde das berühmte Römerweinschiff gefunden, das mittlerweile in Trier zu bestaunen ist, sowie viele historische Relief- und Inschriftsteine. Hier befand sich einst sogar eine römische Festung. Heute können Besucherinnen und Besucher auf einem audiovisuellen Pfad (**Lauschtour-App**, lauschtour.de) in die Fußstapfen der Römerinnen und Römer treten und sich von den Geschichten längst vergangener Tage mitreißen lassen. Das Highlight des Ortes ist sicherlich das schwimmende Denkmal ⌘ Stella Noviomagi, ein schiffbauliches Meisterwerk, das im Sommer im Hafen vor Anker liegt. Mit ihm können kleine Fahrten auf der Mosel unternommen werden.

⌘ **Stella Noviomagi**: Die Realisierung eines schwimmenden Nachbaus des historischen Weinschiffs aus Neumagen, eines bedeutenden archäologischen Fundes von 1878, blieb lange Zeit ein unerfüllter Traum, da die Finanzierung fehlte. Mit dem Kulturhauptstadtjahr 2007 erhielt die Idee neuen Schwung, unterstützt durch europäische Fördermittel. Unter Federführung der Trierer Behörden und der lokalen Gemeinschaft wurde das Projekt in Angriff genommen. Das Ergebnis ist die „Stella Noviomagi", das größte rekonstruierte Römerschiff im deutschen Sprachraum, das heute bis zu 40 Passagiere für historische Fahrten auf der Mosel willkommen heißt. Es ist rund 14 Tonnen schwer, 17,95 m lang und 4,2 m breit.

♦ Anlegestelle am Ufer der Mosel, Einzelgäste können von April bis Oktober Sa um 15:30 und So um 10:00 mitfahren (in den Sommerferien in Rheinland-Pfalz auch Mi um 14:00). Start ist am Info-Pavillon Römerschiff, Pelzersgasse 7, 54347 Neumagen-Dhron, wo zunächst ein Film gezeigt wird. Die Moselfahrt ist 1 Std. 30 Min. lang und kostet € 18 pro Person (die Hälfte für Kinder im Alter von 6 bis 14 Jahren). Tickets sind buchbar unter neumagen-dhron.de. Das steinerne Vorbild, das einst zum Grabmal eines Weinhändlers gehörte und wohl aus der Zeit um 220 n. Chr. stammt, finden Sie in der Römerstraße 96, 54347 Neumagen-Dhron.

Lust auf noch mehr Wissen über das Weinschiff und die Römerzeit? Dann nichts wie auf zum kleinen, aber feinen ⌘ Museum Noviomagi in der 🅸 Tourist-Information:

⌘ **Museum Noviomagi**: Das Museum Noviomagi bietet Einblicke in die historische Größe des Ortes durch multimediale Darstellungen, inklusive einiger Filme über das ehemalige Römerkastell. Das tägliche Leben der Römerinnen und Römer, festgehalten auf Grabdenkmälern wie die Szenen der „Pachtzahlung" und des „Frisierens", wird hier lebendig inszeniert. Die Ausstellung achtet sorgfältig auf authentische Darstellung von Farben und Details, ergänzt durch römische Artefakte.

♦ Römerstraße 137, 54347 Neumagen-Dhron, April bis einschließlich Dezember Mo, Di, Do und Fr 9:00-12:30 und 14:00-16:30, Mi 9:00-12:30, Sa 9:00-12:00, Januar bis einschließlich März Mo-Sa 9:00-12:00, Eintritt frei

Wer sich jetzt noch ein wenig die Beine vertreten, aber trotzdem etwas über den Ort lernen möchte, begibt sich auf Lausch-Tour.

⌘ **Archäologischer Rundweg durch Neumagen-Dhron**: Die historischen Winkel Neumagen-Dhrons können Sie auf diesem spannenden Rundweg entdecken. Er beleuchtet die Überreste des spätantiken Kastells und präsentiert Repliken wichtiger Funde, die dem Ort seinen Spitznamen „Rheinisches Pergamon" verliehen. Obwohl viele Originalstrukturen zerstört wurden, konnten noch überraschende Entdeckungen, wie die eines alten Turms, gemacht werden. Mit der **Lauschtour-App** (lauschtour.de) werden diese durch Ihr Smartphone lebendig.

Steinweinschiff in Neumagen

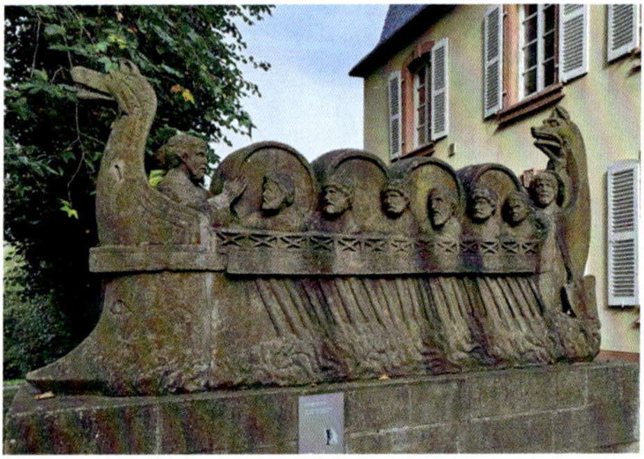

Empfehlenswert ist es, den langen Tag nun gemütlich in einem der Weinlokale im Ort ausklingen zu lassen. Entspannend ist es auch, einfach nur an der Moselpromenade zu sitzen, die anderen Touristinnen und Touristen zu beobachten und sich vom bunten Treiben berieseln zu lassen.

9. Etappe: Neumagen – Monzel

17,6 km, 5 Std. 30 Min., 587 m, 517 m, 115-401 m

0,0 km	118 m	Neumagen, Anlegestelle Stella Noviomagi
4,4 km	358 m	Neumagener Hartsteinwerk
5,1 km	392 m	Drachenfliegerplatz
7,1 km	296 m	Spoarkapelle
7,5 km	269 m	Hotel-Restaurant Moselpanorama
9,9 km	223 m	Riesenbank
13,1 km	179 m	Römischer Sauerbrunnen Kesten
14,1 km	215 m	Steiler Wingert Nr. 1
15,9 km	278 m	Picknicktisch mit Blick auf Kesten
17,6 km	190 m	(Osann-)Monzel

Die 9. Etappe des Moselsteigs führt von Neumagen-Dhron bis nach Monzel und besticht durch ihre Nähe zum Flussufer und die Vielfalt der Landschaft. Sie beginnt mit den romantischen Weinlagen von Neumagen-Dhron. Die Route schlängelt sich zudem vorbei an einer Drachenfliegerrampe. Danach machen Sie Bekanntschaft mit der Spoarkapelle. Diese erinnert an die Zeit, als eine schlimme Krankheit fast alle Menschen aus Piesport hinwegraffte. Eine sehr nette Einkehrmöglichkeit bietet das Hotel Restaurant Moselpanorama mit seiner traumhaften Aussichtsterrasse, oberhalb von Piesport gelegen. Eine Weile wandern Sie die Panoramastraße entlang, die völlig zu Recht diesen Namen trägt. Sie führt Sie durch die berühmte Weinlage Piesporter Goldtröpfchen. Vorbei geht es auch am

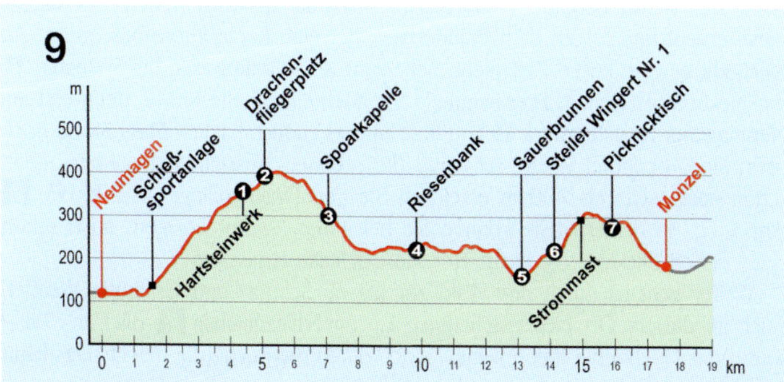

Donatus-Kreuz, das sich oberhalb der Mosel-Loreley befindet. Ein Abstecher dorthin ist für fitte Wanderinnen und Wanderer möglich und gut ausgeschildert (rund 1,6 km hin und zurück). Nach einem kurzen Anstieg öffnet sich die Szenerie und Wintrich mit seiner Staustufe tritt in den Vordergrund. Dann geht es noch einmal hinab zu dem Römischen Sauerbrunnen Kesten und wieder steil durch Weinberge hinauf. In Monzel endet diese abwechslungsreiche Etappe. Wer möchte, kann abends den Zuweg nach Kesten hinabwandern (1,8 km hin und zurück), um das kleine Weindorf zu erkunden, das Sie ohne diesen Abstecher morgen nur von oben sehen werden.

An der Anlegestelle des rekonstruierten Römerschiffes geht es heute weiter. Ganz nah wandern Sie zunächst am Flussufer entlang bis zur Brücke. Unter der Brücke geht es rechts hoch, bevor der Moselsteig Sie auf der B53 die Brücke queren lässt. Es geht also wieder einmal auf die andere Moselseite, und zwar ins Zweibachtal.

Hier an der Schießsportanlage kann es sein, dass Sie aufgrund von Straßenbauarbeiten oder Hangrutschgefahr auf die ausgeschilderte Umleitung ausweichen müssen. In diesem Fall überqueren Sie hier die K48 und lassen die Schießsportanlage rechts liegen. Sie folgen den weiteren Schildern, entspannt durch einen schattigen Wald wandernd, bis Sie nach rund 1,9 km wieder auf den Moselsteig treffen.

Ist der Hauptweg begehbar, so schraubt sich der Moselsteig dagegen ab der Schießsportanlage ordentlich in die Höhe, bis Sie erneut auf die Kreisstraße 48 treffen. Diese überqueren Sie vorsichtig. Am Steinkreuz vorbei geht es nun recht steil weiter bergauf. Wenn Sie abermals auf die K48 treffen, queren Sie diese erneut und folgen dem Wanderweg, der eine Rechtskurve beschreibt. Ab hier geht es eine kurze Zeit nicht mehr ganz so steil aufwärts, bis Sie einen Picknicktisch erreichen. Hier sammeln Sie noch einmal alle Kräfte, denn erst am **Neumagener Hartsteinwerk** ❶ (km 4,4) wird es endlich flacher. Dass Sie so hoch oben sind, bedeutet auch, dass nun die schönen Aussichten beginnen, denn schon nach weiteren 700 m erreichen Sie den Drachenfliegerplatz ❷ (km 5,1). An dieser Stelle können Sie bei gutem Wetter übrigens auch schon einen ersten Blick auf die **Piesporter Moselschleife** erhaschen.

Weiter geht es durch den Wald zur **Schutz- und Grillhütte Weißlei**. Auch an diesem Ort bietet sich Ihnen ein unvergleichlicher Blick ins Tal – sofern der Hochnebel Ihnen keinen Strich durch die Rechnung macht. Das kann vor allem im Herbst durchaus mal der Fall sein.

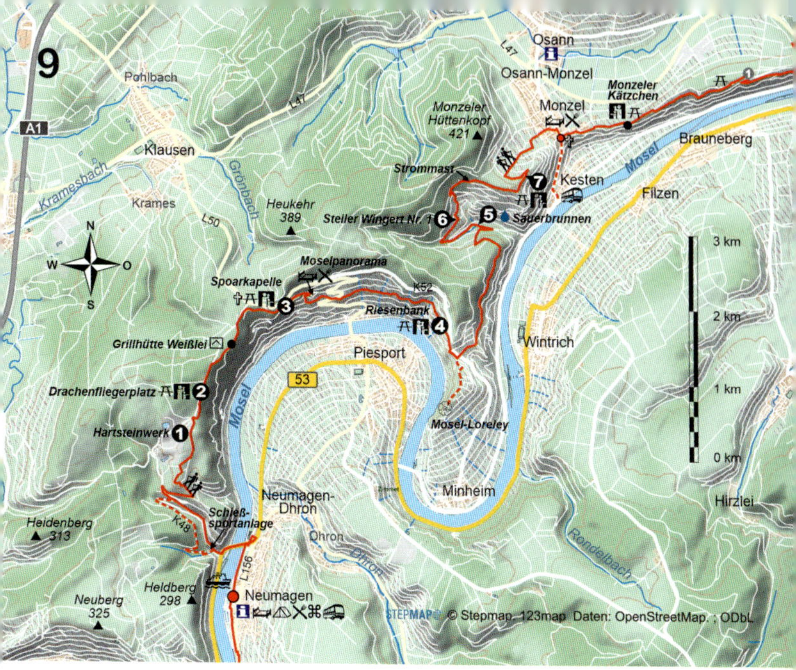

Der Moselsteig führt nun recht steil durch den Wald hinunter bis zur ✝ **Spoarkapelle** ❸ (km 7,1). Das ist ein spannender, zugleich aber auch trauriger Ort.

✝ **Spoarkapelle**: Die Spoarkapelle und das Spoarbildchen (dreiteiliger Bildstock) ihr gegenüber erinnern an die „Zeit des großen Sterbens" von 1506 bis 1508. Sie fungieren aber gleichzeitig als Mahnmal für Nächstenliebe und Solidarität. Denn in jenen fernen Tagen grassierte in Piesport eine tödliche Krankheit: die Lungenpest. Von 98 Einwohnerinnen und Einwohner des Ortes blieben nur 16 übrig. Dass diese überleben konnten, ist auch den Nachbarorten zu verdanken. An der Stelle war nämlich eine „Spoar", eine Sperre, errichtet worden. Kein Mensch aus Piesport durfte sie passieren; dasselbe galt auch für Besucherinnen und Besucher von außerhalb. Schließlich wollte man ja, dass die Krankheit sich nicht weiter ausbreitete (das erinnert Sie bestimmt an etwas, oder?). Jedenfalls kamen jene aus Piesport, die sich noch auf den Beinen halten konnten, damals zu verabredeten Zeiten an die Sperre, denn die Menschen aus der Nachbarschaft hatten Lebensmitteln für sie bereitgelegt, damit sie wenigstens keinen Hunger und keinen Durst leiden mussten.

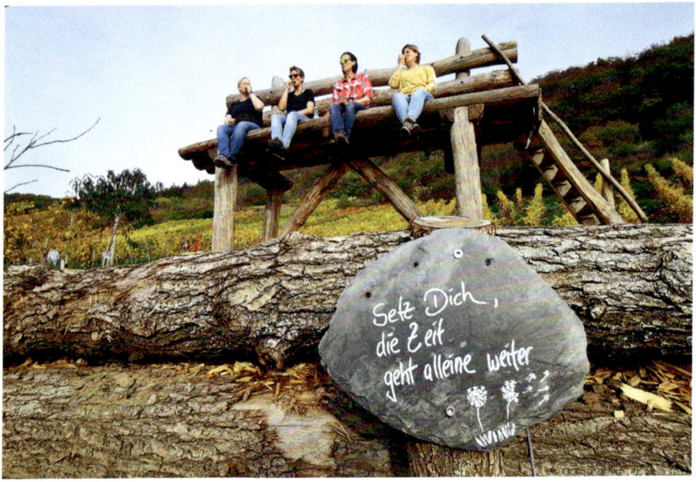

Pausenmädels vor Wintrich

Nur gut 300 m hinter der ✝ Spoarkapelle bietet sich Ihnen eine zauberhafte Rastmöglichkeit: Das 🛏 ✕ **Hotel-Restaurant Moselpanorama**, ↳ das Sie erreichen, wenn Sie ein paar Meter weiter geradeaus laufen und dann rechts auf den Hotelparkplatz abbiegen, verfügt über eine 🚻 ⛩ Aussichtsterrasse, die Sie sich nicht entgehen lassen dürfen.

🛏 ✕ Hotel-Restaurant Moselpanorama, Am Berg 1, 54498 Piesport, ☏ 065 07/51 30, ✉ moselpanorama@hotel-moselpanorama.de, 💻 hotel-moselpanorama.de, ÜF EZ € 74, ÜF DZ € 98, 🚪 Sommer Mi-Mo durchgehend 10:00-22:00, Ruhetag: Di, Winter Sa und So 12:00-20:00. So beeindruckend wie die Terrasse ist übrigens auch die Gastfreundschaft der Mitarbeitenden und der Inhaberin. Wenn Sie im Herbst hier aufschlagen sollten, probieren Sie unbedingt den Zwiebelkuchen (am besten stilecht mit einem Gläschen Federweißen). Ein Blick in die Speisekarte mit vielen gutbürgerlichen Gerichten lohnt sich generell.

Wer genug vom Verweilen hat, wandert 2,4 km weiter, zumeist ohne große Höhenunterschiede, durch die Weinberge der Weinlage Piesporter Goldtröpfchen. ✋ Passen Sie bei km 8 auf, wenn Sie die L50 überqueren – es handelt sich vor allem im Sommer um eine viel befahrene Landstraße. Bei km 9,9 treffen Sie auf eine ⛩ 🚻 **Riesenbank ❹**, die auf eine ihr ganz eigene Weise dazu animiert, einmal ganz entspannt die Beine baumeln zu lassen. Unweigerlich dreht man sich um, um nach den Riesen zu suchen. Was man stattdessen findet, ist eine abermals faszinierende Aussicht auf Piesport, die Moselschleife und sogar die Mosel-Loreley.

Mosel-Loreley: Die Mosel-Loreley ist ein markanter Felsen zwischen Piesport und Wintrich. Der Name „Loreley" bezieht sich eigentlich auf einen berühmten Schieferfelsen im Rheintal bei St. Goarshausen, der durch die Sage der Nixe Lore Lay, die mit ihrem Gesang Schiffer ins Verderben locken sollte, berühmt wurde. Der Felsen an der Mosel wird aufgrund seiner charakteristischen Erscheinung und seiner Bedeutung für die Region als „Mosel-Loreley" bezeichnet, obwohl er nicht mit der ursprünglichen Loreley-Legende verbunden ist. Das Naturdenkmal besteht aus einem Ufersteilhang mit Schieferfelsen, einem Wald und einigen Steillagen-Wingerten, die nur mit dem Boot zu erreichen sind. Aufgrund der exklusiven Lage und der aufwendigen Pflege gelten die Weine, die aus diesen Trauben gemacht werden, als besonders wertvoll.

☺ Nur rund 500 m später haben Sie an dann auch die Möglichkeit, an einer T-Kreuzung nach rechts abzubiegen, um einen Abstecher zur Mosel-Loreley zu unternehmen. Dieser ist hin und zurück insgesamt 1,6 km lang und gut ausgeschildert.

Wem es reicht, die Mosel-Loreley aus der Ferne betrachtet zu haben, folgt dem Moselsteig stattdessen weiter nach links, um die Panoramastraße (K52) vorsichtig zu überqueren. Der Weg führt auf dem obersten Weg durch die Weinberge weiter entlang der **Minheimer Flussschleife**, bietet wechselnde Aussichten und führt schließlich durch einen Waldabschnitt wieder tief hinunter zu dem **Römischen Sauerbrunnen Kesten** ❺ (km 13,1).

Römischer Sauerbrunnen Kesten: In der Region um Kesten diente dieser Brunnen schon den Römerinnen und Römern als Quelle für frisches Wasser. Hier siedelten vermutlich auch die ersten Kestenerinnen und Kestener. Da die römischen Speisen häufig schwer im Magen lagen, trank man das Sauerbrunnen-Wasser, denn es soll den Stoffwechsel angeregt haben. Neu gestaltet wurde das Gelände rund um den Sauerbrunnen übrigens in der 60er- bis 70er-Jahren. Damals entstand zum Beispiel auch das Wassertretbecken.

Ich hoffe, Sie haben genug Kraft getankt an diesem idyllischen Ort, denn nun wird es ein kleines bisschen gemein. Gut 1 km haben Sie noch Zeit, dann taucht links von Ihnen der **Steile Wingert Nr. 1** ❻ (km 14,1) auf. Denken Sie auf der kurzen, sehr stark ansteigenden Strecke direkt durch einen Weinberg immer daran: Müssten Sie runterlaufen, wäre das, besonders bei Nässe, noch anstrengender. Durch diesen Gedanken erscheinen Ihnen die beiden weiteren steilen Wingerte, die Sie danach auch noch hochkraxeln müssen, doch gleich viel sympathischer, oder?

Passen Sie nach dem dritten steilen Anstieg gut auf, auch wenn Sie aus der Puste sein mögen: Oben geht es nach nur rund 50 m scharf rechts ab!

Sie folgen damit einem erneut ansteigenden (wenn auch nicht mehr so steilen) breiten Waldweg, passieren einen **Strommast** und stoßen bei km 15,7 schließlich auf Asphalt. Sie biegen links ab und gelangen bei km 15,9 auf einen zum Verschnaufen verlockenden **Picknicktisch mit Blick auf Kesten ❼** – die Steigungen liegen heute so gut wie hinter Ihnen. Glückwunsch!

Jetzt geht es nur noch durch Wingerte und über Wiesen abwärts, bis Sie schließlich nach den heutigen 17,6 km Ihren Zielort **Monzel** an der Kreuzung in der Nähe der **Kirche St. Nikolaus** erreicht haben. Monzel ist der etwas kleinere Teil des Weindorfes Osann-Monzel, das durch die L47 quasi „zerschnitten" wird. Die Tourist-Information liegt allerdings in Osann.

Osann-Monzel ⇧ 190 m, rund 1.800 Ew.

Tourist-Information Osann-Monzel, Weinbergstraße 1, 54518 Osann-Monzel (Osann), ☏ 065 35/94 92 84, info@osann-monzel.de, osann-monzel.de, Mo, Di, Do, Fr 8:30-12:00, Mi 15:00-18:00, Zimmervermittlung auch über Karin Berres-Fischer in der Hofstraße 8a, 54518 Osann-Monzel (Monzel), ☏ 065 35/77 51, zimmervermittlung@osann-monzel.de

Aparthotel Hotel-Moselsteig, Noviander Weg 1a-3, 54518 Osann-Monzel (Monzel), ☏ 065 35/94 48 05, info@hotel-moselsteig.de, hotel-moselsteig.de, ÜF EZ € 66, ÜF DZ € 99, pro Person € 8, Rezeption ist ab 15:00 besetzt, Mi-So ab 18:00, Küche bis 21:00, Ruhetage: Mo und Di

Zimmer am Weg, Hofstraße 8a, 54518 Osann-Monzel (Monzel), ☏ 065 35/94 96 95 und 01 51/14 31 43 26, info@zimmer-am-weg.de, zimmer-am-weg.de, ÜF EZ € 58,80, ÜF DZ € 87, plus Gästebeitrag der Verbandsgemeinde von € 1,50 pro Person und Nacht, pro Person € 7

Wer zurück nach Neumagen möchte, läuft am besten runter nach Kesten und nimmt von dort aus den Bus. Um ebenfalls mit dem Bus nach Bernkastel-Kues zu gelangen, laufen Sie nach Osann zur Haltestelle am Friedhof.

Beide Ortsteile wurden vermutlich bereits im 7. oder 8. Jahrhundert gegründet. Die erste urkundliche Erwähnung erfolgte allerdings erst im Jahr 1008. Der

Zusammenschluss der beiden Gemeinden zum Ort Osann-Monzel ging übrigens erst 1969 über die Bühne. In dieser Gegend wird heute vornehmlich Riesling aus den Trauben der Weinberge gewonnen.

Monzel ist genau der richtige Ort, um nach dem Wandern einfach nur zu entspannen. Er ist klein und ruhig. Wenn Sie noch ein wenig an der Mosel entlangspazieren wollen, ↳ müssen Sie schon die 900 m nach Kesten, das ebenfalls vorrangig von Weingütern dominiert wird, hinunterlaufen. Aus touristischer Sicht lohnt sich in Monzel aber auf jeden Fall noch ein Blick in die ✞ Kirche St. Nikolaus.

✞ **Kirche St. Nikolaus**: Die Ursprünge der Kirche reichen in das Jahr 1787 zurück. Damals wurde das Bauwerk als Ersatz für eine frühere Kapelle errichtet. Es hat im Laufe der Jahre zahlreiche Veränderungen erfahren. Bemerkenswert ist das Sandsteinretabel aus dem 15./16. Jahrhundert, das vermutlich Teil des Altars der alten Kapelle war und heute noch am Taufbecken zu sehen ist. Die Kirche, die einst drei barocke Altäre besaß, wurde 1902/1903 mit neugotischen Elementen umgestaltet, behielt aber ihre ursprüngliche Kanzel und den Beichtstuhl. Im 20. Jahrhundert wurde die Kirche erweitert. Im Zweiten Weltkrieg litten die Fenster unter Druckwellen und eine historische Glocke wurde für Kriegszwecke eingeschmolzen (und später durch eine neue ersetzt). Der Außenputz sowie andere Strukturelemente wurden 2016 saniert. Wer einen Ort der Ruhe sucht, der findet ihn hier.

Und jetzt erholen Sie sich gut, denn auf der morgigen Etappe gibt es wieder viel zu entdecken. Übrigens: Wenn Sie sich früh auf den Weg machen, dann haben Sie auch viel Zeit für die Besichtigung von **Bernkastel-Kues,** was sich definitiv lohnt.

Herbstlicher Weinberg

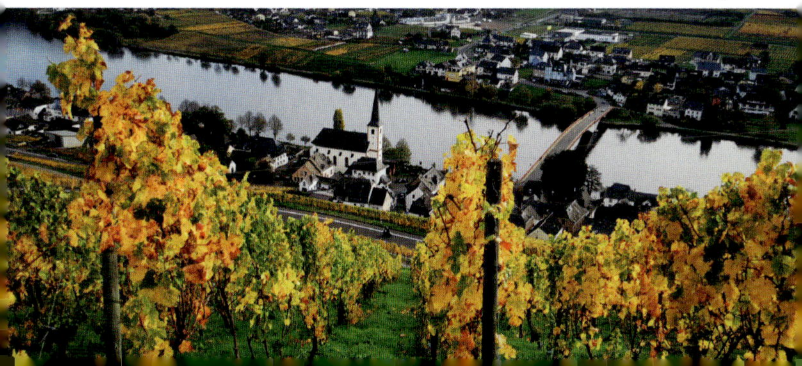

10. Etappe: Monzel – Bernkastel-Kues

13,8 km, 4 Std., ↑ 433 m, ↓ 508 m, ⇧ 108-295 m

0,0 km	⇧ 190 m	(Osann-)Monzel
2,9 km	⇧ 235 m	Grill- und Schutzhütte Brauneberger Juffer
4,9 km	⇧ 108 m	Mülheim B&B BANK
6,6 km	⇧ 178 m	Helenenkloster
9,1 km	⇧ 228 m	Goldbach
12,5 km	⇧ 194 m	St.-Anna-Kapelle
13,8 km	⇧ 120 m	Bernkastel-Kues BANK ⌘

Die 10. Etappe des Moselsteigs beginnt mit einer Wanderung durch die Weinlage Monzeler Kätzchen mit anmutigen Aussichten zurück auf Monzel und Kesten. Sie wandern hoch über der Mosel über den Brauneberger Juffer bis kurz vor Lieser, wo sich der Moselsteig wieder hinabsenkt. Sie streifen den hübschen Ort, der mit dem Schloss ein wunderschönes Fotomotiv aufweist, allerdings nur, denn es geht direkt weiter über die Brücke nach Mülheim. Hier schraubt sich der Moselsteig wieder leicht in die Höhe. Der Weg führt Sie zum alten Helenenkloster mit Aussicht auf Schloss Lieser. Kurz darauf tauchen Sie in schattige Wälder ein und können dann an der Andeler Schutzhütte mit Blick auf das pittoreske Bernkastel-Kues und die davorliegende Burg Landshut rasten. Kurz vor der Burg treffen Sie noch auf ein wahres Kleinod: die St.-Anna-Kapelle mit beeindruckendem Mosaik. Sie passieren dann bereits die Burg und gelangen über steile Wege und eine Treppe hinunter in den malerischen Ortskern, wo die Etappe auf dem Marktplatz endet. Einkehrmöglichkeiten gibt es heute übrigens nicht nur in Lieser und Mülheim: In Bernkastel-Kues finden sich ebenfalls zahlreiche Lokalitäten.

Der Weg startet heute angenehm entspannend: Sie wandern vorbei an einigen Weingütern und stehen direkt in den Weinbergen. Nur etwa 1 km nach dem Start an der ✝ St.-Nikolaus-Kirche erreichen Sie den Aussichtspunkt **Monzeler Kätzchen**. Seltsamer Name? Stimmt. Es ist der Name der Weinlage. Doch woher stammt er?

Weinlage Monzeler Kätzchen

Um die Entstehung des Namens ranken sich gleich zwei Legenden. Laut der ersten Geschichte wuchsen an den Steilhängen einst sehr viele Weidekätzchen, wovon der Name abgeleitet worden sei. Als Katzenliebhaberin gefällt mir die

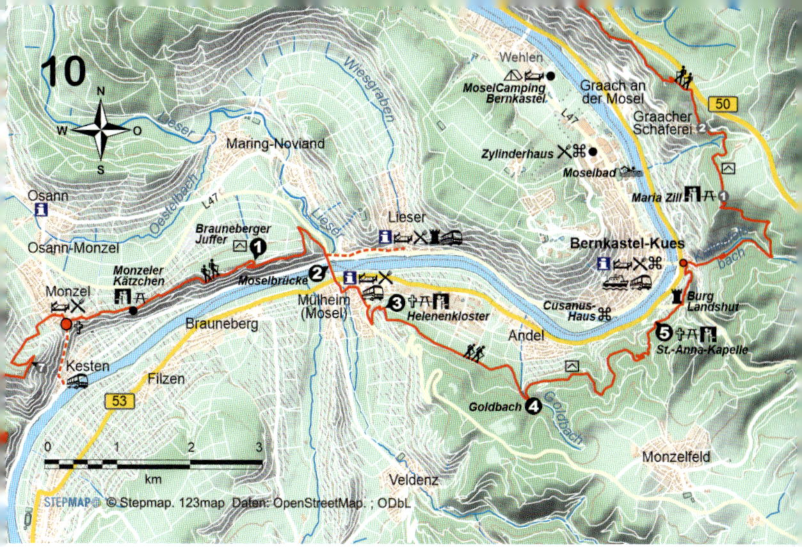

zweite Legende besser: Schon im Frühjahr soll es an diesen Hängen besonders warm sein. Kätzchen mögen Wärme, weshalb sich hier besonders viele von ihnen tummeln. Welche Geschichte bezüglich der Namensgebung wahr ist, kann nicht gesichert gesagt werden. Doch darauf kommt es im Prinzip auch nicht an: Die Aussicht ist hier oben auf jeden Fall grandios und an den wärmeverliebten Reben wachsen stets saftige Trauben.

Der Wanderweg verlässt nun den Kamm und schlängelt sich auf dem obersten Hangweg durch die malerischen Weinberge. Besonders beeindruckend ist hier der nahe Schieferfelsen unterhalb des Kammerfelsens. Ein Waldpfad führt zur **Grill- und Schutzhütte Brauneberger Juffer ❶** (km 2,9), einem idealen Rastplatz, falls es regnen sollte.

Weiter geht es entlang des Hangweges, flankiert von eindrucksvollen Schieferformationen und steil abfallenden Weinbergen. Die Aussichten reichen an schönen Tagen sogar bis zum heutigen Etappenziel. Der Abstieg vom Brauneberg (Achtung: Hier kann es bei Nässe rutschig werden!) führt abermals durch einen Wald und entlang der Zufahrtsstraße zur **Moselbrücke Mülheim ❷** (km 4,9).

Von hier aus können Sie einen Abstecher nach Lieser einlegen, das links von Ihnen liegt, um einen Schnappschuss vom **Schloss Lieser** zu machen oder einen näheren Blick auf die Stelle zu werfen, an der der **Lieserpfad** endet und die Lieser in die Mosel mündet.

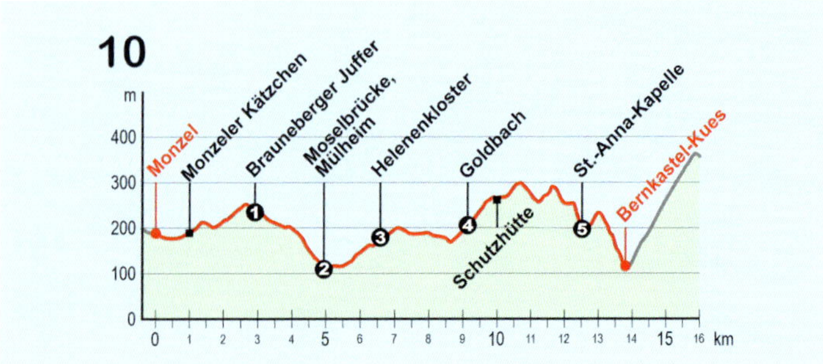

Lieser

117 m, 1.239 Ew.

Tourist-Information Lieser, Am Markt 38, 54470 Lieser, ☎ 065 31/87 46, info@lieser-mosel.de, lieser-mosel.de/touristinformation, Ostern bis November Mo-Fr 10:00-12:00 und 16:00-17:30 sowie Sa 10:00-12:00, Dezember bis Ostern Mo-Fr 10:00-12:00

Landhotel Steffen, Moselstraße 2, 54470 Lieser, ☎ 065 31/95 70, info@landhotel-steffen.de, www.landhotel-steffen.de, ÜF EZ ab € 60, ÜF DZ ab € 130, Fr-Di 12:00-21:00 (warme Küche 12:00-14:00 und 18:00-21:00), Do ab 15:00 (warme Küche ab 18:00), Ruhetag: Mi

Vinothek Hugo Hower, Moselstraße 42-43, 54470 Lieser, ☎ 065 31/34 46, info@weingut-hower.de, www.weingut-hower.de, Straußwirtschaft-Flair, Winzerweine und Winzerküche, Ostern bis Oktober Do-Mo ab 15:00 (Küche bis 20:00), Ruhetage: Di und Mi

Der Bus 301 bringt Sie nach Wittlich. Von dort aus gelangen Sie mit dem Zug nach Koblenz. Busse fahren bei Bedarf aber auch bis zum Etappenende nach Bernkastel-Kues.

Gründerzeitliches Schloss Lieser: Das Schloss bietet sowohl eine gehobene Gastronomie als auch die Möglichkeit zur Übernachtung – allerdings zu einem entsprechenden Preis. Es wurde von Eduard Puricelli, einem Industriellen, der im Gasgeschäft tätig war, im 19. Jahrhundert erbaut. Der Neorenaissancestil prägt den rechten Teil des Gebäudes, während der linke Teil vom Jugendstil beeinflusst ist. Das aus Sandstein erbaute und mit Schiefer gedeckte Schloss diente schon als Filmkulisse. Auf der Außenterrasse wird eine Karte mit moderateren Preisen gereicht.

♦ Mehr Infos zum Schloss finden sich auf schlosslieser.de.

☺ Wer sich das Schloss Lieser lieber aus der Ferne anschauen möchte, hat später am ✞ **Helenenkloster** noch Gelegenheit dazu.

Über die Brücke führt der Moselsteig direkt weiter ins Herz von **Mülheim**.

Mülheim

⇧ 119 m, rund 1.000 Ew.

Touristinformation Mülheim, Hauptstraße 60, 54486 Mülheim (Mosel), ☎ 065 34/94 87 34, info@muelheimmosel.de, www.muelheimmosel.de/touristinfo, Mai bis Oktober Mo, Di, Do, Fr 9:00-12:00 und 14:00-17:00, Mi, Sa 9:00-12:00, November bis April Mo, Di, Do 9:00-12:00 und 14:00-17:00

Wellness & Genuss Hotel Weisser Bär, Moselstraße 7, 54486 Mülheim (Mosel), ☎ 065 34/947 70, info@hotel-weisser-baer.de, www.hotel-weisser-baer.de, ÜF EZ ab € 116, ÜF DZ ab € 176 (mit Bärenfrühstück), ✕ 18:00-21:30

Héritage Nostalgie-Genusscafé, Bergweg 5, 54486 Mülheim (Mosel), 01 71/821 95 83, nostalgiecafeheritage@online.ms, nostalgiecafe-heritage.de, süßes kleines Café mit freundlichem Team, Eingang im Innenhof, Do-Mo sowie an Brückentagen und feiertags ab 12:00 (Winterpause ab November bis Ostern); die Inhaber bieten außerdem B&B-Zimmer im selben Haus und im Haus gegenüber (Das Bärenhaus) ab einer Übernachtung an: ÜF EZ ab € 110, ÜF DZ ab € 129

Die Buslinien 330 und 335 verkehren zwischen Mülheim und Bernkastel-Kues, Bus 334 bringt Sie nach Neumagen.

Schloss Lieser

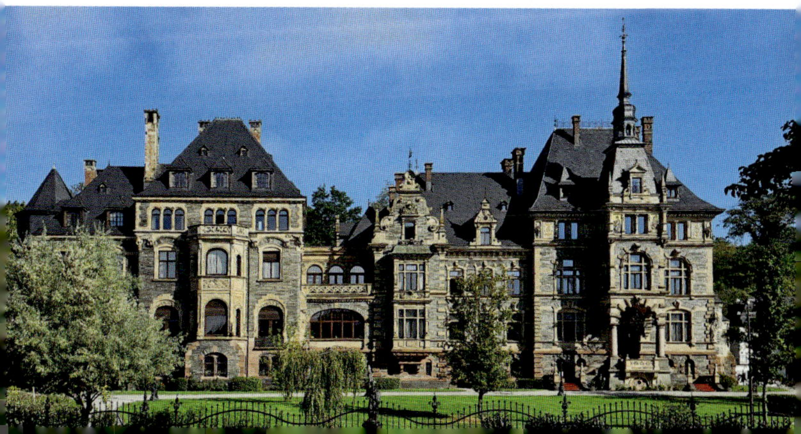

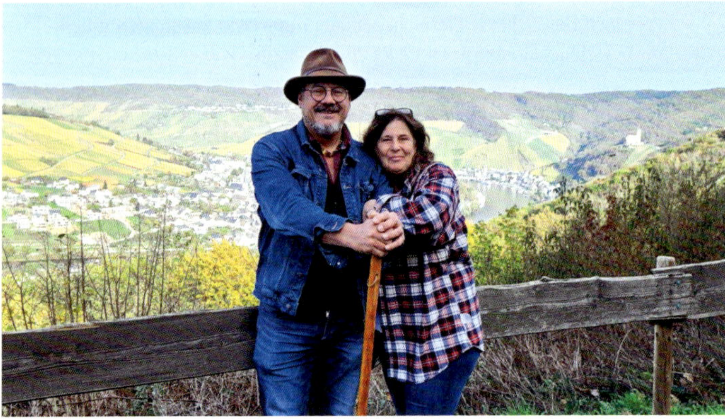

Pilger an der Andeler Hütte

Die Geschichte Mülheims ist geprägt von bemerkenswerten Ereignissen und Persönlichkeiten. Einer der berühmtesten „Gäste" war wohl **Napoleon**, der nach der Niederlage in der Völkerschlacht bei Leipzig die Furt des Ortes nutzte. Leider ereignete sich dabei ein Vorfall mit einem seiner Soldaten. Dieser hatte um eine Mülheimer Winzersfrau geworben, die aber schon verheiratet war. Ihr Mann tötete den Soldaten aus Rache. Napoleon forderte eine Entschädigung. Die andernfalls angedrohte Brandschatzung verhinderte der Bürger Ludwig Niessen durch die Zahlung von 3.000 Talern aus seinem Privatvermögen. Niessen bekam von der dankbaren Gemeinde den Louisenweinberg geschenkt, der heute als exzellente Rieslinglage unter dem Namen Elisenberg bekannt ist. Eine weitere bemerkenswerte Begebenheit in Mülheim war der Start des Luftschiffs **Graf Zeppelin** im Jahr 1929, das seine erste Reise von hier aus antrat. Vormerken sollten sich alle Feierlustigen das Weinfest namens Mülheimer Markt, das jedes Jahr im August stattfindet. Es ist das einzige Weinfest an der Mittelmosel, das unter der Woche gefeiert wird.

Am Ende der Ortschaft beginnt der Anstieg zu den Weinbergen, wo der Pfad zum ✝ ⛩ 🅿 **Helenenkloster ❸** (km 6,6) führt. Hier erwartet Sie auch der versprochene 🅿 Blick auf das Schloss Lieser. Der Moselsteig führt nach dem Päuschen weiter durch bewachsene Hangabschnitte in Richtung Bernkastel-Kues. Der Weg fällt ab und erinnert mit seinem dichten Wald und dem ebenen Pfad kurzzeitig ans flache Münsterland. Sie laufen quasi an Andel vorbei. Anschließend überqueren Sie den kleinen **Goldbach ❹** (km 9,1) – und sofort steigt der Weg auch schon steil an, um Sie schließlich zur geräumigen ⌂ ⛩ 🅿 **Andeler Schutzhütte** bei km 10 zu bringen.

☺ Genießen Sie die traumhafte Aussicht auf die **Burg Landshut** und Bernkastel-Kues eine Weile. Vielleicht treffen Sie hier sogar zufällig auch auf Pilgerinnen und Pilger, so wie ich.

Bis zum nächsten Highlight geht es nun über immer noch ruhige Waldwege und meistens abwärts.

Passen Sie trotzdem bei feuchter Witterung auf: Unter dem Laub verbergen sich nicht selten kleinere und größere Steine, die Sie zum Ausrutschen verleiten wollen.

Bei km 12,5 stehen Sie schließlich an der ✞ **St.-Anna-Kapelle ❺**.

✞ **St.-Anna-Kapelle**: Die St.-Anna-Kapelle liegt kurz vor Bernkastel-Kues und ist nicht nur eine Kapelle, sondern auch die Endstation eines Kreuzweges (den Sie dieses Mal nicht erwandern „müssen"). In der Kapelle können Sie sich die Grablegung Christi anschauen. Der Kapellenneubau stammt aus dem Jahr 1890, die ursprüngliche Kapelle aus dem Jahr 1615.

☺ Übrigens: Vergessen Sie nicht, auch die (aus Ihrer Sicht!) Rückseite der ✞ Kapelle zu betrachten. Das riesige ⌘ Mosaik, das die Außenwand schmückt, ist wirklich beeindruckend.

Von der ✞ Kapelle aus sind es nur noch rund 90 m bis zum asphaltierten Schloßweg, der Sie bis zur ♜ Burg Landshut bringt.

♜ **Burg Landshut**: Ursprünglich stand hier im 4. Jahrhundert ein spätrömisches Kastell, dessen Grundmauern die Basis der späteren Höhenburg bildeten. Ende des 13. Jahrhunderts entstand die Burg Landshut, wie wir sie heute kennen. Der Name spiegelt ihre Bedeutung als Schutz und Wacht über das Land wider. Trotz ihrer wehrhaften Struktur wurde sie 1692 durch einen Brand schwer beschädigt und verlor fortan ihre Funktion als Verteidigungsanlage. Sie wurde nicht wieder aufgebaut, was ihr heute ihren romantischen Ruinencharakter verleiht. Seit 1920 befindet sich die Burg im Besitz der Stadt. Ein Anziehungspunkt ist der begehbare Bergfried. Die Aussicht umfasst das gesamte Moseltal. In der Ruine befindet sich zudem ein Gastronomiebetrieb.

♦ Burg Landshut, 54470 Bernkastel-Kues, ☏ 065 31/500 59 00, info@burglandshut.com, burglandshut.com, ✕ in der Burg Landshut Do-Di 11:00-21:00, die Küche schließt um 20:00, Ruhetag: Mi

Der letzte Abschnitt der Etappe schlängelt sich, zum Teil steil und über Treppen, durch die Weinberge des Burgbergs hinunter nach **Bernkastel** (Kues liegt auf der anderen Moselseite). Der malerische Marktplatz mit seinen Fachwerkhäusern bildet bei km 13,8 den Abschluss dieser Etappe.

☺ Übrigens: Sagen Sie bloß nicht „Küs" statt „Kuus". Das tut den Ohren der Moselanerinnen und Moselaner weh.

Bernkastel-Kues

⇧ 110 m, rund 7.200 Ew.

Tourist-Information Mosel-Gäste-Zentrum Stadt Bernkastel-Kues, Gestade 6, 54470 Bernkastel-Kues, ☏ 065 31/50 01 90, info@bernkastel.de, bernkastel.de, November bis Ende März Mo-Fr 9:30-16:00, April bis Ende Oktober Mo-Fr 9:00-17:00, Sa 9:30-17:00, So 10:00-13:00

Märchenhotel, Kallenfelsstraße 25-27, 54470 Bernkastel-Kues, ☏ 065 31/965 50, info@maerchenhotel.com, maerchenhotel.com, ÜF als Einzelperson im DZ ab € 100, ÜF DZ ab € 109, niedlich eingerichtete Motto-Zimmer

Mosel Camping Bernkastel, Hauptstraße 165, 54470 Bernkastel-Kues (allerdings im Stadtteil Wehlen; um dorthin zu gelangen, nehmen Sie am besten den Bus an der Haltestelle „Doctor-Brunnen" in der Nähe des Etappen-Endpunktes nach Wehlen bis zur Haltestelle „Brückenstraße". Von dort aus sind es noch gut 800 m bis zum Campingplatz!), ☏ 065 31/81 76, info@mosel-camping-bernkastel.de, mosel-camping-bernkastel.de, Ü unter anderem im Zelt oder im Trekking Pod möglich, stets aktuelle Preisliste auf der Homepage

Restaurant Schützenhaus – „Der Balkon von Bernkastel", Am Burgberg 1, 54470 Bernkastel-Kues, ☏ 065 31/973 52 88, info@schuetzenhaus-bernkastel.de, schuetzenhaus-bernkastel.de, 65 m über Bernkastel gelegen, mit toller Panorama-Terrasse, gibt es tagesaktuell bei Google

Die Linien 330 und 335 verkehren zwischen Mülheim und Bernkastel-Kues, die Linie 361 bringt Sie nach Ürzig.

Moselrundfahrten oder Touren nach Zell, Traben-Trarbach oder auch Cochem gehören einfach zu Bernkastel-Kues dazu. Aktuelle Fahrpläne, Preise und mehr gibt es auf bernkastel.de.

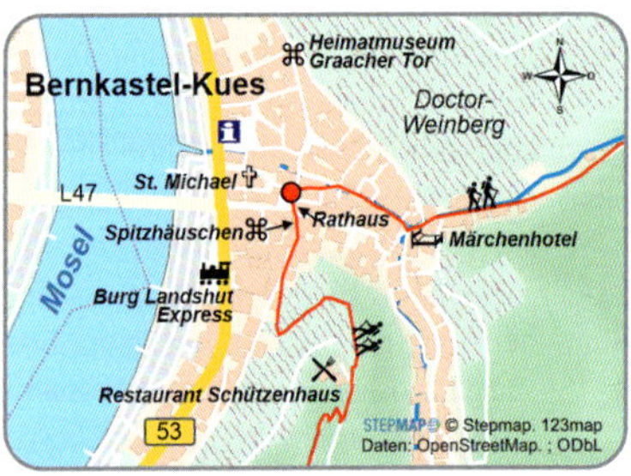

Bernkastel-Kues hat seit 1905 seine heutige Form: der Weinbauort Kues am linken Ufer und die mittelalterliche Stadt Bernkastel auf der rechten Seite. Die historische Bedeutung Bernkastels wurde durch die Verleihung der Stadtrechte im Jahr 1291 untermauert. Über Bernkastel thront die Ruine der ♜ Burg Landshut, einst Sommersitz der Trierer Erzbischöfe. Wer sie noch einmal in Ruhe besichtigen möchte, muss nicht gut zu Fuß sein: Der kleine **Burg Landshut Express** fährt Touristinnen und Touristen mehrmals am Tag hinauf.

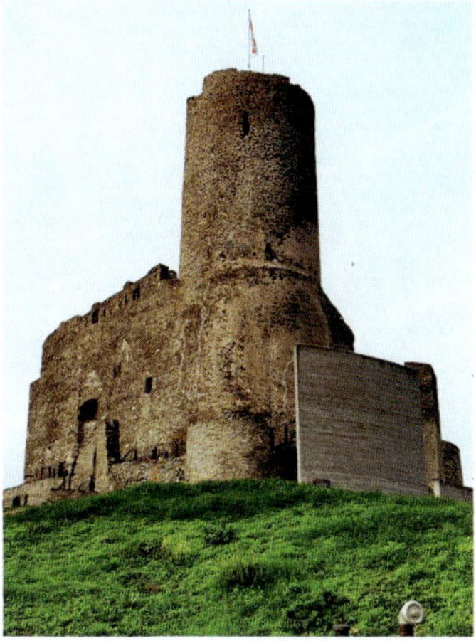

Burg Landshut

Das Stadtbild von Bernkastel, das einst von einer Stadtmauer umgeben war, ist durch das ⌘ Graacher Tor geprägt, das um 1300 erbaut wurde und einst einer von acht Stadtdurchgängen war. Dieses Tor wurde im 18. Jahrhundert umgebaut und beherbergt heute ein ⌘ Heimatmuseum.

⌘ **Heimatmuseum Graacher Tor**: 700 Jahre Stadtgeschichte werden in diesem Museum seit 1985 aufgearbeitet. Die Ausstellung umfasst in vier Räumen alte Stadtbilder und Karten, Fahnen und Wappen, Holzplastiken sowie Gegenstände aus dem ehemaligen Kapuzinerkloster. Einen besonderen Einblick bietet die Darstellung einer einheimischen Kaufmanns- und Schifferfamilie sowie die Lebensgeschichte des Kirchenmusikers und Komponisten Prof. Hermann Schroeder, der in Bernkastel geboren wurde. Ein weiteres Highlight ist die Darstellung mittelalterlicher Strafen. Viele alte Fotos veranschaulichen Stadtansichten, historische Bürgerhäuser, Hochwasserereignisse, Eisgänge und Brände.

♦ Graacher Straße 16, 54470 Bernkastel-Kues, ☏ 065 31/72 60, ab Ostern bis Oktober Sa 16:00-18:00 und So 11:00-13:00. Der Eintritt kostet € 2 für Erwachsene und € 1 für Kinder.

Der Marktplatz von Bernkastel mit dem St. Michaelsbrunnen aus dem Jahr 1606 ist der Ausgangspunkt für den weiteren Rundgang durch die Stadt, wo man auf eine Vielzahl historischer Gebäude trifft, wie zum Beispiel das Gasthaus zur Badstube (1583) oder das ⌘ Rathaus im Renaissancestil.

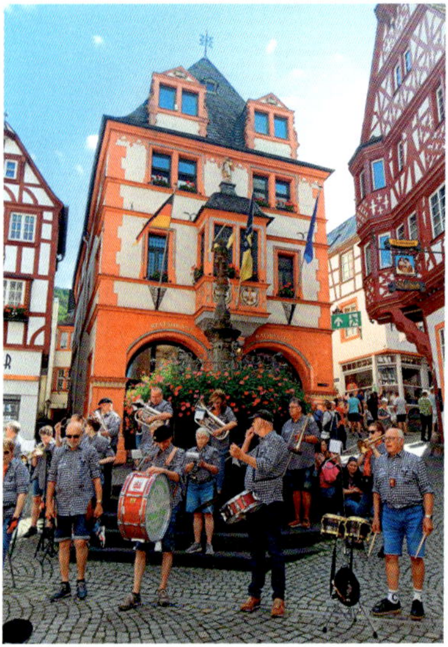

Buntes Treiben am Markt Bernkastel

⌘ **Rathaus von Bernkastel**: Das Rathaus aus der deutschen Spätrenaissance entstand 1608 unter den Händen des Trierer Bildhauers R. H. Hoffmann. Als Mäzen und Unterstützer fungierte der Erzbischof Lothar von Metternich (1599 bis 1623). Sein Einfluss ist bis heute sichtbar: Das Wappen Metternichs, flankiert vom kurtrierischen Kreuz und dem Bernkasteler Stadtwappen, schmückt den prächtigen Rathauserker. Auf der geschwungenen Dachkonstruktion steht eine Steinfigur: Der Welterlöser hält symbolisch die Weltkugel in seinen Händen. Am linken Eckpfeiler der Fassade befindet sich der Pranger. An diesen wird heute natürlich niemand mehr gekettet.

Besonders hübsch ist auch das ⌘ Spitzhäuschen in der Karlstraße, dessen markante Bauweise auf das Jahr 1416 zurückgeht.

⌘ **Das Spitzhäuschen**: Das Spitzhäuschen ist angeblich das älteste Fachwerkhaus an der Mittelmosel. Mit seiner schmalen Fassade und dem hervorragenden Obergeschoss ist es ein Musterbeispiel mittelalterlicher Baukunst. Trotz seiner geringen Fläche beeindruckt es mit seiner raffinierten Struktur, die sich über mehrere Etagen erstreckt. Heute beherbergt das Haus eine Weinstube. Es ist wohl das Objekt in Bernkastel, das am häufigsten fotografiert wird (so ein Foto ist übrigens gar nicht so einfach; probieren Sie es aus).

In der Burgstraße ist der ⌘ **Alte Klosterhof** aus dem Jahr 1456 zu finden. Entlang der Straße Gestade reihen sich weitere prachtvolle Massivbauten aus dem 18. Jahrhundert, darunter auch die neugotische Schule, heute Sitz der **i** Touristeninformation.

Die katholische ✞ **Pfarrkirche St. Michael und St. Sebastian**, eine dreischiffige Pseudobasilika aus dem 14. Jahrhundert, ist ein weiteres Kleinod der Stadt. Der 56 m hohe Turm der Kirche war übrigens einst Teil der Stadtbefestigung und wurde später in den Kirchenbau integriert.

Weiter oben, am Rande des historischen Ortskerns, liegt die Weinlage **Bernkasteler Doctor**. Die dort angebauten Rieslinge gehören zu den besten der Welt und der Bernkasteler Doctor zählt zu den teuersten Weinbergen Deutschlands.

Nach Kues zieht es die Touristinnen und Touristen vor allem aufgrund der folgenden drei Highlights. Wer gern schwimmen geht, besucht zunächst den Wasserpark Moselbad.

Moselbad: Sport und Wellness inmitten von Weinbergen, ein Freibad und ein Hallenbad – das alles bietet das Moselbad. Bei schlechter Witterungslage schließt das Freibad eventuell etwas früher; mehr Infos gibt es telefonisch.

- Schul- und Sportzentrum Kues, Peter-Kremer-Weg 5, 54470 Bernkastel-Kues, ☏ 065 31/30 03, bernkastel-kues.de/leben-in-der-verbandsgemeinde/moselbad, ☺ erkundigen Sie sich am besten telefonisch nach den Öffnungszeiten, die von Jahr zu Jahr variieren. Der Eintritt kostet € 6 für Erwachsene und € 3,50 für Kinder. Es sind auch Familien- und Feierabendtickets (ab 2 Std. vor Badeschluss) erhältlich.

Ein beliebter Anziehungspunkt ist auch das ✗ ⌘ Restaurant und Museum Zylinderhaus im Gewerbegebiet. Es dürfte ein heißer Tipp für alle Oldtimerfreunde sein.

✗ ⌘ **Restaurant und Museum Zylinderhaus**: Im Zylinderhaus können Sie auf drei Ebenen und 5.000 m² in die Automobilgeschichte eintauchen. Mehr als 150 Fahrzeuge – Autos, Motorräder und Transporter – wollen entdeckt werden.

- Adolf-Kolping-Straße 2, 54470 Bernkastel-Kues, ☏ 065 31/973 77 76, info@zylinderhaus.com, zylinderhaus.com/museum, Sommer Di-Sa 10:00-18:00, So 10:00-17:00, Ruhetag: Mo (außer an Feiertagen), Winter Do-So 10:00-17:00. Der Eintritt kostet € 15 für Erwachsene und € 8 für Kinder und Jugendliche im Alter von 6 bis 16 Jahren. Jüngere Gäste haben freien Eintritt.
- Im dazugehörigen ✗ Restaurant mit Biergarten darf geschlemmt werden: ☏ 065 31/972 19 10, restaurantleitung@zylinderhaus.com, zylinderhaus.com/restaurant, Di-Do und So 10:00-23:00 (Küche 11:30-21:00), Fr und Sa 10:00-23:00 (Küche 11:30-21:30), Ruhetag: Mo (außer an Feiertagen). Im Winter können die Öffnungszeiten abweichen, informieren Sie sich zeitnah über die Webseite des Restaurants.

Der berühmteste Sohn von Bernkastel-Kues ist **Nikolaus von Kues**. Sein Geburtshaus, heute ⌘ Cusanus-Haus genannt, wird unter anderem als Museum genutzt.

⌘ **Cusanus-Haus**: Nicolaus von Kues, auch bekannt als Nikolaus von Kues oder Cusanus, geboren 1401 in Kues, war nicht nur ein Philosoph und Theologe, sondern auch einer der großen Universalgelehrten. Er trug maßgeblich zur Entwicklung des humanistischen Denkens bei. Sein wohl bekanntestes Werk „De docta ignorantia" („Über die belehrte Unwissenheit") hinterfragt die menschliche Fähigkeit, das Unendliche und Göttliche vollständig zu erfassen, und betont die Bedeutung des Lernens und der Demut. Das Cusanus-Haus widmet sich dem Leben und Wirken dieses außergewöhnlichen Gelehrten.

♦ Nikolausufer 49, 54470 Bernkastel-Kues, ☏ 065 31/28 31,
✉ geburtshaus@bernkastel-kues.de,
💻 nikolaus-von-kues.de/geburtshaus/das-museum, 🚪 Di-So 12:00-17:00, Ruhetag: Mo. Der Eintritt kostet € 2 für Jugendliche, Schüler und Studierende, € 4 für Erwachsene, € 3 für Erwachsene mit Gästekarte und € 2 für Personen mit Handicap.

☺ Wer jetzt immer noch nicht genug gesehen hat, dem sei auch hier die **Lauschtour-App** ans Herz gelegt (💻 lauschtour.de).

Übrigens: Nicht nur Besichtigungen sind spannend in Bernkastel-Kues – gefeiert wird hier auch oft. Das **Weinfest der Mittelmosel** findet zum Beispiel am ersten Septemberwochenende statt. Hier übernimmt Mosella, die Weinkönigin, die Regentschaft vom Stadtoberhaupt und zieht damit jährlich rund 200.000 Besucherinnen und Besucher an.

Bernkastel zu Ihren Füßen

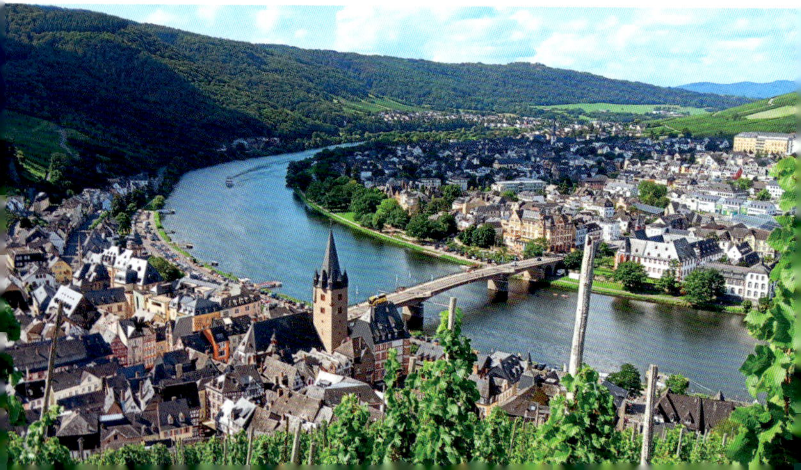

Besonders stimmungsvoll ist aber auch der Weihnachtsmarkt im mittelalterlichen Stadtkern von Bernkastel. Er erstreckt sich immer über zirka vier Wochen und begeistert zum Beispiel durch das **Adventskalenderhaus**.

☺ Tipp: So schön dieser Ort auch sein mag, feiern Sie besser nicht zu doll heute Abend. Denn die ersten Kilometer der 11. Etappe führen ausschließlich bergauf.

11. Etappe: Bernkastel-Kues – Ürzig

16,8 km, 5 Std. 30 Min., ↑ 713 m, ↓ 662 m, ⇧ 102-411 m

0,0 km	⇧ 120 m	Bernkastel-Kues
3,0 km	⇧ 407 m	Maria Zill
4,4 km	⇧ 331 m	Rand des Wohngebietes Graacher Schäferei
9,0 km	⇧ 310 m	Kreuz im Engelter
10,2 km	⇧ 176 m	Sortengarten Zeltingen
11,8 km	⇧ 125 m	Zeltingen BANK
12,5 km	⇧ 122 m	Kloster Machern
14,9 km	⇧ 274 m	B50-Brücke
16,3 km	⇧ 246 m	Wanderparkplatz am Wasserturm
16,8 km	⇧ 162 m	Ürzig

Ich hoffe, Sie sind ausgeschlafen: Auf den ersten 3 km der 11. Etappe geht es fast nur bergauf. Ziel ist heute der idyllische Weinort Ürzig. Auf dem Weg dorthin wird es Ihnen an fantastischen Aussichten mal wieder nicht mangeln, denn oft ist die Hangkante nur einen kleinen Schritt weit entfernt. Stille Wälder sorgen für Abwechslung. Selbiges gilt für die Rast- und Einkehrmöglichkeiten. Wer mag, kehrt in Zeltingen ein. Eine noch schönere Gelegenheit, sich zu stärken, bietet sich allerdings auf der anderen Seite der Mosel: Das ehemalige Zisterzienserkloster Machern ist ein ganz besonderer Ort, den Sie nicht verpassen sollten. Anschließend geht es mit neuen Kräften auf das letzte Viertel des Weges. Es erwarten Sie unter anderem ein ehemaliger Ort des Todes sowie Spuren von Feen und Hexen, bevor Sie auf den Zuweg zum kleinen Dörfchen Ürzig stoßen.

Schnappen Sie sich noch einen Coffee to go beim Bäcker, winken Sie den moselländischen Fachwerkhäusern am Marktplatz in Bernkastel noch einmal fröhlich zu – und auf geht's in Richtung Ürzig! Zunächst durchqueren Sie das

Kallenfelstal mit malerischen Ausblicken auf den berühmten Doctor-Weinberg. Nun steigt der Weg über bewaldete Pfade an, vorbei an einem Holzsteg, weg vom Bachlauf und hinauf durch einen Eichenwald. Steile und weniger steile Wegstücke wechseln sich ab, aber insgesamt geht es doch rund 3 km bergauf.

Auf der Hochfläche angelangt eröffnet sich am **Aussichtspunkt Maria Zill ❶** (km 3) ein atemberaubender Blick auf Bernkastel-Kues und die umliegenden Weinorte. Sie sehen ein bisschen wie Miniaturwelten aus, finden Sie nicht? Kein Wunder: Mit etwa 400 m über dem Meeresspiegel ist dieser Aussichtspunkt einer der höchsten des Moselsteigs. Der Weg führt weiter entlang der Hangkante, vorbei an der **Schutzhütte Maria Zill** und durch einen weiteren Eichenwald.

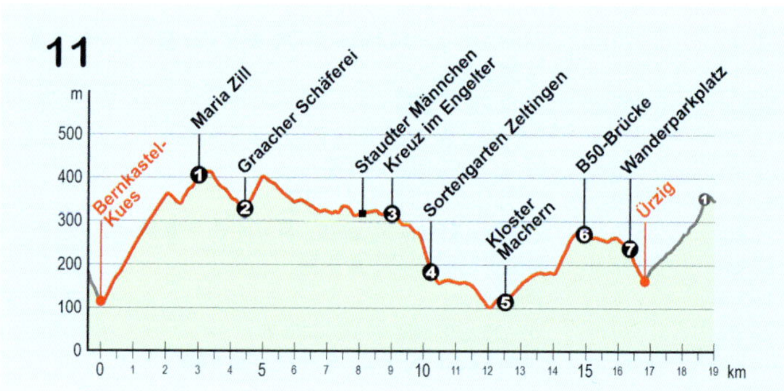

Passen Sie besonders bei Nässe und im Herbst auf – Rutsch- und Stolpergefahr aufgrund der von Blättern bedeckten Wurzeln und der immer wieder steilen Pfade sind nicht ausgeschlossen.

Bei km 4,4 gelangen Sie an den **Rand des Wohngebietes Graacher Schäferei ❷**, das Sie jedoch mit einem weiteren kurzen, aber steilen Aufstieg schnell wieder hinter sich lassen. Sie sind schließlich hier, um die Natur zu genießen.

Auf der Höhe angekommen streifen Sie kurz die B50 und dann senkt sich der Weg auch schon wieder hinunter. Bald können Sie erneut eine großartige Fernsicht in Richtung der Eifelhöhen genießen. Der Weg führt weiter entlang der Hangkante und vorbei an Weinbergen und verläuft dann durch ein Wochenendhausgebiet. Während Sie beim Anblick einiger Bauwagen vielleicht noch an Peter Lustig denken mögen, lernen Sie bei km 8,1 stattdessen einen wahrhaftigen Geist kennen – das Staudter Männchen.

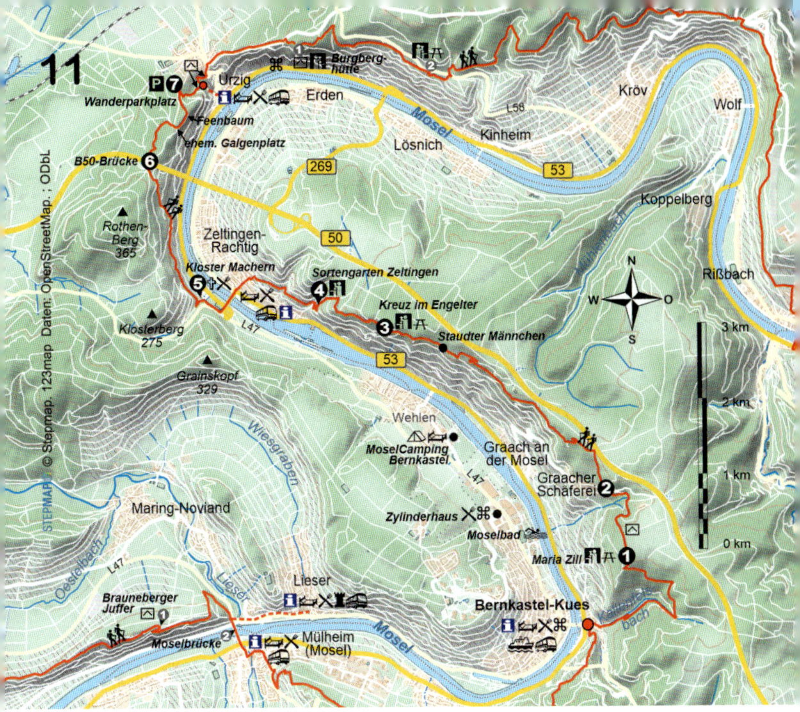

Staudter Männchen

Man erzählt sich die Legende eines nächtlichen Wanderers in Gestalt eines kleinen Mannes, der hier über die Wiesen und Felder streifte. Oft erschien er Reisenden, die des Nachts den Pfad von Graach nach Erden gingen. Mit seinem plötzlichen Erscheinen sorgte er stets für Aufregung. „Der Tag ist für dich, die Nacht ist für mich!", rief er ihnen zu und mahnte damit zur Vorsicht und zum Heimkehren. Nur ein einziges Mal, so erzählt man, begegnete das Männchen tagsüber einem Mädchen, das Holz sammelte. Auf dem Heimweg wurde ihm die Last plötzlich so schwer, dass es das Holz niederlegen musste, nur um kurz darauf das Staudter Männchen verschwinden zu sehen. Die Entstehung der Sage um das Männchen wird übrigens so erklärt: Der Weg, den es als Mensch immer ging, war ein gefährlicher Pfad, auf dem Räuber lauerten. Diese überfielen Reisende und sollen manche sogar ermordet haben. Nach seinem Tod soll der Anführer dieser Räuber als Geist zurückgekehrt sein – als das Staudter Männchen, das fortan ohne Rast und Ruh durch die Landschaft schweift. Am besten ziehen Sie jetzt schnell weiter – nicht, dass es auch noch Ihnen auflauert ...

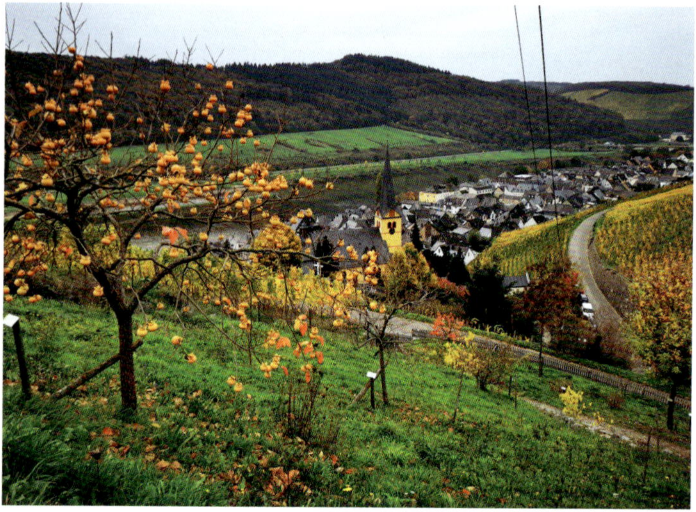

Sortengarten

Nach nur weiteren 900 m treffen Sie am **Kreuz im Engelter ❸** (km 9) erneut an einem Punkt ein, an dem man den Blick kaum vom Moseltal wieder losreißen kann. Aber zu lange wollen Sie hier auch nicht verweilen, denn von hier aus führt ein steiler Hohlweg hinab zum nächsten Zwischenziel, dem frei zugänglichen **Sortengarten Zeltingen ❹** (km 10,2).

Sortengarten Zeltingen: Der Sortengarten umfasst rund 50 Arten von Obst und Beeren aus der ganzen Welt. Hier wachsen Pflanzen, die tief in der lokalen Erde verwurzelt sind, neben solchen, die erst kürzlich ihre Wurzeln in dieser Region geschlagen haben. Wieder andere wurden für die moselländische Flora wiederentdeckt. Der Garten ist ein Versuchsfeld für eine zukunftsfähige Landwirtschaft, um zu erfahren, welche Alternativen für Nutzhölzer es künftig an der Mosel geben könnte.

Zu Ihren Füßen liegt **Zeltingen** (dahinter übrigens der Ortsteil Rachtig, der dem Ort seinen vollen Namen verleiht). Durch Weinberge geht es hinab an den Ortsrand, vorbei an der Freiwilligen Feuerwehr, bis Sie schließlich an der Moselbrücke stehen, die Sie gleich passieren werden. Zuvor haben Sie jedoch noch die Möglichkeit, einzukehren.

Zeltingen-Rachtig

⇧ 106 m, rund 2.200 Ew.

Tourist-Information Zeltingen-Rachtig, Uferallee 10, 54492 Zeltingen-Rachtig, ☏ 065 32/38 47, info@zeltingen-rachtig.de, bernkastel.de/poi/tourist-information-zeltingen-rachtig.de, April bis Oktober Mo-Fr 9:00-12:00 und 14:00-17:00, ab Mai auch Sa 9:00-12:00, November bis März Mo, Di, Do und Fr 9:00-12:00

Pension und Weinstube Moselblümchen, Fährstraße 18, 54492 Zeltingen-Rachtig, ☏ 065 32/24 03, kontakt@moselblümchen.de, moselblümchen.de, ÜF EZ € 59, ÜF DZ € 100

Ibo's Pizza Grill, Uferallee 33, 54492 Zeltingen-Rachtig, ☏ 065 32/53 05, italienische und türkische Speisen, wer es scharf mag: Chili Cheese Pizza probieren, mehr Infos auf Facebook, Di-So 11:00-22:00, Ruhetag: Mo

Bäckerei Kunsmann, Uferallee 43, 54492 Zeltingen-Rachtig, ☏ 065 32/46 20, info@bäckerei-kunsmann.de, bäckerei-kunsmann.de, ab Herbst wird hier der Zeltinger Gewürzspekulatius gebacken, Mo-Sa 6:00-13:00, So 7:00-11:00

Die Linie 361 bringt Sie sowohl nach Ürzig als auch nach Bernkastel-Kues.

Wer lieber an einem Ort mit einer ganz anderen Stimmung Pause machen möchte, überquert zunächst die Mosel und steht dann bereits am ehemaligen ✝ ✕ ☕ ⌘ **Kloster Machern ❺** (km 12,5).

✝ **Kloster Machern**: Das Kloster ist ein ehemaliges Zisterzienserkloster aus dem 12. Jahrhundert. Heute ist es ein beliebtes Ausflugsziel. Neben einem **Spielzeug- und Ikonenmuseum** beherbergt es unter anderem auch eine Brauerei, eine Vinothek, eine Destille, ein Café und ein Restaurant, die Besucherinnen und Besucher zu kulinarischen Genüssen einladen. Im Café im Innenhof des Klosters kann ich Ihnen den Flammkuchen übrigens wärmstens empfehlen.

♦ An der Zeltinger Brücke, 54470 Bernkastel-Kues, klostermachern.de, ☕ Klostercafé in der Saison täglich 10:00-18:00, ✕ Restaurant Brauhaus in der Saison täglich 11:00-22:00, durchgehend warme Küche 12:00-20:45, alle Winteröffnungszeiten gibt es stets tagesaktuell auf der Homepage, ⌘ Spielzeug- und Ikonenmuseum in der Saison Di-So 10:30-17:30, Öffnungszeiten im Winter sind ebenfalls tagesaktuell online zu finden.

Ich hoffe, Sie haben sich den Bauch nicht zu sehr vollgeschlagen, denn hinter dem Kloster geht es wieder hinauf in die Weinberge. Zunächst ist der Weg recht gemütlich, doch am Ende wird es doch recht steil und der Weg bis zur **B50-Brücke ❻** (km 14,9) wird abermals anstrengend. Sollten Sie den Moselsteig im

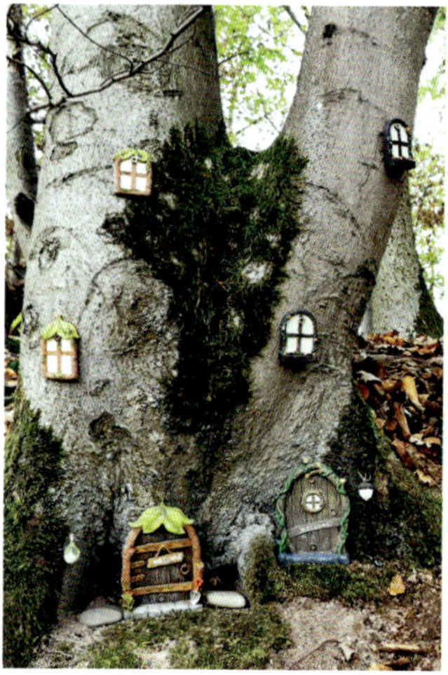

Feenbaum

Herbst wandern, so verschwinden Sie nun in einem bunten, stillen Zauberwald. Auf dem weichen Waldboden lässt es sich bis zu einem gruseligen Ort wunderbar entspannt laufen. Rund 830 m nach dem Hochmoselübergang zwischen Zeltingen-Rachtig und Ürzig treffen Sie nämlich auf ein sonderbares Kreuz. Es erinnert an die Stelle, an der im 18. Jahrhundert ein Galgen der reichsfreien Gemeinde Ürzig gestanden hat.

Um die Gedanken wieder in eine schönere Richtung zu lenken, verschwinden Sie jetzt erneut über einen Hangkantenpfad im Mischwald. Sie merken: Der Weg fällt wieder ein wenig ab. Nach einer kurzen, seilgesicherten Passage geht es auf einem breiteren Waldweg weiter abwärts.

☺ Halten Sie die Augen auf, vielleicht entdecken ja auch Sie den süßen **Feenbaum**.

Bei km 16,3 treffen Sie schließlich auf den **Wanderparkplatz am Wasserturm** ❼. Sie biegen vor dem Parkplatz direkt rechts ab, bewältigen einige Stufen und wandern ✋ vorsichtig weiter abwärts, denn an dieser Stelle wird es kurz etwas steiler. Die liebevoll eingerichtete ⌂ **Hexenschutzhütte** lassen Sie dann links liegen und wandern immer noch bergab.

✋ Geben Sie an der nun folgenden Brückenkonstruktion auf Ihre Schritte acht, wenn es nass sein sollte – in diesem Fall könnten Sie hier nämlich auch mit Glätte zu kämpfen haben.

Sie landen an einem Hohlweg. Hier bei km 16,8 endet die Etappe offiziell. Sie können natürlich direkt mit der zwölften Tagesetappe weitermachen.

↳ Haben Sie darauf aber keine Lust, liegt rechts unterhalb von Ihnen der Ort Ürzig – der Zuweg runter zum Kreisverkehr am Moselufer ist nur rund 370 m lang. Auch er ist etwas steiler, ✋ also nicht auf den letzten Metern noch stolpern!

Ürzig

🛈 🛏 ✕ ⚕ ✝ ⌘ ❀ 🚌 ⛴ ⇧ 104 m, rund 900 Ew.

🛈 Tourist-Information Ürzig, Rathausplatz 7, 54539 Ürzig, ☏ 065 32/26 20, ✉ info@uerzig.de, 💻 uerzig.de, 🚪 2. Mai bis 31. Oktober Di, Do und Fr 9:00-11:00 und 15:00-17:00, Mo und Sa 9:00-11:00, an Feiertagen geschlossen, 2. November bis zum 30. April Mo, Di, Do und Fr 9:00-11:00, an Feiertagen geschlossen

🛏 ✕ Weinhaus Zehnthof, Moselufer 38, 54539 Ürzig, ☏ für Reservierungen: 065 32/25 19, ✉ info@weinhaus-zehnthof.de, 💻 weinhaus-zehnthof.de, ÜF EZ ab € 95, ÜF DZ ab € 129, 🚪 ✕ Di-So 12:00-14:00 und Mi-So auch 18:00-21:00, Ruhetag: Mo

🚌 Busse bringen Sie von Ürzig nach Traben-Trarbach und von dort aus bei Bedarf auch zurück nach Bernkastel-Kues.

⛴ Auch ab Ürzig gibt es Rundfahrten auf der Mosel sowie Streckenfahrten, etwa nach Traben-Trarbach, Zell, Beilstein oder Cochem. Die Fahrpläne finden Sie unter 💻 moselrundfahrten.de/bernkastel/downloads.

Ürzig ist ein pittoreskes Weindorf. Zum ersten Mal wurde es um 732 urkundlich erwähnt. Sie können durch die engen Gassen schlendern, die von reich verzierten Fachwerkhäusern aus vier Jahrhunderten gesäumt werden, darunter auch gut erhaltene Patrizierhäuser, die von dem einstigen Wohlstand der Bürgerinnen und Bürger erzählen. Die Region ist berühmt für ihre Weinberge, insbesondere für den **Ürziger Würzgarten**. Der Ortsteil Ürziger Höhe (eine Höhe, die Sie morgen erklimmen werden) bietet tolle Aussichten aufs Tal. Außerdem sind in Ürzig die Reste einer keltischen Fliehburg und zweier mittelalterlicher Ritterburgen zu finden, von denen heute nur noch die ⌘ Ürziger Sonnenuhr (direkt an der B53) steht.

⌘ **Ürziger Sonnenuhr**: Auf dem steilen Felsvorsprung Urley stand einst die keltische Burg, später ergänzt durch Festungen. Heute sind von diesen stolzen Bauten nur noch Ruinen vorhanden, unter denen die antike Sonnenuhr mit römischen Zahlen besonders hervorsticht. Verborgen hinter dieser Uhr entdeckt man zwei übereinandergestapelte Räume, Zeugen alter Verteidigungsbauten. Leider sind sie nicht zugänglich. In der Nähe steht ein Denkmal für Erzbischof Kuno, der in der Festung eingekerkert und ermordet worden ist.

Wer jetzt noch eine kleine Wanderung unternehmen möchte, die gleich mehrere Sinne anspricht, sollte sich in Richtung Ürziger GeWürzgarten aufmachen.

❀ **Ürziger GeWürzgarten**: Der Würzgarten ist eine traditionsreiche Weinlage von Ürzig. In Anlehnung an diese Weinlage ist an dieser Stelle, einem ehemaligen Weinberg, ein kleines, blühendes Paradies entstanden, geschaffen von

Pflanzenliebhaberinnen und -liebhabern. In diesem Garten, gestaltet nach historischem Vorbild, gedeihen über 20 Rosensorten neben Gewürzen und Heilkräutern. Erreichbar ist das grüne Kleinod über eine Abzweigung vom Moselufer in die Weinberge hinein. Für eine Erkundung des Gartens bieten sich Führungen an, die von der Tourist-Information organisiert werden.

Was gibt es sonst noch über Ürzig zu berichten? Hier weiß man, wie man feiert. Davon zeugt zum Beispiel seit über zwei Jahrzehnten das Weinfest **Harley & Wein Ürzig.** Es verbindet die Leidenschaft für Ürziger Weine mit der Begeisterung für Harley-Davidson-Motorräder. Jährlich im August zieht das mehrtägige Event über 1.000 Harley-Fahrerinnen und Harley-Fahrer aus ganz Europa an. Das Festival bietet neben einer Harley-Parade und einer Panoramarundfahrt entlang der Mittelmosel auch kulinarische Köstlichkeiten, Weine und Livemusik.

Übrigens: Ein berühmter Fußballspieler ist der vielleicht bekannteste Ürziger. Edmund Conen wurde 1914 in dem kleinen Moselort geboren und er gehört bis heute mit 27 Toren zu den erfolgreichsten Spielern der deutschen Nationalelf. Er ist zudem der einzige Fußballer Deutschlands, der bei einer WM-Endrunde einen lupenreinen Hattrick schießen konnte. Das geschah bei der WM 1934 gegen Belgien in Italien. 1990 verstarb Conen leider bereits im Alter von 75 Jahren in Leverkusen.

Morgen steht bereits die 12. Etappe an. Das bedeutet: Die Hälfte des Moselsteigs ist bald geschafft! Die Tour führt Sie nach Traben-Trarbach. Und der quirlige „Doppelort" bietet mit Sicherheit genau die richtige Kulisse für ein zünftiges Bergfest.

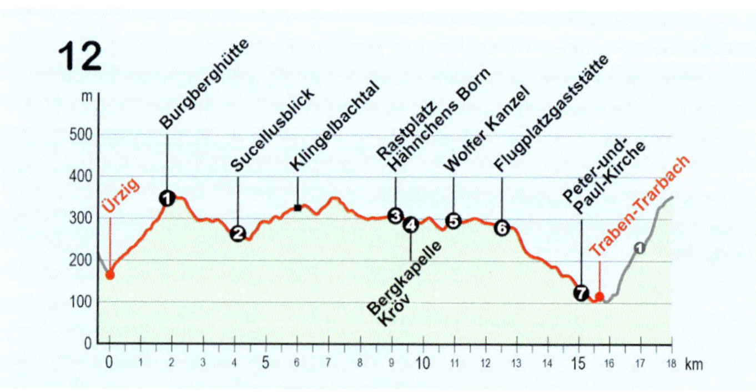

12. Etappe: Ürzig – Traben-Trarbach

15,7 km, 5 Std., 458 m, 516 m, 101-357 m

0,0 km	162 m	Ürzig
1,9 km	338 m	Burgberghütte
4,1 km	259 m	Sucellusblick
9,1 km	312 m	Rastplatz Hähnchens Born
9,6 km	279 m	Bergkapelle Kröv
10,9 km	295 m	Wolfer Kanzel
12,5 km	279 m	Flugplatzgaststätte
15,1 km	129 m	Peter-und-Paul-Kirche Traben
15,7 km	120 m	Traben-Trarbach, Brückentor Trarbach BANK

Auf der 12. Etappe wandeln Sie häufig auf der Höhe. Der erste überwältigende Aussichtspunkt lässt nicht lange auf sich warten: An der Burgberghütte bietet sich Ihnen ein fantastischer Blick auf den Hochmoselübergang und das Ihnen zu Füßen liegende Ürzig. Ein Schieferlehrpfad bringt Ihnen im späteren Verlauf der Route näher, was der Untergrund mit dem Weinbau zu tun hat, die Kröver Bergkapelle lädt zum Gebet ein und einer der letzten Abschnitte führt über den Mont Royal oberhalb von Traben. Dort befindet sich eine historische Festung, die Ende des 17. Jahrhunderts von König Ludwig XIV. erbaut wurde. Aber nicht nur das: Im Landal Ferienpark Mont Royal gibt es außerdem eine Brasserie und eine überdachte Panoramaterrasse, die zur Einkehr locken. Und auch am kurz darauf erscheinenden Flughafen haben Sie die Möglichkeit, in der Gaststätte mit sehr nettem Inhaber eine Pause einzulegen. Traben-Trarbach ist nicht mehr weit entfernt. Es handelt sich bei diesem Ort um eine Jugendstilstadt, die schon früher ein Zentrum des Weinhandels gewesen ist. Die Weinkeller lassen sich im Rahmen der Führungen „Traben-Trarbacher Unterwelt", buchbar in der Tourist-Information, erkunden.

Am Abzweig des Zuweges, nahe der Brückenkonstruktion, führt der Moselsteig weiter hinauf. Er schlängelt sich durch den Wald und führt Sie kurz durch den oberen Teil Ürzigs, die Ürziger Höhe. Bald nachdem Sie das Dorf verlassen haben, überqueren Sie die K62 und der Aufstieg über Treppenstufen und steilere Pfade zur **Burgberghütte ❶** (km 1,9) beginnt. Dort werden Sie mit einem atemberaubenden 360-Grad-Panorama belohnt, das rund 340 m über dem Meeresspiegel liegt und einen weiten Blick über das Moseltal und die Hunsrückhöhen sowie über die Moselberge ins Wittlicher Tal gewährt.

☺ Die Rast nach dem ersten anspruchsvollen Aufstieg können Sie sich mit der ARGO-App (💻 ar-route.de) versüßen. So entdecken Sie auch die einst hier zu findende keltische Höhensiedlung Burgberg Erden in ihrem Originalzustand.

Der Weg führt Sie anschließend bergab durch dichten Wald, wobei der hübsche Abschnitt durch den Buchenhochwald besonders im Frühjahr und Herbst beeindruckt. Der Pfad verläuft später relativ flach oberhalb der Weinberge, bevor er zur L58 wieder ansteigt. Hier befindet sich ein weiterer schöner Aussichtspunkt, der **Sucellusblick ❷** (km 4,1). Nach der kurzen Erholungsphase geht es in Serpentinen abwärts, vorbei an einem weiteren Aussichtspunkt mit Picknicktisch und wieder hinein in die Weinberge. Nach einem kurzen Anstieg erreichen Sie erneut die Landstraße. Der Moselsteig überquert sie und führt wieder steil bergauf zwischen Weinbergen und Waldrand. Im Wald selbst durchqueren Sie das idyllische Klingelbachtal auf einem wunderschönen Pfad. Am Waldesrand eröffnet sich dann wieder ein herrlicher Blick auf die Weinberge und bis zur Mosel, mit der ersten Sicht auf Kröv, den Weinort, den Sie heute noch aus verschiedenen Perspektiven sehen werden. Kröv ist vor allem für die Weinlage **Kröver Nacktarsch** bekannt.

Kröver Nacktarsch

Warum der Name so derb ist? Hierfür gibt es gleich mehrere Erklärungen. Die harmloseste Variante: Der entsprechende Weinberg erscheint im Winter sehr kahl, fast nackt. Das wäre jedoch eine langweilige Erklärung, denn sie gilt für wohl jeden Weinberg hier. Da aber nicht jede Weinlage „Nacktarsch" heißt, scheint mir die Geschichte der zwei Buben plausibler zu sein, die sich heimlich am Weinfass eines Winzers labten. Er ertappte sie und versohlte ihnen den, Pardon, nackten Arsch. Die Einwohnerinnen und Einwohner Krövs können sich mit dieser Geschichte offenbar gut anfreunden: An der Moselweinstraße steht die überlebensgroße Figur eines Winzers, der einen der Jungen aus der Geschichte verprügelt. Verwerflich, aber so wird diese Geschichte nun einmal erzählt.

Burgbergblick

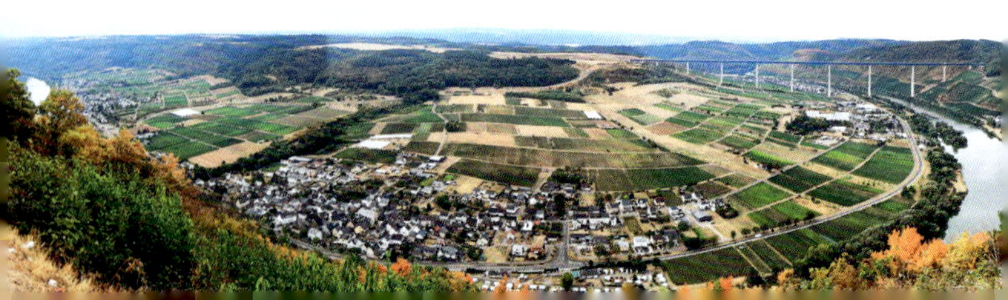

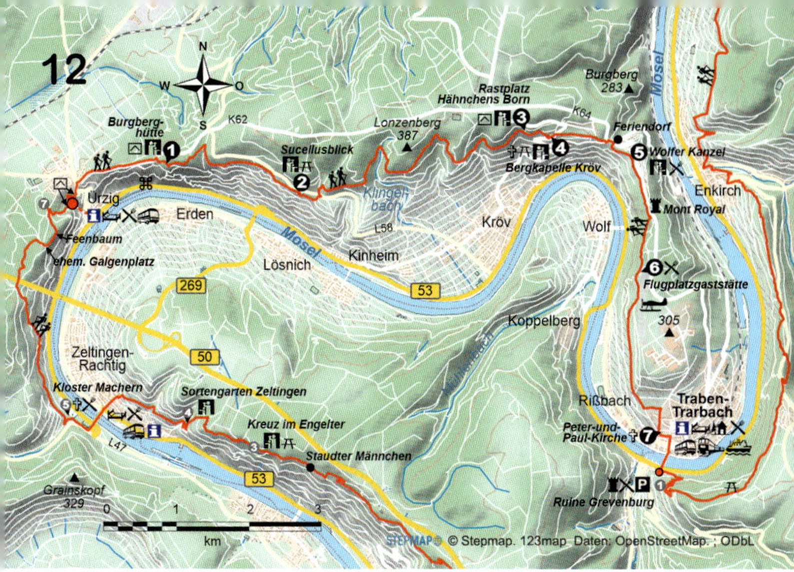

Der Weg führt Sie jetzt ein weiteres Mal in einen eichenreichen Wald hinein. Der Pfad verläuft nahe dem Waldrand, unterhalb dessen sich Weinberge erstrecken. Ein kleiner ⌘ **Schieferlehrpfad** erläutert die Bedeutung des Gesteins für den Weinbau.

Bei km 9,1 liegt der **Rastplatz Hähnchens Born ❸** direkt oberhalb des Weges. Weiter auf dem Panoramaweg erreichen Sie nach noch einmal rund 500 m auch schon die ✝ **Bergkapelle Kröv ❹** (km 9,6). Sie wurde im 18. Jahrhundert erbaut und beherbergt unter anderem 14 Bronzebilder der Passion Christi. Erschaffen hat sie im Jahr 1958 der Bildhauer August J. Lebenstedt, der als Einwohner Krövs ein seliges Alter von 92 Jahren erreichte.

Nach der kurzen inneren Einkehr überqueren Sie einen Parkplatz und die Kreisstraße. Danach passieren Sie überraschenderweise auch noch ein **Wildgehege**. Passen Sie auf, wenn Sie näher kommen: Die darin lebenden großen Tiere pinkeln auch gern schon mal in Richtung Besucherinnen und Besucher (fragen Sie bitte nicht, warum ich das weiß).

☺ Hier bei km 10,1 lohnt sich übrigens ein kurzer Abstecher nach rechts zum Aussichtspunkt Steffensberg, der nur 50 m entfernt liegt.

Nach einem kurzen Waldstück erreicht der Weg die K64 und den **Ferienpark Landal Mont Royal**, bevor er sich von der Straße wegbewegt und entlang einer

Hangkante weiterführt. Oberhalb des Weges beeindrucken Schieferformationen und der Blick auf Kröv, Wolf und die Ruine des Wolfer Klosters – Sie haben den **Aussichtspunkt Wolfer Kanzel ❺** (km 10,9) erreicht. An dieser Stelle führt ein Abzweig zum Restaurant und zur Panoramaterrasse des Ferienparks

Brasserie im Ferienpark, Zum Mont Royal, 54536 Kröv, saisonbedingt

Der Moselsteig schlängelt sich dagegen weiter durch die Überreste der Festungsanlage Mont Royal.

Festungsanlage Mont Royal: Mont Royal wurde von dem französischen Militärarchitekten Sébastien Le Prestre de Vauban im Auftrag des Sonnenkönigs Ludwig XIV. errichtet. Das geschah zwischen 1687 und 1698, um die Kontrolle über das Flusstal zu gewährleisten. Mont Royal konnte bis zu 12.000 Soldaten beherbergen und war mit modernsten Verteidigungsanlagen ausgestattet. Trotz ihrer Größe und strategischen Bedeutung wurde die Anlage aber nur kurz genutzt. Im Frieden von Rijswijk 1697 musste Frankreich viele Eroberungen aufgeben, darunter auch Mont Royal. Wenige Jahre später wurde die Festung auf Befehl des französischen Königs größtenteils zerstört. Heute sind daher nur noch Ruinen erhalten.

♦ Die Ruinen dürfen auf eigene Faust erkundet werden. Einen kostenlosen Flyer gibt es auf traben-trarbach.de. Von Mai bis Ende Oktober wird jeweils am dritten Sa im Monat um 10:30 die Entdecker-Tour angeboten. Sie dauert gut 90 Min. Die Führung kostet € 9 für Erwachsene und € 4,50 für Kinder im Alter von 6 bis 15 Jahren.

Blick aus der Nähe des Flugplatzes auf die Moselbrücke Rißbach

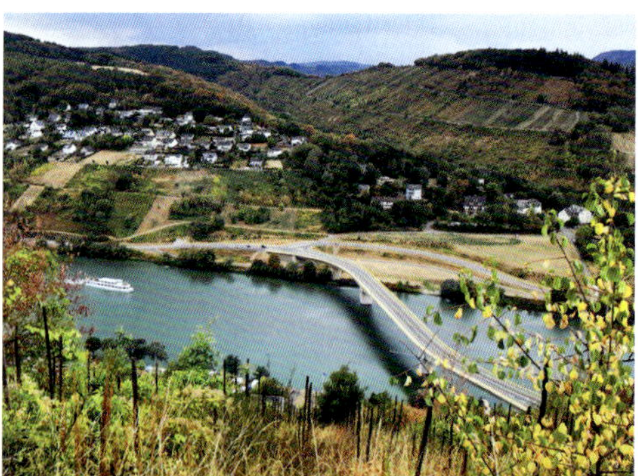

Haben Sie das Ende des Ferienparks erreicht, trennen Sie nur noch wenige Meter von einem kleinen Flugplatz, wo Sie direkt neben der Landebahn einkehren können. Die **Flugplatzgaststätte ❻** (km 12,5) wird vom äußerst gastfreundlichen Ehepaar Monika und Laszlo Papp geführt. Da die beiden ungarische Wurzeln haben, gibt es nicht nur gutbürgerliche deutsche Küche, sondern auch einige ungarische Spezialitäten.

✗ Flugplatzgaststätte Mont Royal, Traben-Trarbach / Mount Royal, 56841 Traben-Trarbach, 01 75/687 92 54, papp.monika36@gmail.com, flugplatzgaststätte-mont-royal.de, Mo-Mi 11:00-19:00, Fr und Sa 11:00-21:00, So 11:00-18:00, Ruhetag: Do, ☺ Tipp von Laszlo: Rindergulasch!

Schließlich verlässt der Weg die Hangkante und führt steil abwärts durch Weinberge. Durch Wiesen bringt Sie der Moselsteig nun zu den ersten Häusern von Traben und zur ✞ **Peter-und-Paul-Kirche Traben ❼** (km 15,1). Weiter geht es hinunter bis zur Moselbrücke, die Sie noch überqueren, bis Sie schlussendlich am ⌘ Brückentor Trarbach und damit nach 15,7 km am Etappenende angekommen sind.

Traben-Trarbach

⇧ 110 m, rund 5.750 Ew.

Tourist-Information Traben-Trarbach, Am Bahnhof 5, 56841 Traben-Trarbach, ☏ 065 41/839 80, info@traben-trarbach.de, traben-trarbach.de, November bis März Mo, Di, Do, Fr 10:00-14:00, April Mo-Fr 10:00-16:00, Mai bis Oktober Mo-Fr 9:00-17:00, Sa 9:00-13:00

Trabener Hof, Bahnstraße 25, 56841 Traben-Trarbach, ☏ 065 41/700 80, info@trabener-hof.de, trabener-hof.de, Ü EZ ab € 80, Ü DZ ab € 97, Mindestaufenthalt am Fr und Sa: 2 Nächte, bei kurzfristigen Anfragen sind eventuell Ausnahmen durch sogenannte „Lücken" möglich, F € 10

Pilgerherberge Alte Lateinschule, Kirchgasse 25, 56841 Traben-Trarbach, 01 71/384 36 01, post@altelateinschule.com, altelateinschule.com, ÜF pro Person inklusive Bettwäsche und (wirklich tollem!) Frühstück im gemütlichen Matratzenlager € 43 plus Kurtaxe pro Person € 1,40

✗ Restaurant Panorama, Brückenstraße 29, 56841 Traben-Trarbach, ☏ 065 41/819 87 00, panorama-traben-trarbach.de, mit schöner Panoramaterrasse, täglich 11:00-21:00

Mit dem Bus können Sie zurück nach Ürzig gelangen, aber auch bis zum nächsten Etappenziel Reil.

Züge fahren von Traben-Trarbach aus in die meisten Orte an der Mosel, inklusive Koblenz.

Von Traben-Trarbach aus werden von April bis November Rundfahrten, Tagesfahrten, Erlebnisfahrten und Abendfahrten mit Tanz und Musik angeboten – etwa moselaufwärts in Richtung Trier oder moselabwärts in Richtung Zell und Cochem. Mehr Infos mit stets aktuell anstehenden Fahrten finden Sie auf moselrundfahrten.de.

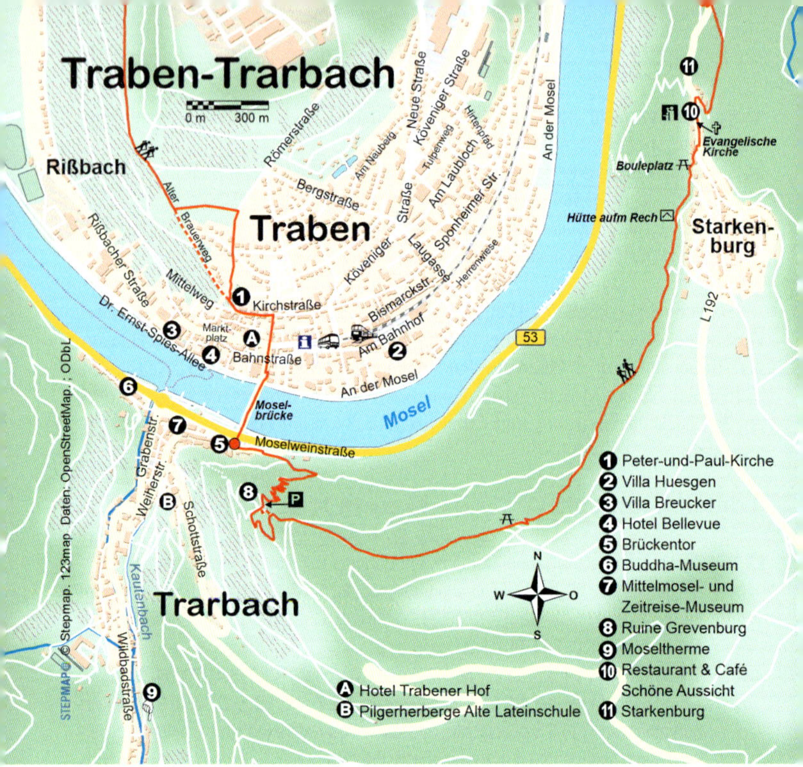

Mit Traben-Trarbach empfängt Sie heute die größte Stadt an der Mittelmosel. 820 wurde sie zum ersten Mal urkundlich erwähnt. Um das Jahr 1900 herum war sie, nach Bordeaux, der zweitgrößte Weinumschlagplatz Europas. Erst seit 1904 sind Traben und Trarbach vereint. Eine erste sie verbindende Brücke wurde 1898 vom berühmten Jugendstil-Architekten Bruno Möhring entworfen. In den letzten Kriegstagen 1945 wurde diese leider noch gesprengt. Dafür kreierte Möhring aber auch das ⌘ Brückentor, das bis heute überlebt hat – und etliche weitere Bauwerke im Ort.

Möhring wirkte rund 40 Jahre nach einem schlimmen Großbrand, der fast ganz Trarbach zunichtegemacht hatte: 1.700 Einwohnerinnen und Einwohner gab es zu jener Zeit, 1.400 von ihnen waren nach dem Brand ohne Heim.

Aber nicht nur die Brücke entstand Ende des 19. Jahrhunderts. Traben-Trarbach war zudem eine der ersten Städte Deutschlands, die die Gaslaternen abmontierten und elektrische Straßenbeleuchtung nutzten.

Schauen wir uns die spannendsten Sehenswürdigkeiten dieses trotz seiner Größe eher ruhigen Ortes doch einmal näher an.

⌘ **Die Traben-Trarbacher Unterwelt**: Keine andere Gemeinde an der Mosel ist so großflächig mit Gewölben unterkellert wie Traben-Trarbach. Diese sind zum Teil sogar über 100 m lang. Erkunden lassen sie sich im Rahmen einiger Führungen. Auch der **Mosel-Wein-Nachts-Markt**, vielleicht einer der schönsten Weihnachtsmärkte Deutschlands, findet hier in mehreren Kellern und an drei weiteren Veranstaltungsorten seit 2011 statt. Er beginnt Ende November und endet Anfang Januar. Seit 2023 wird als Eintrittspreis ein kleiner Obolus verlangt, der zum Zutritt im gesamten Veranstaltungszeitraum berechtigt.

♦ Die Unterwelt-Führungen finden von Ostern bis Ende Juli jeweils Mo und Fr um 17:00, August bis Ende Oktober Mo, Do und Fr um 17:00 sowie Sa um 11:00 und von November bis Ostern am zweiten und letzten Fr im Monat um 17:00 statt. Während des Mosel-Wein-Nachts-Marktes werden die Führungen Fr um 17:00 und Sa um 11:00 angeboten. Die Kosten betragen € 12 für Erwachsene inklusive eines Glases Wein oder Traubensaft, Kinder im Alter von 6 bis 15 Jahren zahlen € 6. Die Führung dauert 90 Min. und kann über die ℹ Tourist-Information gebucht werden. Premium-Unterwelt-Führungen kosten € 29 pro Person und werden ergänzt durch eine 60-minütige Weinprobe mit Snacks. Diese Führungen können erst ab 16 Jahren gebucht werden – und zwar von Juni bis Ende Oktober jeweils am zweiten und letzten Sa im Monat um 16:00.

Neben der Unterwelt ist auch die Oberwelt Traben-Trarbachs nicht zu verachten. Einen Großteil des Flairs machen die vielen Jugendstilbauten aus.

⌘ **Jugendstilarchitektur**: Besonders imposant sind die folgenden Bauten von Bruno Möhring: die Villa Huesgen (Am Bahnhof 56) sowie die Villa Breucker, die später Nollen genannt wurde (An der Mosel 7), und das Hotel Bellevue (An der Mosel 11). Villa Huesgen liegt etwas versteckt hinter üppigem Grün und abseits des Ufers. Sie ist umgeben von einem prächtigen Garten. (☺ Die Tourist-Information bietet auch Führungen durch dieses Gebäude an!) Die Villa besticht durch ihre detailreiche Gestaltung, einschließlich Löwenmasken als Wasserspeier und Bogenfenstern. Bemerkenswert sind auch das separate Treppenhaus, das dem Personal vorbehalten war, sowie der Theatersaal unter dem Dach. Das Anwesen, dessen Errichtung 1904 eine Million Goldmark – heute etwa neun Millionen Euro – kostete, war das Zuhause von Adolph Huesgen. Sein Ruf als „Mosel-Bismarck" zeugt von seinem Reichtum. Im Hotel Bellevue befindet sich ein Restaurant, weshalb man es auf eine ganz simple Art und Weise auch von innen besichtigen kann. Übrigens hat Heinz Rühmann schon hier genächtigt.

Alte Gemäuer sind nicht das einzige Highlight von Traben-Trarbach. Auch interessante ⌘ Museen sorgen für Abwechslung.

⌘ **Buddha-Museum**: Hier erwartet Sie die europaweit größte Sammlung buddhistischer Ikonografie. Sie umfasst Figuren aus verschiedenen asiatischen Ländern und Epochen, gefertigt aus unterschiedlichsten Materialien. Die Sammlung beinhaltet neben Buddha-Figuren auch Darstellungen von Arhats und Bodhisattvas. Die größte Figur misst 3,9 m und wiegt zwei Tonnen.

♦ Bruno-Möhring-Platz, 56841 Traben-Trarbach, ☏ 065 41/816 51 80, info@buddha-museum.de, buddha-museum.de, stets aktuell auf der Homepage. Der Eintritt kostet für Erwachsene € 15 (ermäßigt € 13,50), für Kinder € 7,50, für Schülerinnen und Schüler € 8, für Studierende € 8 sowie für Menschen mit Handicap € 13,50. Kinder unter 6 Jahren haben freien Eintritt.

Und auf zum nächsten Lernort:

⌘ **Mittelmosel-Museum in der Barockvilla Böcking**: In einer Barockvilla, die einst das Zuhause der angesehenen Kaufmannsfamilie Böcking gewesen ist, befindet sich das Mittelmosel-Museum. Dieses Gebäude hat schon bedeutende Persönlichkeiten beherbergt, darunter Johann Wolfgang von Goethe, König Friedrich-Wilhelm IV. von Preußen und Apollinaire. Auf über 20 Ausstellungsräume verteilt präsentiert das Museum nicht nur Möbel und Kunstgegenstände aus drei Jahrhunderten, sondern auch Exponate zur Lokalgeschichte. Besonders hervorzuheben sind die Funde und Pläne der Ausgrabungen der französischen Festung Mont Royal aus den 1930er-Jahren sowie ein historisches Modell der Grevenburg. Das Museum gewährt außerdem einen Einblick in den Lebensstil einer wohlhabenden Patrizierfamilie des 18. und 19. Jahrhunderts.

♦ Casinostraße 2, 56841 Traben-Trarbach, ☏ 065 41/94 80, mittelmosel-museum@traben-trarbach.de, mittelmosel-museum.de, tagesaktuell auf der Homepage zu erfahren. Der Eintritt kostet € 3 für Erwachsene, € 1,50 für Kinder und Jugendliche im Alter von 6 bis 18 Jahren. Kinder unter 6 Jahren haben freien Eintritt.

Ein Museum geht noch? Dann hier noch eine schöne Wahl:

⌘ **Zeitreise-Museum**: 2017 wurde es umfassend renoviert und es befindet sich im einstigen Festsaal des „Hauses am Stadtturm". In dieser Ausstellung entdecken Sie zahlreiche Fahrräder, von den ersten Draisinen bis hin zu zeitlosen Klassikern. Darüber hinaus werden seltene Accessoires wie historische Karbidlam-

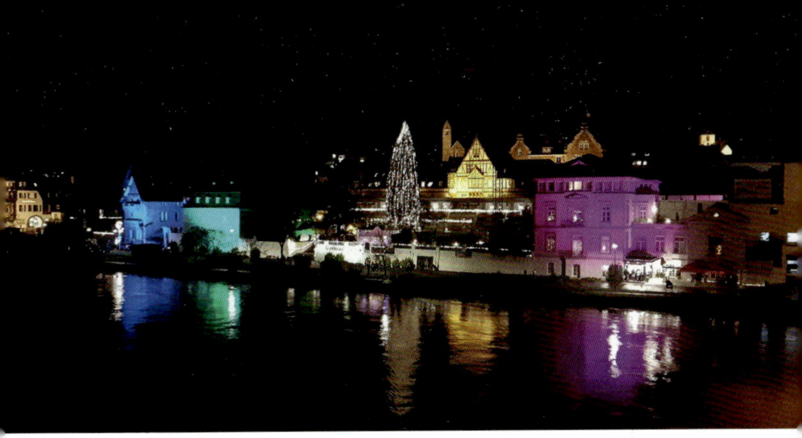

Mosel-Wein-Nachts-Markt

pen gezeigt. Ein weiterer Höhepunkt ist die Kollektion von Puppen, Puppenhäusern und antikem Spielzeug. Die Besucherinnen und Besucher werden auch in die Vergangenheit der Eisenbahn versetzt. Ein weiteres Highlight ist die lebendige Darstellung der 1950er-Jahre, inklusive authentischer Einrichtungsgegenstände, Technik und Mode dieser Ära. Die funktionsfähigen Exponate rufen Erinnerungen an die Stars dieser Zeit wieder wach. Ergänzt wird die Ausstellung durch eine originalgetreu restaurierte Bar aus den 1950er-Jahren.

♦ Moselstraße 2, 56841 Traben-Trarbach, ☏ 065 41/814 58 66, ✉ HausamStadtturm@web.de, 💻 haus-am-stadtturm.de/zeitreisemuseum, 🚪 ab Ostern bis Ende Oktober Sa, So und feiertags 10:00-12:00 sowie an allen Mosel-Wein-Nachts-Markt-Wochenenden Sa und So 10:00-12:00. Der Eintritt kostet für Erwachsene € 5 und für Kinder von 6 bis 15 Jahren € 2,50.

Wer sich nach dem Wandertag eher mit Entspannung belohnen möchte, kann zum Beispiel den 🚌 Bus in Richtung Bad Wildstein (Ortsteil von Traben-Trarbach) nehmen. Dort befindet sich die 🏊 Moseltherme.

🏊 **Moseltherme**: Mehrzweckbecken, Außenbecken, Saunen, Whirlpool und natürlich die Thermenhalle mit einer Wassertemperatur von 32 Grad Celsius bieten wohl alles, was das Herz eines Wellnessfans begehrt.

♦ Wildsteiner Weg 5, 556841 Traben-Trarbach, ☏ 065 41/83 03 19, ✉ moseltherme@vgtt.de, 💻 moseltherme.de, 🚪 Badelandschaft: Mo 14:00-21:00, Di-Fr 9:00-21:00, Sa und So 9:00-18:00, feiertags 9:00-18:00, Saunalandschaft: Mo 14:00-21:00, Di-Do 13:00-22:00, Fr 13:00-00:00, Sa, So, feiertags 10:00-18:00, Di ist Damensauna, Saunalandschaft von 1. Mai bis 31. August Do geschlossen,

Bade- und Saunalandschaft geschlossen in der 3., 4. und 5. Kalenderwoche sowie Rosenmontag, 1. Mai, 24. und 25. Dezember. Eine Tageskarte für die Badelandschaft kostet für Erwachsene € 12,50 und für Kinder von 6 bis 15 Jahren € 9. Für ein Tagesticket für die Saunalandschaft zahlen Erwachsene € 18 und Kinder von 6 bis 15 Jahren € 12,50.

☺ Direkt gegenüber der Moseltherme können Sie ein Foto vom allerersten Minigolfplatz in ganz Deutschland schießen.

Wer nun immer noch nicht müde ist, kann auch in Traben-Trarbach auf **Lauschtour** (lauschtour.de) gehen. Die App haben Sie ja sicher bereits heruntergeladen, sodass Sie sich einfach nur zur Tourist-Information begeben und sie dort starten müssen. Die Tour umfasst 16 Stationen – und anschließend wissen Sie mit Sicherheit alles über Traben-Trarbach, was es nur zu wissen gibt.

13. Etappe: Traben-Trarbach – Reil

14,8 km, 5 Std., ↑ 636 m, ↓ 619 m, ⇧ 99-364 m

0,0 km	⇧ 120 m	Traben-Trarbach, Brückentor Trarbach
0,9 km	⇧ 230 m	Parkplatz Ruine Grevenburg
3,9 km	⇧ 321 m	Restaurant & Café Schöne Aussicht in Starkenburg
8,0 km	⇧ 104 m	Enkirch, Pizzeria Da Pino
10,7 km	⇧ 189 m	Kapelle oberhalb von Burg an der Mosel
14,2 km	⇧ 100 m	Reiler Brücke
14,8 km	⇧ 123 m	Reil, Bahnhof

Ist es ein Zufall, dass Sie ausgerechnet auf der 13. Etappe des Moselsteigs dem Teufel begegnen können? Zuvor jedoch geht es erst einmal von Traben-Trarbach bergauf. Die Aussicht von der Ruine der Grevenburg auf die Jugendstilstadt ist schlicht spektakulär. In Starkenburg können Sie eine weitere schöne Aussicht genießen, nach der sogar ein Hotel-Restaurant benannt ist. Hier kann man übrigens gut essen und trinken. Zahlreiche Einkehrmöglichkeiten finden Sie auch im Erholungsort Enkirch, einem fast schon lebendigen Fachwerkhaus-Freilichtmuseum. Auf dem Weg nach Reil wandern Sie an dem unter Ihnen liegenden Burg an der Mosel vorbei, hinab durch die Weinberge und stehen dann auch schon an der Reiler Brücke. In Reil können Sie sich noch auf den Weinlehrpfad begeben – oder sofort den „Reiler Wein vom heißen Stein" probieren.

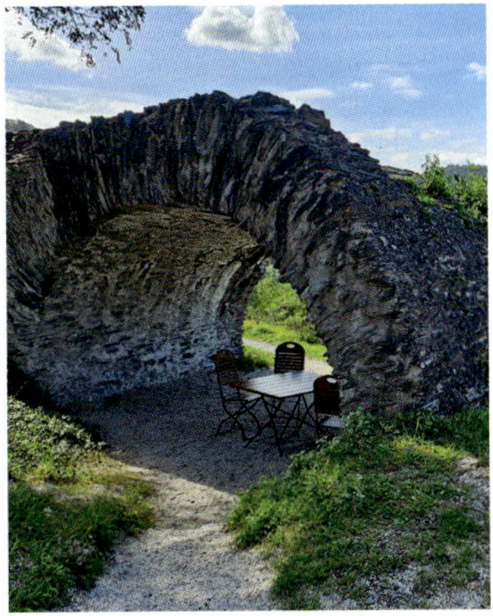

An der Ruine Grevenburg

Mit dem nächsten Abenteuer geht es direkt los – und zwar recht steil bergauf. Über den Sponheimer Weg geht es in Serpentinen hoch bis zum **Parkplatz der Ruine Grevenburg ❶** (km 0,9). Rechts von Ihnen liegen sowohl die Ruine als auch das Restaurant.

Grevenburg: Als sie noch in voller Pracht erstrahlte, diente die Burg als Sitz der Herren von Sponheim und wurde im Laufe der Jahrhunderte Schauplatz zahlreicher Konflikte. Die Grevenburg war während des Pfälzischen Erbfolgekrieges nämlich hart umkämpft und wurde im Jahr 1734 leider endgültig zerstört. Die Mauerpartie, die Sie heute hier nur noch sehen können, stellt die Überreste des einstigen Kommandantenhauses dar. Schauen Sie sich gut um: Im erkerartigen Vorbau lassen sich noch die Reste eines Kamins entdecken. Die Grevenburg, erbaut von 1350 bis 1357, wechselte 13-mal den Besitzer. Unter anderem wurde sie von Spaniern, Schweden, Franzosen, aber auch Hessen, Niederländern und Dänen erobert. Gesprengt haben sie schließlich die Franzosen.

☺ Auch hier zeigt Ihnen wieder die kostenlose ARGO-App (ar-route.de), wie das ursprüngliche Bauwerk einst ausgesehen hat.

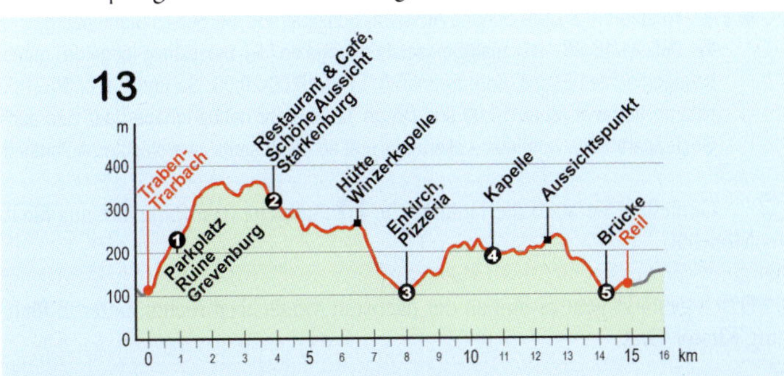

Griffin's – Auf der Grevenburg, Ruine Grevenburg, L190, 56841 Traben-Trarbach, 015 22/101 22 68, geführt vom netten Kalifornier Joseph Griffin und seiner Familie, traumhafter Biergarten, Ostern bis Dezember Mi-So von mittags bis 18:00, Ruhetage: Mo und Di

Vom Parkplatz geht es erst über Asphalt und dann über einen kleinen Pfad abermals steil bergauf bis zur Himmelsleiter.

Wer eine Abkürzung nehmen möchte, wendet sich am Parkplatz nach links und erklimmt den Franzosensteig. Aber bitte nur, wenn Sie trittsicher und schwindelfrei sind.

Im folgenden Waldstück, das Sie bis nach **Starkenburg** begleitet, geht es mal auf schmalen, mal auf breiten Wegen fröhlich auf und ab. Kurz nach der **Hütte aufm Rech** kommen Sie an einen Bouleplatz mit überdachtem Picknicktisch. Hier geht es in den kleinen Ort hinein.

Suchen Sie am zweiten Gebäude einfach mal nach Schildern am Haus. Die Hochwassermarke ist beachtenswert.

Wenn Sie die kleine Treppe zur Schloßstraße bewältigt haben, können Sie auf der linken Seite nachlesen, wie weit es von hier aus noch bis Santiago de Compostela ist, denn Sie befinden sich gerade auch auf dem Mosel-Camino. Das merken Sie auch ein paar Meter weiter, wenn Sie die **Evangelische Kirche** auf der linken Seite der Straße betreten: Hier befindet sich eine kleine **Tauschbörse** mit nützlichen Gegenständen. Das nächste Haus nach der Kirche ist das **Restaurant & Café Schöne Aussicht ❷** (km 3,9).

Restaurant & Café Schöne Aussicht, Schloßstraße 14, 56843 Starkenburg, 065 41/16 98, mail@moselsteig-lodge.de, moselsteig-lodge.de, gutes, hausgemachtes Essen, sehr freundlich, Fr 16:00-20:00, Sa und So 12:00-21:00 plus im Sommer Mi ab 16:00 und Do ab 12:00, sehr nettes Inhaberpaar, das auch Gästeapartments vermietet – allerdings erst ab mindestens zwei Nächten Aufenthalt.

Genießen Sie auch die fantastische Aussicht vom Parkplatz aus hinab ins Moseltal.

Frisch gestärkt geht es nun an der nächsten Möglichkeit rechts runter in Richtung **Kirster Grat**.

Wer sich allerdings zuvor noch die Reste der Starkenburg anschauen möchte, läuft noch ein paar Meter weiter bis zum Ortsausgang und dann rechts hoch (insgesamt rund 125 m vom Moselsteig entfernt).

Starkenburg: Die Starkenburg, einst eine Festung in der Hinteren Grafschaft Sponheim, diente bis etwa 1350 als Verwaltungssitz der Grafschaft. Mit der Errichtung der Grevenburg ging die direkte Verwaltung der Starkenburg in die Hände von Burgmannen über. Über die Jahrhunderte hinweg verlor die Starkenburg jedoch allmählich an Bedeutung und verfiel zusehends.

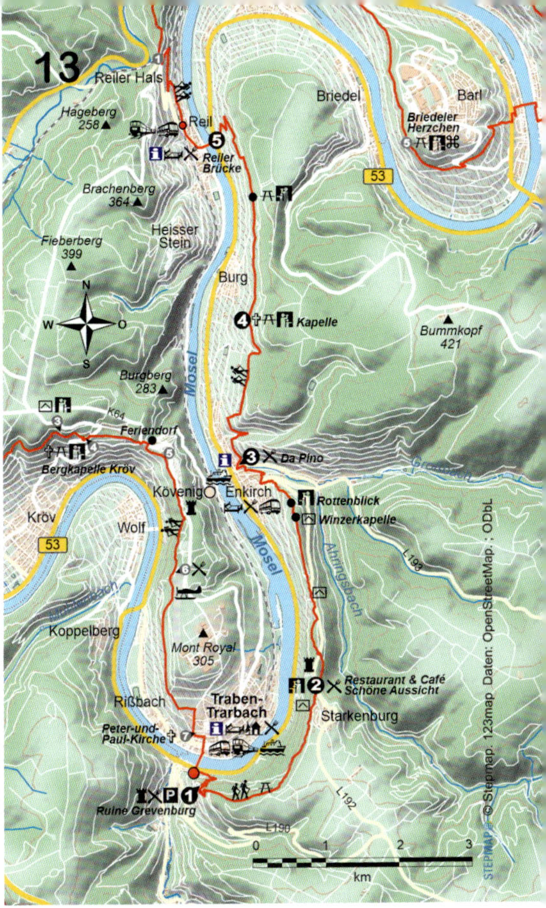

Auch an diesem Ort lässt sich die ARGO-App (ar-route.de) nutzen.

Der Moselsteig führt jetzt zunächst durch einen Wald und dann hinauf auf den **Kirster Grat** – eine wunderschöne Trailstrecke mit immer wieder bezaubernden Aussichten und schroffen Schieferfelsen. Einige Hütten liegen übrigens auch auf dem Weg, die Ihnen bei schlechtem Wetter Schutz bieten können. So lassen Sie zum Beispiel auch die **Hütte Winzerkapelle** sowie den **Aussichtspunkt Rottenblick** hinter sich, bevor Sie sich an den mehr oder weniger steilen Abstieg ins idyllische Winzerdörfchen **Enkirch** machen können.

Enkirch ⇧ 105 m, rund 1.450 Ew.

Tourist-Information Enkirch, Brunnenplatz 2, 56850 Enkirch, ☏ 065 41/92 65, info@enkirch.de, enkirch.de, März bis Oktober Mo-Fr 9:00-12:00, Mo, Di, Do und Fr auch 14:00-17:00, Juli bis Oktober zusätzlich Sa 9:00-12:00, November bis Februar Mo, Di, Do und Fr 9:00-12:00 sowie Fr zusätzlich 14:00-17:00

Moselromantik-Hotel Dampfmühle, Am Steffensberg 80, 56850 Enkirch, ☏ 065 41/81 39 50, dampfmuehle-enkirch.de, ÜF EZ ab € 58, ÜF DZ ab € 99 (an Wochenenden und Feiertagen jeweils € 5 Aufschlag pro Person und Nacht im EZ und DZ), Fr-Di ab 17:00, So auch 11:30-14:00, Ruhetage: Mi und Do

Pizzeria Cappuccino Da Pino, Am Steffensberg 1, 56850 Enkirch, ☏ 065 41/63 63, info@pinos-pizzeria.de, pinos-pizzeria.de, sehr leckere, original italienische Speisen, nettes italienisches Inhaberpaar, verkaufen auch Olivenöl aus eigenem Anbau, Mi-So 11:00-14:00 sowie 17:00-21:00

Nonnenhof's Weincafé, Am Wochenmarkt 23, 56850 Enkirch, ☏ 065 41/49 30, weingut-nonnenhof@web.de, weingut-nonnenhof.de, Winzerküche, selbst gebackene Kuchen und hausgemachtes, leckeres Eis, Ostern bis 31. Oktober Mi, Do, Sa und So 14:00-21:30

In Enkirch starten täglich Busse in Richtung Bullay und Bernkastel-Kues, aber auch in Richtung Traben-Trarbach, Reil und Zell.

Mit der Fähre können Sie einen Abstecher ins Dorf gegenüber machen: Kövenig. Die Betriebszeiten der Personenfähre finden Sie tagesaktuell auf enkirch.de.

Enkirch, erstmals bereits im Jahr 733 urkundlich im Rahmen eines Testamentes erwähnt, genießt den Ruf der „Schatzkammer des rheinischen Fachwerkbaus", denn es gibt hier rund 100 historische Gebäude, von denen 70 als Fachwerkhäuser gelten. Fangen wir aber an mit einem eher gruseligen Überbleibsel längst vergangener Zeiten, das nicht weit entfernt vom Moselsteig zu begutachten ist:

⌘ **Drilles im Spilles**: Dieses Relikt aus dem 16. Jahrhundert in der Königstraße 39 diente – klar: der Bestrafung. Es handelt sich um einen Drehkäfig (Drilles) unter der Treppe des ehemaligen Spielhauses (Spilles). Bestraft wurden unter anderem Jungen und Mädchen, die an Versteigerungen teilgenommen hatten. Versteigert wurden jeweils die Mädchen (angeblich frei von sexuellen Hintergedanken). Der Junge, der sie ersteigert hatte, musste sein Mädchen nun ein Jahr lang bei jedem Fest aushalten. Außer am Königstag – da war das Mädchen dran. Dieses Fest dauerte leider gleich drei Tage an. Und es war offenbar dummerweise so, dass der Junge an diesen drei Tagen mehr konsumierte als das Mädchen in einem ganzen Jahr. Diese Sitte stieß sehr bald auf Ablehnung bei den „ehrenwerten Bürgerinnen und Bürgern". Hatte man nun jemanden bei einer solchen Versteigerung erwischt, wurde derjenige (oder diejenige) zu einem Tag im Drehkäfig verurteilt. Besonders unangenehm: Alle, die vorbeigingen, konnten und durften an diesem Käfig drehen.

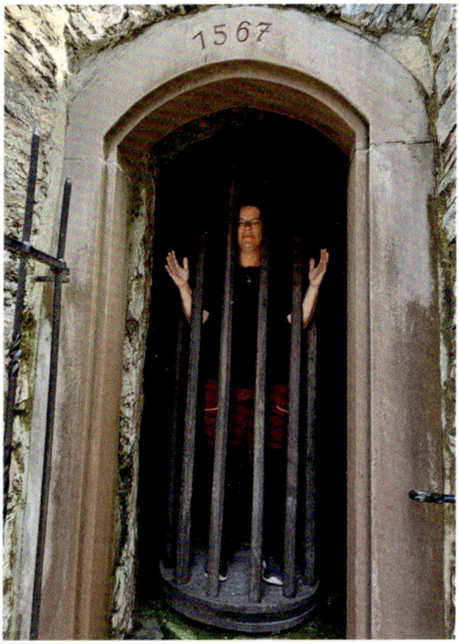

Drilles im Spilles

Nur ein paar Meter weiter, Am Wochenmarkt 9, befindet sich das ⌘ älteste Haus von Enkirch. Es nennt sich „**Der alte Pitter**" und stammt aus dem Jahr 1523. Weiter geht es dann zum ⌘ Enkircher Heimatstuben-Museum, in dem ab Ende der 50er-Jahre im Keller zudem eine Ratsweinschenke eingerichtet war.

⌘ **Enkircher Heimatstuben-Museum**: Das Museum bietet eine Sammlung von Artefakten, die von der Steinzeit über die Bronze- und Hallstattzeit bis hin zur römischen Epoche und dem Mittelalter reichen. Sie zeichnen ein lebendiges Bild der Geschichte des Ortes. Sie veranschaulichen nicht nur die geschichtliche Entwicklung, sondern auch den Alltag und das Handwerk der Dorfbewohnerinnen und Dorfbewohner in früheren Jahrhunderten. Unter anderem können im Museum eine authentische Küche mit Ziehbrunnen und Wasserpumpe, ein historisches Wohnzimmer, nachgestellte Werkstätten eines Schuhmachers und eines Küfers sowie historische Gerätschaften für Weinberg und Keller bestaunt werden.

♦ Weingasse 20, 56850 Enkirch, ☏ 065 41/92 65, ✉ info@enkirch.de, 💻 enkirch.de, 🚪 Juni bis Ende Oktober Fr und Sa 17:00-19:00. Der Eintritt ist frei, das Team freut sich über eine Spende.

☺ Wer den Ort und seine vielen Fachwerkhäuschen noch besser kennenlernen möchte, kann auch den zirka 3 km langen 🚶 **Enkircher Gässchen-Rundweg** laufen. Verwinkelt, malerisch, romantisch – all das trifft auf diesen Weg zu. Er startet an der ℹ Tourist-Information am Brunnenplatz. Die Höhendifferenz beträgt lediglich rund 120 m. Folgen Sie einfach dem orangefarbenen „G".

Nun sind Sie bestimmt hungrig, oder? Dann schnell noch frische Kräfte tanken in der ✗ **Pizzeria Cappuccino Da Pino** ❸ (km 8), die direkt am Moselsteig liegt. Wählen Sie aber am besten ein Gericht, das nicht so schwer im Magen liegt, denn jetzt geht es, zum Teil recht steil, wieder hinauf in die Weinberge. Die Kalorien sind hier mit Sicherheit schnell wieder verbrannt.

Schon bald, bei km 10,7, erreichen Sie eine kleine ✝ ⛩ **Kapelle oberhalb von Burg an der Mosel** ❹. Nun beginnt der Endspurt. Und der ist schön zu wandern, denn Sie bewegen sich fast nur noch auf der Höhe in den Weinbergen, mit hübscher Aussicht auf Ihr Etappenziel Reil. Nur ganz am Ende müssen Sie noch einmal die Konzentration rausholen, denn der Abstieg durch den Wingert hinunter zur ⌘ **Reiler Brücke** ❺ (km 14,2) ist noch einmal sehr steil und fordernd.

⌘ **Reiler Brücke**: Reil spielte schon in der Frühgeschichte eine wichtige Rolle als Verkehrsknotenpunkt, vor allem dank der Reiler Furt. Mit der Entwicklung der Motorschifffahrt im 19. Jahrhundert wurde die Furt jedoch unbrauchbar, und eine Fähre, die nur eingeschränkt nutzbar war, ersetzte sie. Eine Brücke musste also her – doch der Gemeinde fehlte das Kleingeld. Trotz mehrfacher Versuche in den 1920er- und 1930er-Jahren gelang es nicht, staatliche Unterstützung zu erhalten. Erst 1950 beschloss der Gemeinderat, die Brücke selbst zu finanzieren, wobei die Bürgerinnen und Bürger durch eine „Weinstockabgabe" zur Kasse gebeten wurden.

Reiler Brücke

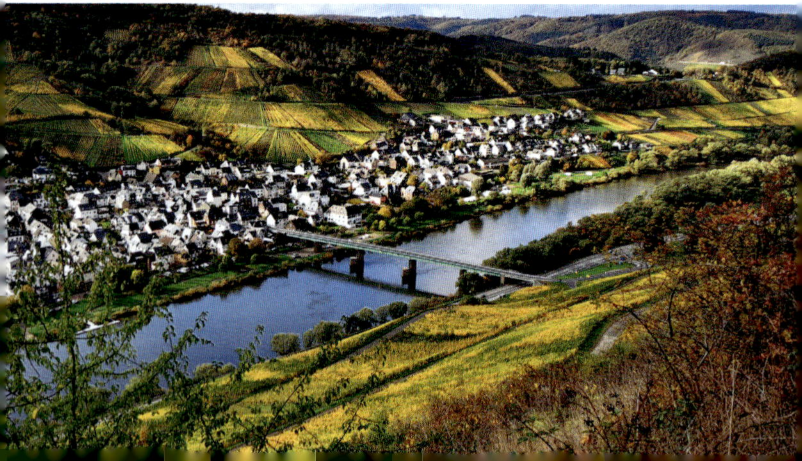

Nach Fertigstellung der Brücke 1953 versuchte der Gemeinderat, eine Maut zu erheben, um die Finanzierungslücke zu schließen. Diese Maut wurde jedoch nur einen einzigen Tag lang erhoben – sie führte nämlich zu heftigem Widerstand und zwang die Landesregierung zum Eingreifen. Als Kompromiss erhielt Reil endlich einen Zuschuss. Die Brücke wurde in den 1960er-Jahren Eigentum des Landes Rheinland-Pfalz (was der Gemeindekasse vermutlich entgegenkam).

So – nun müssen Sie nur noch die Mosel überqueren und sind nach gut 14,8 km an Ihrem heutigen Ziel angekommen.

Reil ⇧ 110 m, rund 1.000 Ew.

Tourist-Information Reil, Hutgasse 16, 56861 Reil, ☏ 065 42/210 36, info@reil-mosel.de, reil-mosel.de/reil-fuer-gaeste/touristinfo, April bis Ende Oktober Mo-Fr 9:30-12:00, Mo, Mi und Fr auch 15:00-17:30, ab 1. August auch Sa 9:30-12:00, November bis Ende März Mo-Fr 10:00-12:00, Mi auch 15:00-17:00

Wein- & Gästehaus Röhl-Engel, Schulstraße 31, 56861 Reil, ☏ 065 42/26 63, info@gaestehaus-roehl-engel.de, gaestehaus-roehl-engel.de, ÜF EZ € 46,50, ÜF DZ € 77

Saloon Reil, Moselstraße 53, 56861 Reil, ☏ 065 42/963 61 69, saloon-reil@outlook.com, www.facebook.com/SaloonReil, gutbürgerliche Küche, aber auch Burger und Co. (dem Motto entsprechend), nur in der Saison täglich 12:00-21:00

Mit dem Zug und dem Bus gelangen Sie von Reil aus zum Beispiel nach Traben-Trarbach, Trier, Koblenz oder nach Zell.

Wer in der Saison Station in Reil macht, kann von der Anlegestelle aus mehrmals pro Woche mit dem Schiff nach Traben-Trarbach, Bernkastel-Kues oder auch Bullay fahren. Mehr Infos gibt es online unter moselrundfahrten.de.

Die erste schriftliche Erwähnung Reils stammt aus dem Jahr 1008. Heute ist Reil bei Weinliebhaberinnen und Weinliebhabern am ehesten für die Großlage **„Heißer Stein"** bekannt. Warum diese Lage so heißt, wie sie heißt, erzählt eine alte Sage:

Der Pfalzgraf und der Teufel

In dieser Geschichte geht es um einen Pfalzgrafen, der seine Seele an den Teufel verlor. Um sie zurückzuerlangen, bot er dem Fürsten der Finsternis Weine aus aller Welt. Doch keiner mundete dem Teufel. Da dieser sich schon siegessicher fühlte, die Seele des Pfalzgrafen bald in den Flammen der Unterwelt brennen zu sehen, begann er schon einmal damit, unter einem Reiler Weinberg einzuheizen, was dazu führte, dass dort eine außergewöhnliche Traube wuchs. Der Pfalzgraf, beeindruckt von der Qualität des daraus entstandenen Weines, bot dem Teufel einen Schluck an. Und Satan? Der war so überwältigt, dass er Strafe und Vergeltung vergaß. Er rief aus: „Endlich der Tropfen vom heißen Stein!" Der Name der Großlage „Reiler vom heißen Stein" war geboren.

Um diese Geschichte lebendig zu halten, platzierte der Reiler Theaterverein im Jahr 2012 anlässlich seines 100-jährigen Bestehens eine ganz besondere Figurengruppe auf dem Dorfplatz. An die Sage erinnert hier nämlich seither eine Gruppe von **lebensgroßen Sandsteinskulpturen**. Zum Ensemble gehört auch der **„Räiler Bibert**". „Biberte" werden die Reiler liebevoll von den Einwohnerinnen und Einwohnern umliegender Dörfer genannt. Man vermutet, dass der Ausdruck auf das lateinische „bibere" (trinken) zurückgeht, denn nach der Brotwandlung sprach der Priester in der Messe zuerst „bibite ex eo omnes", um dann den Becher Wein allein zu leeren. Nach der Messe zogen die Reilerinnen und Reiler dann selbst los, um „bibite" auf „ex" zu machen. Daraus soll ihr Spitzname entstanden sein. Hört sich besser an als „Reiler Säufer", oder?

Die Menschen aus Reil sind aber (offenbar) nicht nur trinkfest, sie sind auch sportlich. Der MSC Heißer Stein veranstaltet seit Jahren auf einer rund 1.700 m langen Piste in den Weinbergen immer im Sommer das internationale Moto-Cross-Rennen „Auf dem heißen Stein". Wer waghalsige Sprünge und Geschwindigkeit mag, sollte das Datum vor seiner Wandertour auf 💻 www.msc-reil.de in Erfahrung bringen.

☺ Auch Reils Ortskern strotzt natürlich nur so vor historischen Gebäuden. Wer diese im Rahmen eines Rundganges alle einmal anschauen möchte, erhält weitere Infos unter

💻 www.reil-mosel.de/1000-jahre-reil/kunst-und-kultur/#/pois.

Wer dagegen lieber noch ein wenig wandern möchte, trifft mit dem **Reiler Weinlehrpfad** sicherlich auch eine gute Wahl. Man erreicht ihn, wenn man gegenüber der Raiffeisenbank die Bahnunterführung nimmt und sich dann rechts hält. Es erwarten Sie 40 Infotafeln zur Geschichte des Weinanbaus. Für die rund 2 km sollten Sie etwa 1. Std. einplanen.

Und danach? Ab in eines der urigen Weinlokale! Wenn Sie noch Lust auf eine Kellerführung oder eine Weinprobe haben, dann hilft Ihnen die **i** Tourist-Information auch hierbei kompetent weiter.

14. Etappe: Reil – Zell

12,3 km, 4 Std., ↑ 368 m, ↓ 396 m, ⇧ 95-239 m

0,0 km	⇧ 123 m	Reil, Bahnhof
1,6 km	⇧ 193 m	Wegekapelle auf dem Reiler Hals
4,6 km	⇧ 188 m	Einkehrstation Driesch-Hütte
5,3 km	⇧ 217 m	Prinzenkopfturm
6,2 km	⇧ 190 m	Marienburg
9,3 km	⇧ 209 m	Briedeler Herzchen
12,3 km	⇧ 95 m	Zell

Ihre nunmehr 14. Moselsteigetappe führt Sie zunächst hinauf in die Weinberge. Dabei folgen Sie anfangs der Kanonenbahn, einem eisenbahnhistorischen Wanderweg. Bereits zu Beginn der Wanderung können Sie vom Reiler Hals aus einen Blick auf die Höhepunkte der heutigen Route erhaschen. Zu erkennen sind vor allem der Prinzenkopf-Aussichtsturm und die Marienburg. Der Prinzenkopfturm eröffnet Ihnen eine spektakuläre Sicht auf die Moselschleife „Zeller Hamm". Hier wird auch die erstaunliche Geografie der Region sehr deutlich: Der Marienburger Sattel ist selbst nur 400 m breit; die Mosel benötigt für die komplette Schleife 14 km. Die Route setzt sich fort über die Marienburg bis nach Zell. Kurz vor Zell begegnen Sie auch noch den Briedeler Herzchen, bevor Sie endlich die „Schwarze Katz" kennenlernen. Wer Glück hat, kann auf dieser Etappe in der Driesch-Hütte einkehren, die auf dem Höhenweg vom Reiler Hals zur Marienburg, gegenüber der Gemeinde Pünderich, liegt. Eine blaue Fahne zeigt an, ob die Hütte bewirtschaftet ist. Meistens ist das in der Wandersaison der Fall und es liegt eine kleine Vesper- und Getränkekarte aus.

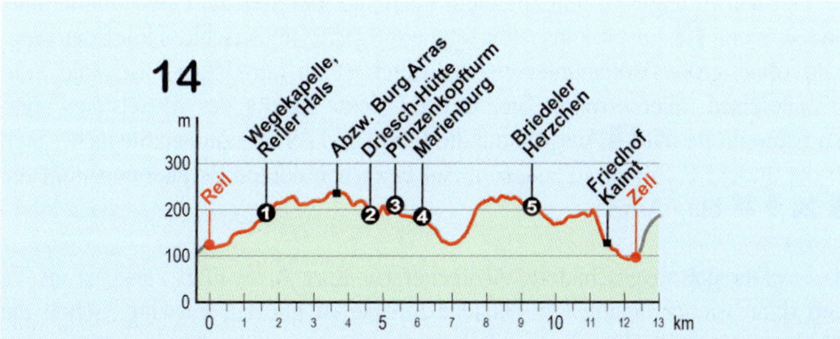

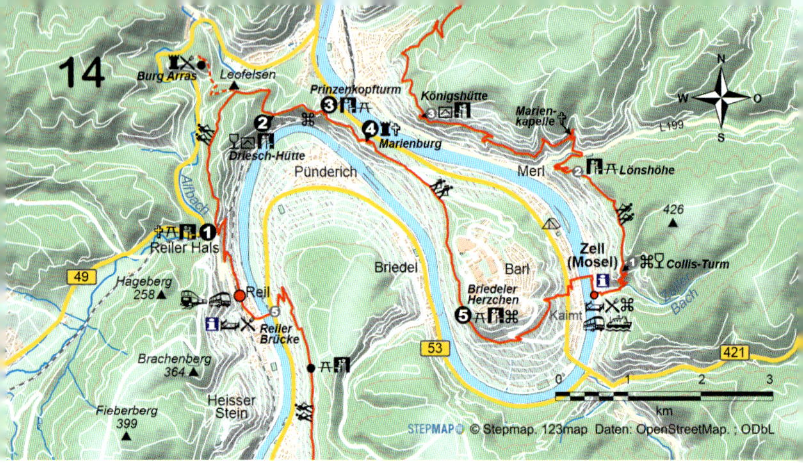

Ihre Wanderung beginnt am Bahnhof Reil in der Kaiserstraße und führt auf den ersten Metern parallel zum historischen **Kanonenbahnweg**. Dieser 23 km lange Rundweg zeichnet die Geschichte dreier Bahnlinien nach. Schnell gelangen Sie hinauf in die Weinberge; Kreuzweg-Stationen säumen den Pfad. Auf dem vorläufigen Höhepunkt bietet sich die **Wegekapelle auf dem Reiler Hals ❶** (km 1,6) als Rastplatz an. Von hier aus können Sie auch schon einen ersten Blick auf Highlights des Tages, etwa den Prinzenkopfturm und die Marienburg, werfen.

An der Gabelung direkt hinter der Kapelle wählen Sie dann den rechten Weg in Richtung Marienburg.

Aufpassen: Nur rund 40 m nach dieser Gabelung biegen Sie auch schon wieder links ab.

Der Moselsteig wird nun zu einem Waldpfad, der steil auf eine Anhöhe führt und so einen Ausblick ins Alfbachtal ermöglicht. Im Anschluss führt der Weg, bald ohne große Höhenunterschiede, durch einen lauschigen Hochwald zum **Leofelsen**. Hier erwartet Sie, wenige Meter abseits des Moselsteigs, eine Schutzhütte mit Aussicht auf die Mosel und Alf. Versäumen Sie nicht, auch in die andere Richtung zu schauen: Auf einer bewaldeten Bergkuppe thront die **Burg Arras**.

Der gut ausgeschilderte Abstecher zur Burg Arras führt zunächst ins Tal und dann wieder hinauf. Die einfache Strecke ist gut 1,2 km lang. Schon die Römer nutzten die Bergkuppe als befestigte Grenzstation. Heute ist Arras im

Privatbesitz. Die ♜ Burg beherbergt ein 🛏 Hotel, ein ✕ Restaurant mit Panoramaterrasse, eine ✞ Kapelle und ein ⌘ Museum zur Geschichte der Mittelmosel (mit Rüstungen und Waffen sowie einer Gedenkstätte für den ehemaligen Bundespräsidenten Dr. Heinrich Lübke). Auf der Burg können Sie sogar heiraten.

♜ ✕ ⌘ Burg Arras, Wittlicher Straße 1, 56859 Alf, ☎ 065 42/222 75, ✉ keuthen@arras.de, 💻 arras.de, Übernachtungen im 🛏 Burghotel erst ab zwei Nächten möglich (gehobene Preisklasse: ÜF DZ ab € 390), 🚪 ⌘ Mo-Fr 10:00-18:00, Sa und So 9:00-18:00 (Eintritt € 6 für Erwachsene, € 3 für Kinder von 6 bis 10 Jahren, Eintritt frei für Kinder unter 6 Jahren), ✕ täglich 12:00-19:00 (durchgängig warme Küche, kleine Karte, auch mit Kuchen und Eis), 🛏, ✕ und ⌘ sind im Januar und Februar geschlossen.

Ihr Weg führt Sie nun weiter durch den Wald, bis Sie am Waldrand bei km 4,6 auf die 🍷 ⛺ ⛩ 🚻 **Driesch-Hütte ❷** stoßen.

🍷 🚪 Diese Einkehrmöglichkeit ist in der Wandersaison bei gutem Wetter meistens täglich bewirtschaftet. Indiz dafür ist die gehisste blaue Fahne. ☺ Wer sichergehen möchte, dass er hier einkehren kann, wendet sich unter ✉ info@drieschhuette.de oder unter ✉ S-Boemer@gmx.de an Siegfried Boemer, der zudem unter 📱 01 71/412 32 92 zu erreichen ist. Auf 💻 drieschhuette.de gibt es ebenfalls Infos zu den aktuellen 🚪 Öffnungszeiten.

In der Schutzhütte am Leo-Felsen

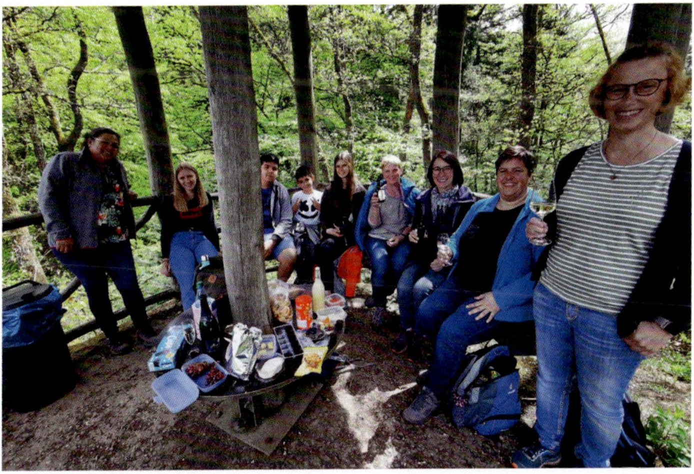

Der nächste Etappenhöhepunkt wartet schon nach nur weiteren rund 700 m auf Sie. Hinter dem beeindruckenden ⌘ **Ehrenfriedhof**, der über einen Kammweg schnell erreicht ist, führt der Weg erneut aufwärts zum **Prinzenkopfturm** ❸ (km 5,3). Die Aussicht reicht bei gutem Wetter von Reil bis zur Calmont-Region, die Sie später noch von Nahem kennenlernen werden. Zudem liegt Ihnen hier die 14 km lange Moselschleife „Zeller Hamm" zu Füßen.

Prinzenkopfturm: Der Kronprinz und spätere König Friedrich Wilhelm IV. stattete diesem Aussichtspunkt 1818 einen Besuch ab. Er frühstückte hier; auf ihn geht daher der Name des Turmes zurück (wo ich schon überall gefrühstückt habe – so viele Türme kann man gar nicht errichten!). 1888 wurde der erste Aussichtsturm aufgestellt, ein ehemaliger, hölzerner Vermessungsturm. Er wurde 1899 durch einen verglasten Turm ersetzt. Nicolaus Mentges aus Alf bewirtschaftete ihn bald und verkaufte Getränke, Postkarten und mehr. Seine Geschäftsidee brachte ihm kein Glück: Er starb am Pfingstmontag 1903 durch einen Blitzschlag, als er die Fahne einholen wollte. 1945 war auch für den Turm kein gutes Jahr: Die Amerikaner sprengten ihn, als sie die Eisenbahnbrücke Bullay bombardierten. Erst 1983 wurde ein neuer Turm aus Holz errichtet, der jedoch, angegriffen von Wind und Wetter, 2005 wieder abgerissen werden musste. Im Jahr 2009 wurde der Turm in seiner jetzigen Form fertig. Die Plattform liegt 18 m über dem Fundament und der Turm ist 27,3 m hoch. Verbaut wurden rund 23.000 kg Stahl. Viel Spaß beim Erklimmen der etwa 130 Stufen – die Anstrengung lohnt sich!

Recht gemütlich führt Sie der Moselsteig nun mit nur geringen Höhenunterschieden bis zur ♜ ✞ **Marienburg** ❹ (km 6,2).

♜ ✞ **Marienburg**: Die Marienburg thront an der engsten Stelle der Moselschleife. Vor rund 1.000 Jahren hat hier bereits eine Burg gestanden. Im Jahr 1126 errichtete man dafür dann ein Augustinerinnenkloster, das erst 1515 wieder aufgegeben wurde. Das Gebäude wurde zu einer Festung umgestaltet, die 1650 wieder zerstört wurde. Eine Neubebauung der Marienburg erfolgte in der Barockzeit. Bis Ende 2023 diente die Burg als Bildungseinrichtung für die Jugend.

Durchqueren Sie das Burggelände und nehmen Sie am Hauptgebäude linker Hand die Treppen abwärts in den Wald hinein über Serpentinen. Fast postwendend geht es wieder hoch zur Zufahrtsstraße. Ab sofort schlängelt sich der Weg zwischen Rebflächen und bewaldetem Umland durch das wellige Terrain. Zunächst steigt er noch an, wird aber ebener, je näher Sie Barl kommen. Zur Rechten bieten die Weinberge eine eindrucksvolle Kulisse, die sich spektakulär zum Moseltal hin absenkt, während zur Linken der Laubwald die Szenerie prägt.

Bei km 9,3 erreichen Sie einen Punkt, der einen herrlichen Blick auf Briedel bietet. Auf einer Ѫ Sinnesbank an der Skulptur ⌘ **Briedeler Herzchen** ❺ (richtig: So heißt die Weinlage) können Sie kurz vor Ihrem Ziel noch einmal so richtig entspannen. Auch zur Entstehung dieser Weinlage gibt es eine schöne Geschichte.

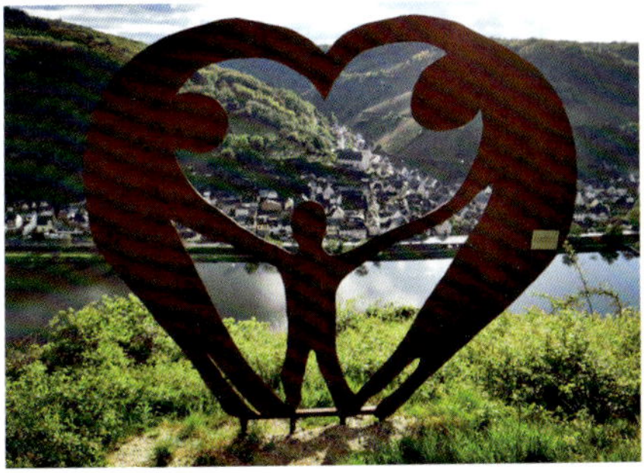

Skulptur zur Sage vom Briedeler Herzchen

Briedeler Herzchen

Der Briedeler Winzer Johann Römer und seine Tochter Katharina (natürlich hübsch) pilgerten einst über die Moselberge nach Klausen. Als sie in Bernkastel-Kues ankamen, übernachteten sie bei einem Fährmann, dessen einziger Sohn krank war. Die beiden Fremden aus Briedel boten dem Jungen eine Flasche Briedeler Wein als Medizin an. Das wirkte Wunder – das Herz des Jungen begann kräftiger zu schlagen (oder war der Anblick der holden Maid der Grund für sein wummerndes Herzchen?). Am nächsten Morgen zogen die beiden weiter, schenkten dem Jungen aber zuvor noch die Flasche mit dem restlichen Wein. Nach ein paar Tagen waren Vater und Tochter wieder auf dem Heimweg, wollten sich aber wenigstens noch einmal nach dem Jungen erkundigen. Statt im Bett zu liegen, begrüßte er die Tochter des Winzers bereits an der Moselfähre mit den Worten: „Willkommen, mein Briedeler Herzchen!". Der Name der Weinlage war geboren und kurz darauf auch der erste Sohn des jungen Paares. Seufz.

Die mehr als 2 m hohe Skulptur, an der Sie jetzt rasten, ist seit 2018 ein beliebtes Fotomotiv. Geschaffen wurde sie von Schülerinnen und Schülern der IGS Zell.

Weiter geht es gemütlich durch die Weinberge, bis Sie die B53 erreichen. Nachdem Sie diese Straße ☝ vorsichtig überquert haben, führt der Weg über Treppen vorbei am Friedhof des Zeller Stadtteiles Kaimt. Sie stehen bald darauf an

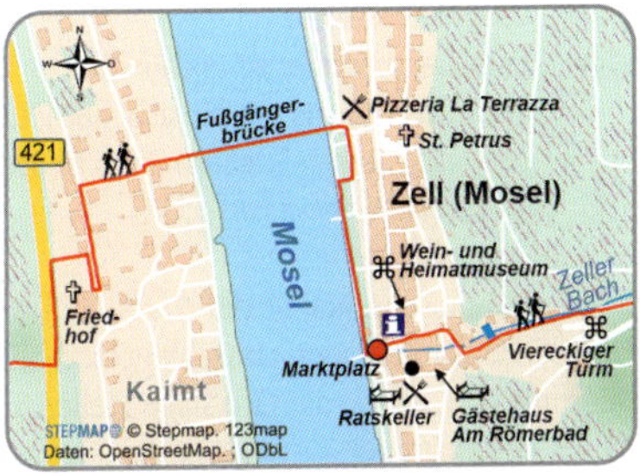

der Fußgängerbrücke – ja, sie ist wirklich nur für Fußgängerinnen und Fußgänger gedacht, auch wenn das viele Radfahrende offenbar anders sehen. So eine Brücke gibt es am deutschen Lauf der Mosel nicht noch einmal. Folgen Sie dem Moselsteig weiter, gelangen Sie schließlich zum Zeller ⌘ **Schwarze-Katz-Brunnen**. Hier, am Marktplatz Zell, haben Sie Ihr heutiges Ziel nach 12,3 km erreicht.

Zell

⇧ 100 m, rund 4.100 Ew.

Zeller Land Tourismus GmbH, Balduinstraße 44, 56856 Zell, ☏ 065 42/962 20, info@zellerland.de, zellerland.de, April bis Juli Mo-Fr 9:00-17:00, ab Mai zusätzlich Sa 10:00-13:00, August bis Oktober Mo-Fr 9:00-18:00 und Sa 10:00-15:00, November bis März Mo-Do 9:00-12:30 und 13:30-16:30 sowie Fr 9:00-13:00, außerdem an verschiedenen Feiertagen wie Ostern, Christi Himmelfahrt etc. sowie zu besonderen Veranstaltungen (dann auch an Sonntagen)

Hotel Ratskeller und Restaurant Quo Vadis, Balduinstraße 36, 56856 Zell, ☏ 065 42/986 20, info@hotel-ratskeller-zell.de, hotel-ratskeller-zell.de, ÜF EZ € 65, ÜF DZ € 80, Di-So 12:00-14:30 sowie 17:30-21:30, Ruhetag: Mo, italienische Speisekarte

Gästehaus Am Römerbad, Am Römerbad 5, 56856 Zell, ☏ 065 42/619 98 57, info@amroemerbad-zellmosel.de, amroemerbad-zellmosel.de, ÜF DZ ab € 70

Campingpark Zell Mosel, Mosel-Hamm-Ufer 30, 56856 Zell-Kaimt, ☏ 065 42/96 12 16, info@campingpark-zell.de, campingpark-zell.de, Preis pro Zelt und Nacht ab € 10,80, Preis pro Person und Nacht € 9,50

Pizzeria La Terrazza, Lindenplatz 1, 56856 Zell, ☏ 065 42/96 33 19, la-terrazza-zell.de, mit hübscher Außenterrasse und nettem Personal, täglich 11:00-23:00

Linie 711 bringt Sie zum Beispiel nach Bullay, Alf oder auch Cochem. Mit der 720 gelangen Sie nach Traben-Trarbach und Reil. In Zell-Kaimt können Sie in die 729 nach Neef steigen.

Personenschifffahrt ist auch in Zell ein Thema: Es gibt Rundfahrten, Tagesfahrten nach Cochem und zurück, aber auch Ausflüge nach St. Aldegund, Bernkastel-Kues oder auch Traben-Trarbach. Infos zu den Rundfahrten gibt es auf zellerland.de/wasser/schiff.

Der lateinische Name der Stadt Zell (gleichzeitig Verbandsgemeinde) lautete einst Cella (Keller oder Umschlagplatz). Der Ort ist wohl über 2.000 Jahre alt. Berühmt ist Zell für die **Großlage Zeller Schwarze Katz**. Hier mehr zur Herkunft dieser Bezeichnung:

Zeller Schwarze Katz

Die Legende um die Entstehung des Namens führt zu Peter Anton Mayntzer, einem Zeller Winzer mit einem Weinkeller in der Straße Am Römerbad 2. Eine Anekdote aus dem Jahr 1863 berichtet: Aachener Weinhändler konnten sich nach einer ausgiebigen Verkostung in Mayntzers Weinkeller (wohl angeschickert) nicht für ein Fass entscheiden. Da sprang eine schwarze Katze, „Mori“ genannt, auf eines der Fässer und verteidigte es energisch. Die Kaufleute nahmen dies als Zeichen und wählten eben jenes Fass aus, was sich als Glücksgriff herausstellte: Sie kauften später sogar alle noch vorhandenen Weine aus dieser Lage auf. Und Letztere wurde fortan nach der schwarzen Katze benannt. Heute werden gut 80 Prozent der in Zell hergestellten Weine exportiert.

Der dazugehörige ⌘ Schwarze-Katz-Brunnen steht am Marktplatz.

⌘ **Schwarze-Katz-Brunnen**: Der Brunnen zum Gedenken an die vielleicht wichtigste Hauskatze Zells wurde 1936 aus schwarzem Basalt gefertigt. Warum auf dem Becken „He steiht ferm, wie en Celler us dem Hamm" zu lesen ist? Der Satz bedeutet: „Hier steht fest ein Zeller aus dem Hamm.“ Der Spruch bezieht sich auf das Jahr 1532, als eine Hundertschaft Zeller Bürger nach Trier marschierte, um Trier beim Angriff des Franz von Sickingen beizustehen. Von Sickingen wurde zurückgedrängt – angeblich eben auch deshalb, weil die Zeller so standhaft blieben und bis zum Ende mitkämpften. Übrigens: Eine große Figur des Zeller Maskottchens ziert auch den Kreisverkehr an der Tankstelle.

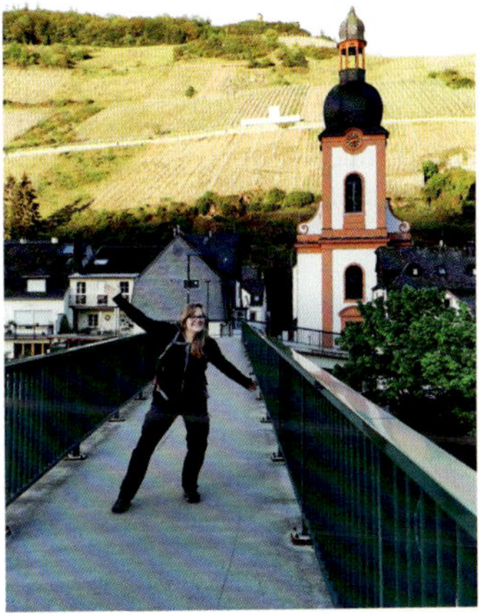

Juchuu, in Zell angekommen!

Ebenfalls am Marktplatz steht das ⌘ **Zeller Rathaus**, in dem heute unter anderem die ℹ Tourist-Information untergebracht ist. Es wurde 1881 erbaut. Während der Öffnungszeiten der Stadtbibliothek (🚪 Di 15:30-17:30 und Do 15:00-18:00) können Sie im Rathaus sogar die ehemaligen Arrestzellen besichtigen. Außerdem befindet sich hier das ⌘ Wein- und Heimatmuseum Zell (Mosel).

⌘ **Wein- und Heimatmuseum Zell**: Es befinden sich hier unter anderem zahlreiche Artefakte aus der keltischen und römischen Zeit, darunter Steinbeile, Mahlsteine, Keramik und Goldmünzen. Ein Highlight sind aber die Bauteile einer römischen Badeanlage aus dem 2. und 3. Jahrhundert n. Chr., einschließlich der Hypokaustheizung. Die Geschichte des Weinbaus in Zell wird ebenfalls illustriert. Besondere Aufmerksamkeit wird dabei den Holzfässern und den Werkzeugen des Küfers gewidmet. Ein weiterer interessanter Aspekt ist die Darstellung der lokalen Zigarrenindustrie. Johann Baptist Gräff gründete hier 1850 die erste Zigarrenfabrik; es folgten weitere große Fabriken. So gab es zum Beispiel auch eine Filiale der Marke Overstolz in Zell. Die Ausstellung zeigt Arbeitsgeräte, Etiketten, Zigarrenschachteln und Fotos. Das Museum beleuchtet obendrein die Geschichte der lokalen Seilerei. Ein besonderer Bereich des Museums ist letztlich noch dem Leben und Wirken der jüdischen Gemeinde in Zell gewidmet.

♦ Balduinstraße 44, 56856 Zell, ☏ 065 42/969 60,
✉ info@zellmosel.de, den Museums-Guide für Ihr Handy gibt es auf
💻 stadt-zell-mosel.de/stadt-und-bewohner/rathaus/museum in vier Sprachen,
🚪 Ostern bis Ende Oktober Mi, Fr und Sa 14:00-17:00, der Eintritt ist frei.

In der ℹ Tourist-Information können Sie auch Tickets für Stadtführungen oder Kellerwanderungen buchen. Auf diese Weise machen Sie vielleicht ja auch noch Bekanntschaft mit dem 300 Jahre alten Stadtgeist, dem Riwigmännche. Auf der Homepage 💻 stadt-zell-mosel.de finden Sie auch einen Veranstaltungskalender, sodass Sie sich schon im Vorfeld notieren können, wann zum Beispiel Events wie Weinfest, Brunnenfest oder auch das Sommerkino am Fluss stattfinden.

Zwei weitere Sehenswürdigkeiten Zells lernen Sie auf der nächsten Etappe kennen: den ⌘ **Viereckigen Turm** und den ⌘ **Collis-Turm**. Dazu morgen also mehr.

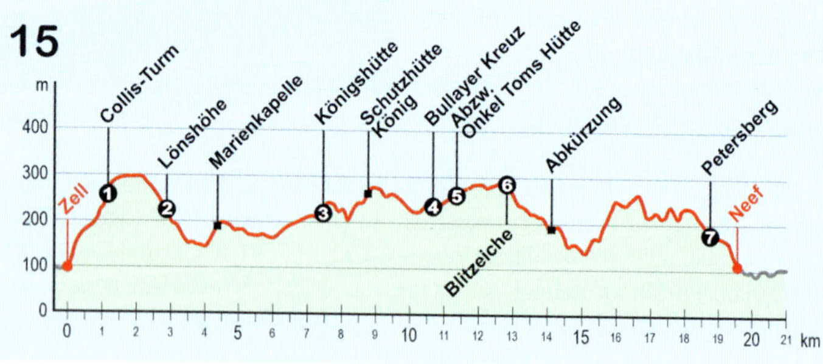

15. Etappe: Zell – Neef

19,6 km, 6 Std. 30 Min., 810 m, 797 m, 95-297 m

0,0 km	95 m	Zell
1,2 km	256 m	Collis-Turm ⌘
2,8 km	227 m	Lönshöhe
7,5 km	215 m	Königshütte
10,7 km	225 m	Bullayer Kreuz ⌘
11,3 km	259 m	Zuweg Onkel Toms Hütte
12,8 km	275 m	Blitzeiche auf dem Neefer Schopp
18,7 km	173 m	Neefer Petersberg
19,6 km	108 m	Neef, Bahnbrücke

Gut 20 km ist sie lang, Ihre heutige Etappe. Am Zielort Neef werden Sie vielleicht zum ersten Mal eine kleine moselländische Leckerei kennenlernen: den roten Weinbergspfirsich. Ob Sie ihn pur, als Marmelade oder auch Likör probieren – das bleibt allein Ihnen überlassen. Zuvor steht jedoch die Anstrengung auf dem Programm, denn schon der Weg raus aus Zell hat es in sich. Er beginnt mit dem Collis-Steilpfad. Der Blick vom Collis-Turm hinab auf Zell dürfte Sie für jeden einzelnen Schweißtropfen entschädigen. Dichte Wälder, malerische Weinberge, eine Blitzeiche, Panoramen mit Aussicht auf bereits bewältigte Etappen – das alles erwartet Sie im Anschluss. Aber auch eine sehr nette Einkehrmöglichkeit liegt auf dem Weg: Oberhalb von Bullay befindet sich, rund 200 m abseits des Steigs, Onkel Toms Hütte. Wenn Sie Zeit haben, so gönnen Sie sich diesen Abstecher, denn allein der Ausblick von der Sonnenterrasse lohnt sich. Allerdings müssen Sie gerade hier die Öffnungszeiten beachten, denn es handelt sich um eine Straußwirtschaft. Und Straußwirtschaften dürfen nicht das ganze Jahr über Gäste bewirten.

Zunächst führt Sie der Moselsteig über den Marktplatz und die Straße Cuxborn zur ⌘ Zeller Kehr und mit dem Zeller Bach vorbei an einem kleinen Wasserfall (gut versteckt auf der linken Seite zwischen den Häusern) bis zum ⌘ Viereckigen Turm.

⌘ **Viereckiger Turm und Zeller Kehr**: Schrieben wir heute das Jahr 1985, würden Sie jetzt nicht die Zeller Kehr entlanglaufen, sondern die Feldstraße. Diesen Namen mochten die Zeller allerdings nicht. 1986 gab der Stadtrat dem Wunsch der Bürgerinnen und Bürger nach und beschloss, die Straße in Zeller Kehr umzubenennen, was in moselfränkischer Mundart so viel wie „Zeller Kurve"

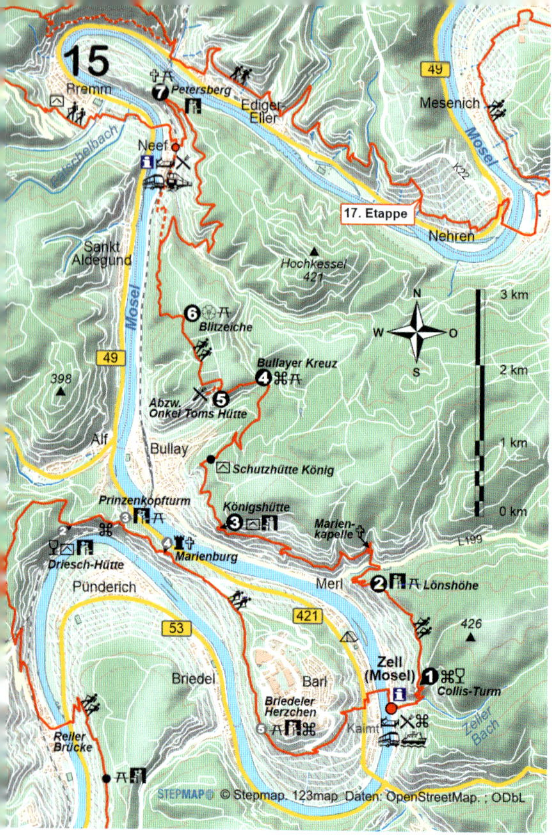

oder auch „steiniger, steiler Weg für Karren" bedeutet. Sie führt zum Viereckigen Turm, einem Teil der mittelalterlichen Stadtbefestigung. Er diente einst als Zollstation. Die Häuserzeile über dem Turm nennen die Zellerinnen und Zeller übrigens „Auf Kansas". Der Name geht auf die Zeit des großen Brandes im Jahr 1848 zurück. Viele Familien wurden obdachlos. 33 von ihnen mit insgesamt 134 Mitgliedern meldeten sich im Rathaus. Sie fragten nach Unterstützung bei der Auswanderung nach Amerika seitens der Stadt – und erhielten sie. Die Ludwigs kehrten aber schon zwei Jahre später wieder aus Kansas nach Zell zurück. Sie bauten sich ein Heim oberhalb des Turms. Der Familienvater prägte den Satz „Das ist nun mein Kansas!".

Rund 110 m nach dem Turm biegen Sie links ab, um den Zeller Bach zu überqueren. Nach weiteren 20 m liegt rechts von Ihnen der Startpunkt des Collis-Steilpfades. Der Moselsteig entfaltet nun ein wahres Abenteuer für Wanderlustige. Mit geeignetem Schuhwerk erklimmen Sie die steilen, schiefergepflasterten Pfade und Weinbergtreppen, deren Herausforderung mit atemberaubenden Ausblicken auf Zell belohnt wird. Die Kletterfreudigen unter Ihnen können noch eine Schippe drauflegen. Zwischendurch stehen nämlich zwei sehr kurze Alternativwege mit Trittbügeln und Leitern sowie einem Kletterfelsen zur Verfügung. Oben treffen sich die Pfade am ⌘ **Collis-Turm ❶** (km 1,2), dessen

Aussichtsplattform alle Mühen wert ist – besonders, wenn die **Hütte** zum Verweilen einlädt (im Regelfall vom 1. Mai bis Ende Oktober Sa, So und feiertags 11:00-17:00; ob die Einkehrstation geöffnet ist, zeigt eine blaue Fahne an).

⌘ **Collis-Turm**: Der Collis-Turm, ein Backsteinbau von 1906, markiert den Ort einer ehemaligen Schutzhütte, die einem Brandstifter zum Opfer gefallen ist. Als Reaktion darauf initiierte der lokale Mosel-Hochwald-Hunsrück-Verein den Bau des Turms, wobei die Moseltalbahn das Material für das Mauerwerk lieferte. Sie hatte gerade erst den Betrieb zwischen Bullay und Trier aufgenommen und der Betreiber bedankte sich damit bei der Stadt, denn diese hatte zuvor dem Bau der Eisenbahnlinie am Moselufer zugestimmt. Mit einer Höhe von fast 8 m und gekrönt von einer Wetterfahne bietet der Collis-Turm einen wieder einmal spektakulären Blick ins Moseltal.

Die Route führt nun durch Wälder, aber auch ab und zu an Weinbergen entlang. Immer wieder wird sie Ihnen jedoch durch Panoramablicke versüßt. Die **Lönshöhe ❷** (km 2,8) mit ihrer Hütte bietet erneut eine Rastmöglichkeit. Serpentinen bringen Sie dann hinab, vorbei an Waldkanten mit Blick auf **Merl** und die Kirche St. Michael. Der Weg führt dann über die Straße Mühlental bis zum Rand des Zeller Ortsteiles. Dort geht es am ersten Haus, das Sie auf der rechten Seite sehen, jedoch schon wieder steil hoch in die Weinberge (und wenn ich „steil" sage, dann meine ich „steil". Grüßen Sie (unbekannterweise) die wirklich nette Dame, die in diesem Haus wohnt, falls Sie sie sehen sollten. Sie hat sich über mein Keuchen und Fluchen vermutlich köstlich amüsiert). Sobald Sie die kleine ✝ **Marienkapelle** passiert haben, wird es aber schon wieder etwas ebener.

Collis-Turm

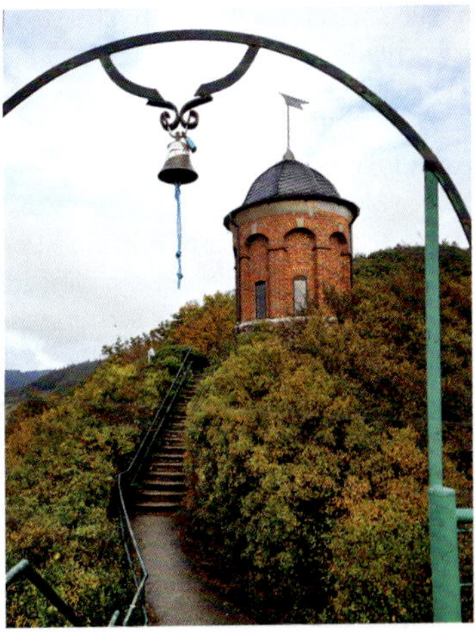

Der Weg steigt durch die Weinberge immer mal wieder leicht an, belohnt dafür jedoch mit einer sich stetig verbessernden Aussicht auf die gegenüberliegende Marienburg.

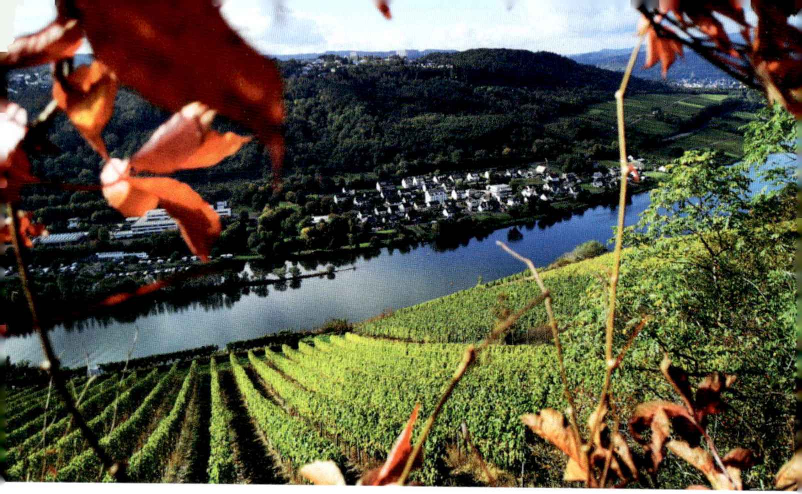

Blick auf Zell-Kaimt

Ein ⛩ 🚻 Rastplatz direkt am Hang und ein weiterer im Wald bieten Fernsichten, die bis über den Marienburger Sattel hinausgehen. Weiter geht's, bis Sie bei km 7,5 auf die ⌂ ⛩ 🚻 **Königshütte ❸** stoßen. Sie können bei gutem Wetter nicht nur Bullay mit der Doppelbrücke, sondern auch die Burg Arras, das Alftal oder auch den Prinzenkopfturm sehen.

Im Anschluss erkunden Sie erneut die Wälder und folgen einem kleinen Bach, bis Sie schließlich an einem Tümpel stehen. Nun geht es abermals aufwärts. Oben passieren Sie bei km 10,7 das ⛩ ⌘ **Bullayer Kreuz ❹**. Nur 600 m weiter (hier ⛩) liegt es dann bei Ihnen, in einer schnuckeligen Straußwirtschaft einzukehren – sofern geöffnet. Denn Sie befinden sich am ↳ **Zuweg zu Onkel Toms Hütte ❺** (km 11,3), die Sie nach gut 200 m erreichen.

✕ Onkel Toms Hütte. Nur wenige Monate pro Jahr dürfen sie öffnen, die Straußwirtschaften. Ihrer gibt es viele an der Mosel, aber kaum eine ist so urig wie Onkel Toms Hütte. Modern-rustikal eingerichtet lädt sie zum Verweilen ein – sei es im Gastraum mit Kamin oder auf der Sonnenterrasse mit Traumausblick. Die kleine Vesperkarte bietet alles, was Hunger und Durst stillt. Beeilen Sie sich mit dem Besuch, der Inhaber sucht derzeit nach einem Nachfolger. 🚪 Juli bis September Mi-So 11:30-22:00 (Küche 12:00-20:00), Ruhetage: Mo und Di, im Oktober nur Fr-So 11:30-22:00

Nach der Einkehr erreichen Sie schnell den Waldrand, wo Sie eine Weihnachtsbaumplantage und eine Streuobstwiese passieren, bevor der Pfad zur ✿ ⛩ **Blitzeiche auf dem Neefer Schopp ❻** (km 12,8) führt. Sie ist wohl mindestens 300 Jahre alt.

Die Blitzeiche: Die Blitzeiche erhielt ihren Namen aufgrund gleich mehrfacher Blitzeinschläge. Die Tatsache, dass sie auf einer Mulde mit Wasserzug steht, machte sie wohl zu einem natürlichen Blitzableiter. Früher wurden Eichen hier für die Gewinnung von Lohe genutzt, die bei der Ledergerbung benötigt wurde. Der Name Schopp geht auf einen alten Schuppen zurück. Der Berg, auf dem die Eiche steht, war auch als „Leh-Kopf" (oder auch Loh-Kopf) bekannt.

Der Weg führt Sie nun weiter bergab und gestattet dann Aussichten auf St. Aldegund.

☺ Bei km 14,1 ermöglicht Ihnen ein asphaltierter Abzweig eine 1,7 km lange und gut ausgeschilderte Abkürzung nach Neef.

Für diejenigen, die lieber auf dem Moselsteig wandern wollen, geht die Reise weiter ins Neefer Bachtal, dann steil bergauf durch ehemalige Weinberge und Wald, bis sich der Weg wieder der Mosel und dem Hang annähert. Vom ⌘ Gipfelkreuz (km 18,3) auf dem **Neefer Petersberg ❼** (km 18,7) aus können Sie die gegenüberliegende **Calmont**-Region, die Moselschleife und natürlich Neef bestaunen.

Das ist aber nicht der einzige Höhepunkt an diesem Ort: Ein Besuch der alten ✞ Peterskapelle und des Höhenfriedhofes nebenan ist ebenfalls lohnenswert.

✞ **Peterskapelle mit Friedhof**: Die dem heiligen Petrus gewidmete Kapelle war einst die zentrale Kirche für Neef und die umliegenden Ortschaften. Ihre Wurzeln reichen bis ins Jahr 1140 zurück. Ein Blickfang im Chorraum ist der kunstvolle Altaraufsatz aus der Spätrenaissance, verziert mit Knorpelwerkornamentik. Das Zentrum des Altars ziert ein Relief der Kreuzabnahme, umrahmt von den Figuren des heiligen Petrus und heiligen Paulus, während die Auferstehung Christi zwischen dem heiligen Sebastian und heiligen Rochus dargestellt wird. Wer mehr über den Petersberg und die Kapelle erfahren möchte, findet weitere Infos unter www.naveshistoria.de.

☺ Auf dem Höhenfriedhof neben der Kapelle sollten Sie das Grab von Josefine Schmitt suchen. Es sicherte sich bei einer bundesweiten Ausschreibung zum schönsten Grab den zehnten Platz, denn es spiegelt das Leben der verstorbenen Winzerin wider.

☺ Der Petersberg ist außerdem bekannt für seine biologische Vielfalt und kulturhistorischen Schätze, die man über QR-Codes entdecken kann.

♦ mehr Infos unter 💻 lebendige-moselweinberge.de/leuchtpunkte.html oder auch als YouTube-Video unter 💻 youtube.com/watch?v=nB738JrxQj0.

Der finale Abstieg nach **Neef** führt über Weinbergspfade, durchsetzt mit steilen Treppen.

Neef

⇧ 90 m, rund 400 Ew.

- Touristinformation Neef (Mosel), Moseluferstraße 23, 56858 Neef, ☏ 065 42/181 40 55, touristinfo@neefmosel.de, 💻 neefmosel.de, 1. April bis 1. November Mo 10:00-12:00, Mi 13:00-14:00 und 18:00-19:00, Sa 11:00-12:00
- Landhaus Hübner, Moseluferstraße 14, 56858 Neef, ☏ 065 42/96 25 22, info@landhaus-huebner.de, 💻 landhaus-huebner.de, ÜF EZ € 46, ÜF DZ € 92, Essen auf vorherige Anfrage möglich, das „Moselsteig-Vesper" kostet € 9,50
- Gaststätte Zur Blauen Traube, Moseluferstraße 11, 56858 Neef, ☏ 065 42/90 09 66, 💻 amlinger.de/index.php3?ID=blauetraube, nur in der Sommersaison Mi-Mo 12:00-16:00 sowie 18:00-22:00, Ruhetag: Di
- Per Bus können Sie nach Zell zurückfahren.
- Der Zug bringt Sie bei Bedarf nach Eller, dem nächsten Etappenort.

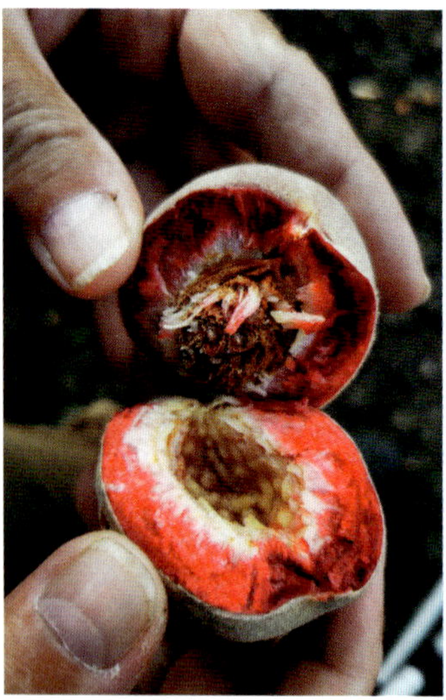

Weinbergpfirsich

Neef zeichnet sich durch seine vielschichtige Vergangenheit aus, die bis in die mittlere Steinzeit zurückreicht. Die Keltinnen und Kelten, die sich hier ab 500 v. Chr. niederließen, haben auf dem Petersberg nicht nur eine Schutzburg errichtet, sondern auch einen heiligen Kultplatz geschaffen. Die treverischen Hügelgräber zeugen ebenfalls von der langen Geschichte des Ortes.

Im 3. Jahrhundert n. Chr. prägten die Römer das Gebiet durch den Bau einer Festung unter Kaiser Constantin I. Später übernahmen die Franken die Kontrolle und wandelten die einstige römische Villa in ein fränkisches Anwesen um, das heute als Burgberg bekannt ist.

Kulturelle Highlights sind das Wein- und Heimatfest am dritten Wochenende im August sowie das Straßenweinfest am vierten Wochenende im September. Einen Flyer zu allen historischen Gebäuden in Neef gibt es in der Touristinformation. Leider wurden im Zweiten Weltkrieg jedoch mehr aus 50 Häuser des historischen Unterdorfes zerbombt. Und die noch erhaltene Alte Burg Neef können Sie sich leider nur von außen anschauen.

Alte Burg Neef: Die Burg Neef, errichtet um 900 n. Chr., wechselte im Laufe der Zeit mehrfach den Eigentümer, bis sie schließlich als Zehnthof diente. Hier entrichteten die Bauersleute ihre Abgaben. Im Laufe ihrer Geschichte wurde die Burg von verschiedenen Gruppen eingenommen und zerstört. Daher verlor sie wohl auch ihre ursprüngliche Gestalt.

Schlendern Sie einfach ein wenig durch den kleinen, charmanten Ort. Er ist ideal, um die müde Seele baumeln und den anstrengenden Tag gemütlich ausklingen zu lassen. Eine Weinprobe stellt bestimmt einen schönen Abschluss dar. Wollen Sie mehr über den Weinbergpfirsich wissen, dann statten Sie doch einfach noch dem **Neefer Pfirsichhof** einen Besuch ab

♦ Alte Kirchstraße 20, 56858 Neef, 065 42/210 73, info@pfirsichhof.com, pfirsichhof.com, vor dem Besuch telefonisch anmelden!

16. Etappe: Neef – Ediger-Eller

8,7 km, 3 Std. 30 Min., ↑ 422 m, ↓ 426 m, 87-399 m

0,0 km	108 m	Neef, Bahnbrücke
3,4 km	310 m	Bergkapelle Bremm
5,4 km	370 m	Weinschänke Am Calmont-Gipfelkreuz
6,3 km	366 m	Vier-Seen-Blick
8,7 km	105 m	Ediger-Eller, St.-Hilarius-Kirche BANK

Die Etappe von Neef nach Ediger-Eller mag zwar die kürzeste der 24 Moselsteigetappen sein, doch an Intensität mangelt es ihr nicht. Sie haben heute nämlich den Bremmer Calmont und damit den steilsten Weinberg Europas vor der Brust. Der Weg schlängelt sich zunächst in Serpentinen bergauf. Eine erste Verschnaufpause ist an der Bergkapelle Bremm mit Sicherheit empfehlenswert. Oben bietet eine Plattform ein atemberaubendes Panorama, das vielleicht zu den Höhepunkten des Moselsteigs zählt. Wenn Sie zur richtigen Zeit hier ankommen, können Sie in der Weinschänke Am Calmont-Gipfelkreuz einkehren. Von zu viel Alkohol

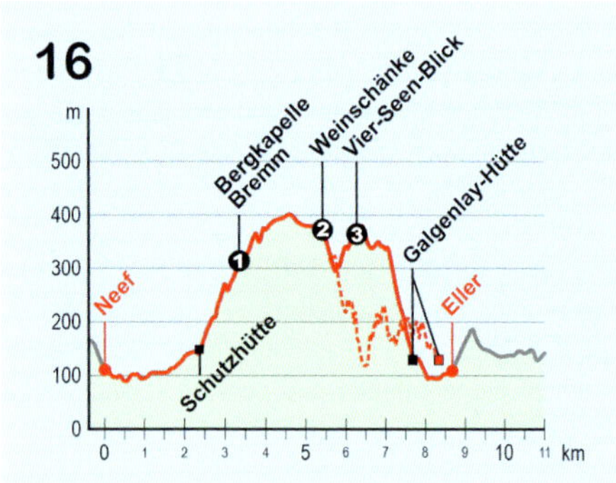

würde ich allerdings abraten, denn auch der Abstieg nach Eller hat es faustdick hinter den Ohren. Der Vier-Seen-Blick, der Sie nur kurze Zeit später erwartet, scheint die Mosel in vier separate Sichtabschnitte – Seen ähnelnd – zu unterteilen. Wer mutig, schwindelfrei und trittsicher genug ist, folgt nun der alternativen Möglichkeit, dem Calmont-Klettersteig, abwärts. Er ist gespickt mit Leitern und vor allem steil. Die Originalroute ist ebenfalls nicht eben zu nennen, kommt aber etwas weniger anspruchsvoll daher. In Eller ist vor allem eine Einkehr in der urigen Straußwirtschaft Schinnens Scheune empfehlenswert.

Als ich zum ersten Mal diese Etappe gelaufen bin, konnte ich am Abend kaum glauben, dass Start- und Endpunkt Luftlinie nur 1 km voneinander entfernt liegen. Zwar ist die Etappe selbst auch nur knapp 9 km lang, aber dank des steilsten Weinbergs Europas, des ❀ Calmonts, waren meine Waden anschließend überzeugt, weitaus mehr gemeistert zu haben.

❀ Der Calmont

Nein – der Calmont hat nichts mit Rainer „Calli" Calmund zu tun. Der Name des Berges stammt entweder aus dem Lateinischen (*calidus* – warm und *mons* – Berg, demnach: „warmer Berg") oder aus dem Keltischen (*kal* – hart; also: „harter Berg"). Der Südhang des Calmonts gehört zum Ort Bremm, Norden und Osten gehören hingegen zu Ediger-Eller. Insgesamt ist der Berg rund 380 m hoch. Außerdem weist er eine Neigung von bis zu 68 Grad auf.

Sie verlassen Neef über die Kloster-Stuben-Straße. So gelangen Sie an die viel befahrene Moseluferstraße, mit der Sie die Mosel überqueren. Dann schlängelt sich der Pfad durch Weinberge und Gärten am Rand von Bremm entlang, bis Sie schließlich an die L106 gelangen, die Sie ✋ erneut vorsichtig überqueren. Und ab sofort wird es spannend: Der Pfad, gleichzeitig ein Kreuzweg, zieht sich nun über Serpentinen in die Höhe bis zur ✞ ⛩ **Bergkapelle Bremm ❶** (km 3,4). Auf diesen ersten rund 3,5 km haben Sie bereits mehr als 200 Höhenmeter überwunden.

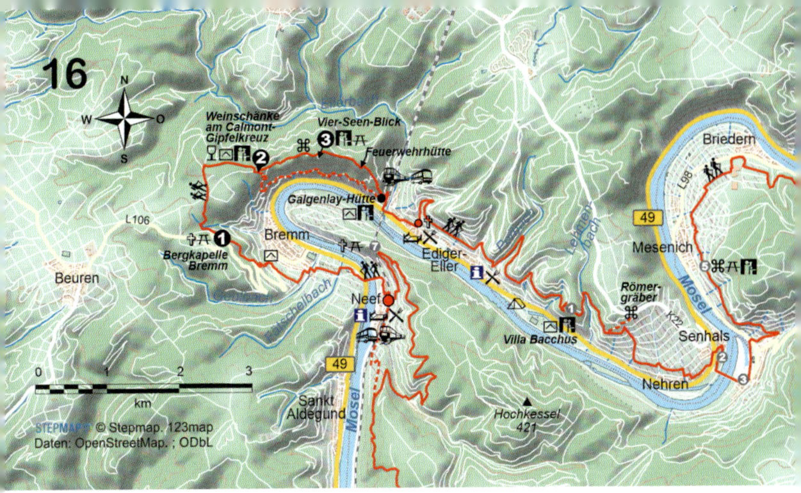

✝ **Bergkapelle Bremm**: Die Kreuzwegstationen, die zur Bergkapelle führen, wurden um 1856 erbaut, die Kapelle dagegen bereits 1802. Leider war ihr nicht viel Glück beschieden: 1998 musste die Pieta neu angeschafft werden. Ihr Vorgänger war von wenig christlichen Menschen gestohlen worden. Noch verwunderlicher ist das nächste Stück, das aufgrund eines Diebstahls im Jahr 2000 ebenfalls ersetzt werden musste: die Haustür. Traurig, oder?

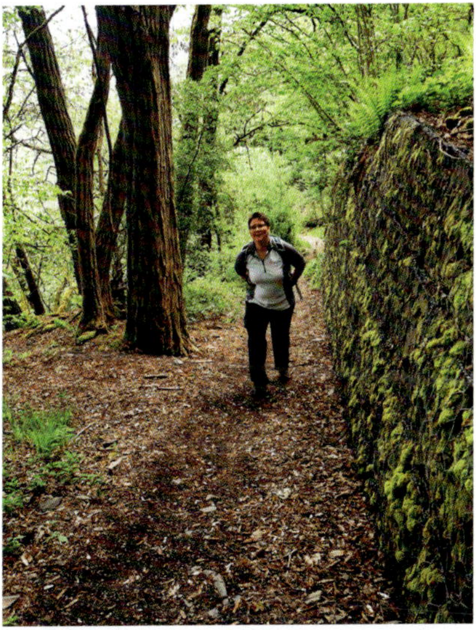

Aufstieg zum Calmont

Kurz nach der Kapelle steigt der Weg immer noch an, ist dafür aber recht schattig, was besonders im Sommer von Vorteil sein kann. Auf der Hochebene des Schneebergs angekommen lädt ein Rastplatz zum Verweilen ein. Weiter geht es über die Hochfläche und dann hinab zum eindeutigen Höhepunkt des Tages: dem ⌘ Gipfelkreuz auf dem Calmont.

Praktisch, dass sich direkt daneben die **Weinschänke Am Calmont-Gipfelkreuz** ❷ (km 5,4) befindet, denn dieser Ort will so schnell nicht wieder verlassen werden.

Weinschänke Am Calmont-Gipfelkreuz. Die Weinschänke könnte schöner kaum gelegen sein: Der Blick auf die vielleicht berühmteste Moselschleife ist einmalig. Hier können Sie Rieslingweine kosten und sich mit Snacks stärken. Mehr Infos zur Schänke finden Sie auf michael-franzen.de/#gipfelkreuz, Ostern bis Ende Oktober Sa, So und feiertags 10:00-17:00, Fr auf Anfrage unter 026 75/217.

☺ Wer nun genug gerastet hat, kann statt der Moselsteig-Originalroute von hier aus einer sehr anspruchsvollen Alternativstrecke folgen: dem **Calmont-Klettersteig**. Er ist ab dem Gipfelkreuz sehr gut ausgeschildert, 3 km lang und umfasst gut 480 Höhenmeter im Aufstieg sowie 720 Höhenmeter im Abstieg. Wählen Sie dieses Abenteuer nur, wenn das Wetter und Ihr Schuhwerk gut und Sie schwindelfrei und trittsicher sind. Hier erwarten Sie allerlei Kletterleitern, Tritt- und Halteeisen an Felsen, aber wenigstens auch Seilsicherungen.

Wer lieber dem Originalweg folgt, wandert über den Grat des Calmonts weiter bis zum rekonstruierten ✝ römischen Bergheiligtum. Dieses erreichen Sie bereits bei km 6,2.

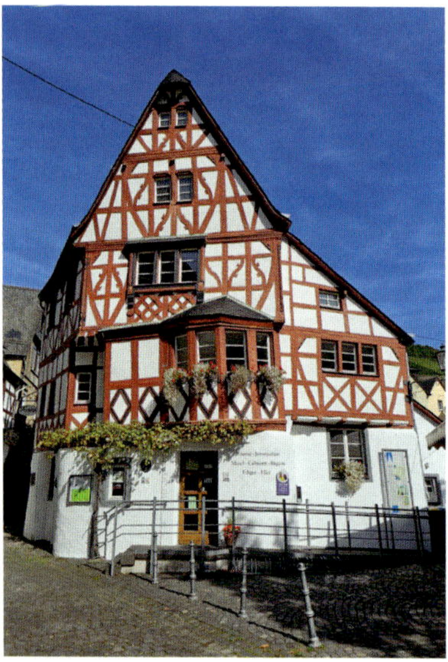

Touristinformation Ediger-Eller

✝ **Römisches Bergheiligtum**: Als hier 2005 Ausgrabungen durchgeführt wurden, stieß man auf Überreste eines römischen Tempels. Die Mauerreste bildeten ein doppeltes Viereck, was typisch für einen gallorömischen Umgangstempel ist. Eine rund 9 x 9 m messende Mauerstruktur umfasste ein 4 x 4 m großes Viereck. Auch ein Brunnenschacht wurde bei den Arbeiten entdeckt. Unter anderem Münzen und Terrakottafiguren deuten darauf hin, dass dieses Heiligtum vom 2. bis zum 4. Jahrhundert n. Chr. bereits genutzt wurde.

Nach nur weiteren 100 m stehen Sie bei km 6,3 am Abzweig zu einem wieder einmal beeindruckenden Aussichtspunkt, dem **Vier-Seen-Blick ❸ rechts von Ihnen**. Er scheint die Mosel in vier Teile zu unterteilen, was den Eindruck vierer Seen entstehen lässt. Ich muss zugeben, dass es schwer ist, den Blick von der Mosel und der Ruine des ✝ Klosters Stuben abzuwenden.

Durch den Wald führt der Moselsteig nun weiter bis zur 1970 erbauten **Feuerwehrhütte**, wo sich Ihnen erneut ein malerischer Ausblick bietet.

Der weitere Abstieg erfordert immer mehr Aufmerksamkeit und Trittsicherheit, auch wenn Sie sich nicht auf dem Klettersteig befinden. Bei Regen und Nässe kann der Weg durch den Eichenwald und über das felsige Gelände bis zur **Galgenlay-Hütte** wirklich teuflisch sein. Bei km 7,2 sollten Sie den 120 m langen Abstecher zur **Eller Todesangst** (nichts für schwache Nerven!) übrigens nicht rechts liegen lassen.

An der Galgenlay-Hütte (km 7,7) stoßen dann auch jene, die den Calmont-Klettersteig gewählt haben, wieder zu Ihnen.

Von hier aus ist es nur noch ein Katzensprung bis nach Eller, das zur Ortsgemeinde Ediger-Eller gehört. Die engen Gassen leiten Sie bis zur ✝ **St.-Hilarius-Kirche Eller** (km 8,7). Direkt davor befindet sich auch eine sehr hübsche ✝ **Mariengrotte**. Der Einfachheit halber stelle ich Ihnen nun die gesamte, recht lang gezogene Ortsgemeinde Ediger-Eller vor.

Ediger-Eller

BANK ✝ ⌘

⇧ 99 m, rund 900 Ew.

Touristinformation der Mosel Calmont Region, Pelzerstraße 1, 56814 Ediger-Eller (Ortsteil Ediger), ☏ 026 75/13 44, info@ediger-eller.de, ediger-eller.de, in der Saison Mo-Sa 10:00-12:00, außerhalb der Saison Mi und Sa 10:00-12:00

Straußwirtschaft Schinnens Scheune (mit Gästezimmern), Uckertstraße 1-3, 56814 Ediger-Eller (Ortsteil Eller), ☏ 026 75/331, schinnen@arcor.de, schinnensscheune.de, ÜF EZ ab € 40, ÜF DZ ab € 70, Straußwirtschaft: Ostern und danach 1. Mai bis Ende Oktober Fr-Mi ab 12:30 ganztägig geöffnet, Ruhetag: Do (außer feiertags), unglaublich liebevoll eingerichtete Scheune mit einem sehr netten Inhaberpaar und gutem Essen, im Ortsteil Eller gelegen

Hotel Moselterrasse, Moselweinstraße 59, 56814 Ediger-Eller (Ortsteil Eller), ☏ 026 75/278, info@moselterrasse.de, moselterrasse.de, am Wochenende nur ab mindestens 2 Nächten buchbar (2 Nächte im EZ ab € 160, 2 Nächte im DZ ab € 238), in der Woche auch ab 1 Übernachtung (1 Nacht im EZ ab € 80, 1 Nacht im DZ ab € 119)

Campingplatz Zum Feuerberg, Moselweinstraße 3, 56814 Ediger-Eller (Ortsteil Ediger), ☏ 026 75/701, info@zum-feuerberg.de, zum-feuerberg.de, Preis pro Zelt und Nacht € 6, Preis pro Person und Nacht € 7

Restaurant & Café Zum Kaffeeklatsch, Moselweinstraße 12, 56814 Ediger-Eller (Ortsteil Ediger), ☏ 026 75/91 14 21, info@kaffeeklatsch.biz, kaffeeklatsch.biz, mit viel Liebe eingerichtetes und fast 600 Jahre altes Fachwerkhaus am Moselufer, ☺ Tipp: Probieren Sie unbedingt die frischen Waffeln!
Fr-Mi 12:00-21:00, warme Küche 12:00-20:00, Ruhetag: Do

Der Bus der Linie 711 (VRM) bringt Sie stündlich in Richtung Cochem oder nach Bullay (Anschlussfahrten).

Vom Bahnhof Eller aus fahren Züge in Richtung Koblenz und Trier.

Auch ein Ausflug mit dem Schiff ist möglich, etwa nach Traben-Trarbach, Zell, Cochem, St. Aldegund oder Beilstein. Fahrpläne stehen auf moselrundfahrten.de zur Verfügung.

Ediger-Eller ist sympathisch, allerdings kein Museumsort – seine Sehenswürdigkeiten umfassen vor allem Häuser, denn das Giebelfachwerk ist hier allgegenwärtig. Außerdem ist es hier quirlig und lebendig. Und hübsch klingt auch noch der Name in der moselfränkischen Mundart: **„Edscha-Ella"** kommt doch ganz charmant daher, oder?

Erst seit 1969 bilden die Ortschaften Ediger und Eller eine Doppelgemeinde. Funde aus der jüngeren Steinzeit zeugen von einer langen Besiedlungsgeschichte. Beide Siedlungen entwickelten sich an den Mündungen wasserführender Täler.

Ediger, dessen Name keltische Wurzeln hat und „Sandufer" bedeutet, spiegelt die geografische Beschaffenheit des Ortes wider, der auf sandigen Schwemmflächen erbaut wurde. Trotz seiner dörflichen Struktur wurden Ediger im Jahr 1363 Stadtrechte zugesprochen. Dieser Reichtum ist eben auch an den zahlreichen Fachwerkhäusern aus dem 16. bis 18. Jahrhundert erkennbar. Wenn Sie das höchste Fachwerkhaus des Ortes suchen möchten: Es ist das **Weingut Walter J. Oster**, gleich neben dem **Restaurant und Café Zum Kaffeeklatsch**.

Eller wurde ursprünglich nach dem nahe gelegenen Ellerbachtal benannt. Unter der Herrschaft der Trierer Kurfürsten erlebte der Ort einen enormen Aufschwung und erlangte überregionale Bedeutung, was sich unter anderem durch den Bau des Zehnthauses manifestierte, in dem die Abgaben von über 70 Dörfern gesammelt wurden.

Mit dem Bau der Eisenbahn und eines Bahnhofs im Jahr 1879 wurde Eller zu einem Knotenpunkt für den Transport von Wein und Lohe. Der Kaiser-Wilhelm-Tunnel, 108 Jahre lang der längste Tunnel Deutschlands, ist ein weiteres Zeugnis der regionalen Bedeutung.

⌘ **Die alte Stadtmauer**: Vor allem in Ediger gibt es noch viele Überreste der alten Ringmauer. Sie wurde einst aus Schieferbruchsteinen erbaut und war mehr als 7 m hoch sowie an manchen Stellen über 1 m breit. Schießscharten, eine Außenmauer sowie vermutlich zwölf Türme gehörten dazu. Sechs Türme sind zum Teil noch heute erhalten.

Und wenn Sie auf sakrale Bauten stehen, dann werfen Sie einmal einen Blick auf die ✞ **St.-Martin-Kirche**: Der Glockenturm ist über 50 m hoch. Der Kirchturmhelm besteht aus Schiefer. Angeblich ist dies der Kirchturm mit den meisten Verzierungen in ganz Europa.

Gefeiert wird in Ediger-Eller auch: Man lädt zu den Pfingstweintagen, aber auch zum Ediger Weinfest mit „Stohlgang" im August und zum Straßenweinfest am zweiten Wochenende im September. Übrigens: Der „Stohlgang" hat nichts mit Darmentleerung zu tun. Nach dem Weinfest zieht man mit Musik durch die Gassen – und viele Besucherinnen und Besucher bringen Snacks mit. Allerdings essen sie diese nicht im Stehen: Ein Campingstuhl darf es schon sein. Und der wird zum „Stohlgang" auch mitgebracht.

Wenn Sie nun keine Lust mehr auf Sightseeing oder eine der Führungen durchs Dorf haben sollten, können Sie auch nur einfach stolz ins Bett fallen. Immerhin haben Sie heute den steilsten Weinberg Europas bezwungen!

17. Etappe: Eller – Beilstein

17,6 km, 6 Std., ↑ 529 m, ↓ 544 m, ⇧ 87-242 m

0,0 km	⇧ 105 m	Ediger-Eller, St.-Hilarius-Kirche
4,8 km	⇧ 235 m	Villa Bacchus
8,6 km	⇧ 97 m	Hotel Landgasthof Zur Brücke mit Biergarten
9,3 km	⇧ 93 m	Schnitzelhaus Am Hafen
10,4 km	⇧ 135 m	Margaretenhütte
11,8 km	⇧ 131 m	Mesenicher Steinreichskopp
14,7 km	⇧ 129 m	Kapelle am Wahlberg
16,8 km	⇧ 150 m	Burg Metternich
17,6 km	⇧ 88 m	Beilstein, Moselufer

Etappe 17 steht an – und wenn Sie diese nicht lieben werden, so ist die Moselregion vermutlich einfach nichts für Sie. Von Eller aus geht es zunächst ordentlich hoch in die Weinberge. Dann führt der Weg in Richtung Nehren, wo sich ein kleiner Abstecher zu den alten Römergräbern anbietet. Bald schon erreichen Sie Sen-

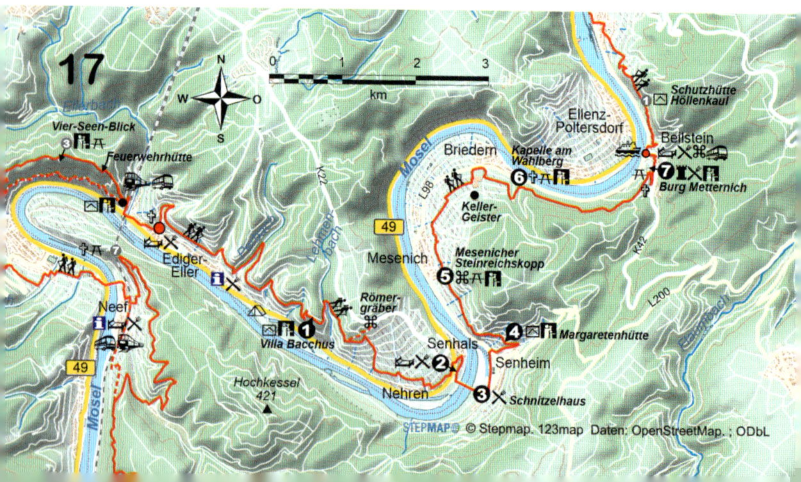

hals. Hier können Sie bereits in einer Lokalität am Moselufer einkehren. Alternativ gibt es auch im gegenüberliegenden Senheim Einkehrmöglichkeiten. Gut gesättigt führt der Moselsteig Sie abermals hinauf in die Weinberge. Hier häufen sich wieder die zauberhaften Ausblicke bis in die Eifel. Sie wandern vorbei an Mesenich und seinem Steinreichskopp nach Briedern, wo die kleinen, schmalen Pfade erahnen lassen, weshalb das Gebiet „Briedener Schweiz" genannt wird. Oberhalb von Beilstein passieren Sie einen Jüdischen Friedhof und ein paar Meter weiter bietet sich Ihnen ein traumhafter Blick auf die Burg Metternich. Gegen einen kleinen Obolus können Sie die Burg erkunden und auf der Panoramaterrasse Platz nehmen, um sich für den doch recht steilen Abstieg nach Beilstein zu stärken. Hier, im beschaulichen Dornröschen der Mosel (sobald die Tagestouristinnen und Tagestouristen fort sind), begegnen Sie unter anderem Heinz Rühmann.

Auf geht es nach Beilstein: Sie starten an der ✞ St.-Hilarius-Kirche Eller, von wo aus der Moselsteig über eine steile Straße in die Weinberge hineinführt. Nach gut 2 km biegen Sie oberhalb von Ediger an einer Bank rechts ab und müssen eine steile Treppe bergab bewältigen. Nun geht es weiter ins Perbachtal, wo sich der Weg an einigen Heiligenhäuschen vorbeiwindet und dabei bis zur gegenüberliegenden Seite des Tals ansteigt.

Während Sie den Weinbergspfad entlangwandern, der sich durch unbewirtschaftete Wingerte zieht, führt Sie der Moselsteig bald schon durch einen längeren Waldabschnitt, vorbei an der ⛰ ⛩ 🚻 **Villa Bacchus** ❶ (km 4,8). Hierbei handelt es sich allerdings leider nicht um eine mondäne Einkehrmöglichkeit, sondern um ein kleines „Wingertshäuschen" – im Prinzip ein Hohlraum mit Sitzmöglichkeit in der Wand des Weinbergs. Weiter geht es, bis der Pfad sich endlich am Waldrand öffnet und Sie erneut an Weinbergterrassen gelangen.

↳ Hier, bei km 5,9, können Sie einen insgesamt hin und zurück 900 m langen und gut ausgeschilderten Abstecher zu den ⌘ Römergräber von Nehren unternehmen.

⌘ **Römergräber von Nehren**: Sie stehen vor einer Grabstätte aus dem 3. und 4. Jahrhundert n. Chr., bekannt für ihre gut erhaltenen Wandmalereien, die zu den prächtigsten nördlich der Alpen zählen. Umfangreiche Forschungsarbeiten und Restaurierungen, einschließlich der Entdeckung einer zusätzlichen Grabkammer, führten zur Wiederherstellung dieses historischen Schatzes. Die Grabanlage gehörte einst zu einem römischen Landgut und umfasst zwei zweistöckige Kammern, die als Tempel konzipiert waren. Die Wände und Gewölbe sind mit geometrischen und floralen Mustern verziert.

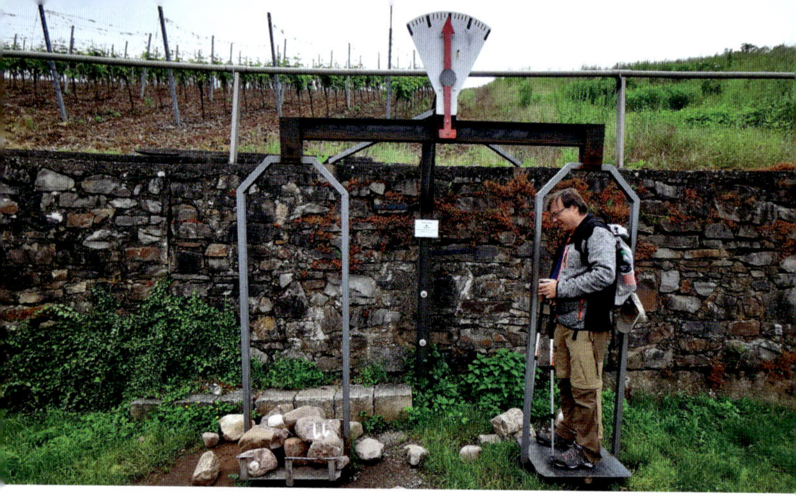

Steinwaage auf dem Kulturpfad Mesenicher Steinreichskäpp

Wer den Abstecher ausschlagen möchte, wandert weiter und folgt der Linkskurve. Sie läutet eine kurze, weniger spektakuläre Passage ein, die Sie letztlich hinab nach Senhals führt, wo Sie im 🛏 ✕ **Hotel Landgasthof Zur Brücke mit Biergarten ❷** (km 8,6) einkehren können (am Haus können Sie übrigens auch mehrmals pro Tag in den 🚌 Bus nach Beilstein oder sogar Cochem steigen).

🛏 ✕ Hotel Landgasthof Zur Brücke, Moselweinstraße 3, 58820 Senheim (Senhals), ☎ 026 73/96 00 96, ✉ info@landgasthofzurbruecke.de., 💻 landgasthofzurbruecke.de, ÜF EZ ab € 65, ÜF DZ ab € 90, 🚪 ✕ 1. April bis 1. November Di-So 11:00-22:00, Ruhetag: Mo, November bis Ende März Mi-So 17:00-22:00, Ruhetage: Mo und Di, eine sehr nette Location, die saisonale, gutbürgerliche Küche, aber auch Zimmer bietet. Im Biergarten können Sie neben Speisen und Getränken auch den Blick auf die Mosel genießen.

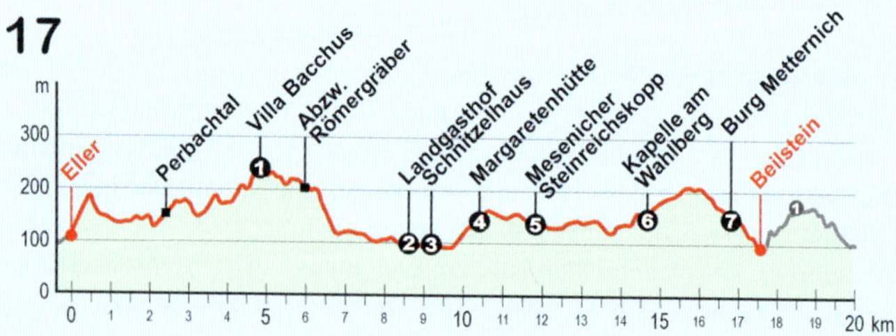

Die große Brücke vor dem Landgasthof bringt Sie nun auf die andere Moselseite nach **Senheim**, das durch den **Jachthafen** auch sehr idyllisch daherkommt. Wer in Senhals noch den Zwischenstopp ausgeschlagen hat, kann hier bei km 9,3 direkt am Moselsteig im eher rustikalen ✗ **Schnitzelhaus Am Hafen ❸** einkehren.

✗ Schnitzelhaus Am Hafen, Am Campingplatz 1, 56820 Senheim, 01 60/899 43 80, in der Sommersaison durchgehend geöffnet (am besten zur Vorsicht vorher telefonisch erfragen, falls eine Einkehr geplant ist). Das Haus gehört zum Campingplatz, kann aber von jeder bzw. jedem Interessierten besucht werden.

Campingplatz Holländischer Hof, Am Campingplatz 1, 56820 Senheim, ☏ 026 73/46 60, info@moselcamping.com, moselcamping.com, stets aktuelle Preise erfahren Sie in jeder Saison auf der Homepage oder telefonisch

Nun geht es am Hafen entlang, bevor Sie in Sichtweite einer Tankstelle die L98 überqueren. Hier ist ein Abstecher zur Ortsmitte Senheims möglich (200 m). Der Ortskern lässt sich allerdings viel besser von oben bestaunen, weshalb Sie dem Moselsteig nun ein weiteres Mal hinauf in die Weinberge folgen. An der **Margaretenhütte ❹** (km 10,4) liegt der Großteil des Aufstiegs auch schon fast wieder hinter Ihnen.

Bald schon beginnt der ⌘ **Skulpturenpark**, der Sie bis zur Gemarkung Mesenich begleitet. Den Ort nehmen Sie allerdings nur von oben wahr. Sie passieren die Hühnerleiter und die Liebeslaube. Moselsteigfans, die sich das Kind im Herzen bewahrt haben, kommen dann auf dem Kulturpfad Mesenicher Steinreichskäpp voll auf ihre Kosten, denn sie können hier an zahlreichen Spielestationen ihre Kräfte messen oder auch eine Waage nutzen, die eindeutig mehr Spaß macht als normale Waagen. Zwischendurch gelangen Sie an eine sehr eindrucksvolle Skulptur – den ⌘ **„Mesenicher Steinreichskopp" ❺** (km 11,8).

Mesenicher Steinreichskäpp mit ⌘ **Mesenicher Steinreichskopp:** Der Mesenicher Steinreichskäpp ist ein kulturelles Projekt, das auf das Jahr 2006 zurückgeht. Es steht für einen Wanderweg, der durch seine Vielfalt an Steinskulpturen und Naturerlebnissen besticht. 2014 wurde er durch den „Steinreichskopp", eine 2,5 m hohe Skulptur, bereichert, die eine Hommage an die Trockenmauern und Schiefersteinhügel der Region darstellt. Diese Elemente sind charakteristisch für die Mosellandschaft. Die Skulptur selbst ist aus lokalem Grauwacke-Gestein gefertigt.

♦ Mehr Infos zum Steinreichskäpp gibt es unter lebendige-moselweinberge.de und im YouTube-Video unter www.youtube.com/watch?v=48yH9HpvIPU&t=2s.

Weiter geht es nun in Richtung **Briedern**, eine Ortschaft, die Sie abermals nur von oben begutachten werden. Zuvor passieren Sie jedoch noch einen riesigen Lost Place, der Fans des Perlweins mit Sicherheit etwas sagen wird: die ehemalige **Keller-Geister-Kellerei**. Direkt im Anschluss folgt erneut ein Weinbergabschnitt und dann geht es durch ein Seitental des Talbaches, bis Sie bei km 14,7, ↬ einige Meter abseits des Moselsteigs, auf die ✞ ⛩ ⛪ *Kapelle am Wahlberg* ❻ treffen. Hier bietet sich eine kleine Pause mit Blick auf Briedern und Ellenz-Poltersdorf (andere Moselseite) an.

Jetzt müssen Sie noch einmal all Ihre Konzentration zusammennehmen, denn die verschlungenen Pfade durch die Wälder der **Briedener Schweiz** sind mitunter recht schmal und bei schlechtem Wetter rutschig. Am Jüdischen Friedhof wird es wieder ebener und nach ein paar weiteren Metern sowie der ✞ Kapelle Zu den drei Kreuzen können Sie auf der ⛩ Rastbank zum rüstigen Ritter Kraft tanken und gleichzeitig die einmalige Aussicht genießen. Sie wundern sich vielleicht, warum die Sitzbretter der Bank so weit auseinanderliegen? Der Legende nach nahm ein Fürst jeden Morgen den Weg zu diesem Aussichtspunkt auf sich, um hier seinen Stuhlgang zu erledigen (ob Sie nun immer noch Platz nehmen wollen, müssen Sie ganz allein entscheiden).

Genug pausiert? Dann nichts wie hin zur imposanten ♜ ✕ ☕ ⛩ ⛪ **Burg Metternich** ❼ (km 16,8), direkt oberhalb von Beilstein gelegen.

Burg Metternich

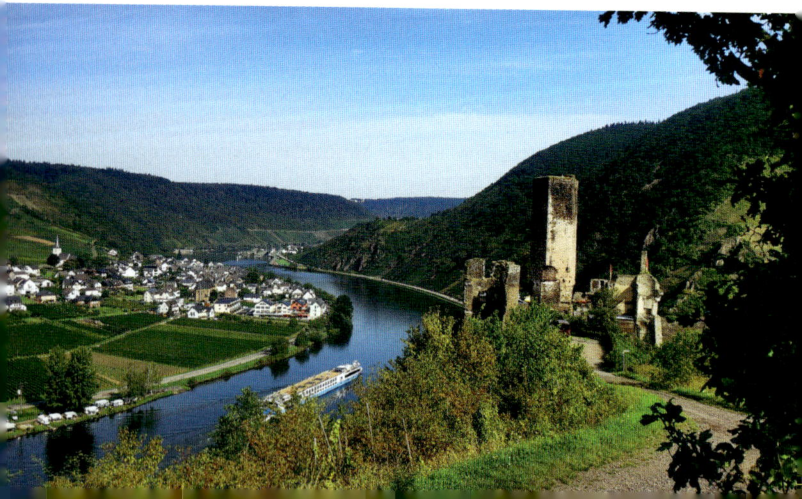

♜ **Burg Metternich**: Ursprünglich im Besitz der Herren von Braunshorn wurde diese Festung im Laufe der Jahrhunderte zum Eigentum verschiedener adliger Familien. Besonders hervorzuheben ist die Ära, in der die Burg als Ganerbenburg fungierte, eine Gemeinschaftsbesitzung verschiedener Familienzweige. Die markante Struktur der Burg, die vermutlich im 12. Jahrhundert errichtet wurde, umfasst einen 25 m hohen Bergfried, der als Verteidigungsanlage diente und die Angriffsseite dominierte. Die umgebenden Gebäude und Mauern des inneren Burghofs, insbesondere der Portalbau mit zwei Türmen, zeugen von der strategischen und architektonischen Klugheit ihrer Erbauer. Obwohl die Burg im 17. Jahrhundert von französischen Truppen unter Graf Montalt beschädigt wurde, hat sie die Zeiten überdauert. Jetzt schon seit 60 Jahren im Familienbesitz können Sie heute auf der Panoramaterrasse Fürst Metternich atemberaubende Ausblicke auf das Moseltal genießen.

♦ Burg Metternich, 56814 Beilstein, ☏ 026 73/936 39, info@burgmetternich.de, burgmetternich.de, Burg: April bis Ende Oktober 10:00-18:00 (letzter Einlass: 17:30), Küche mit kleiner Speisekarte 11:00-17:00

Der letzte Abschnitt Ihres Weges führt über schmale, zum Teil steile Pfade und Treppen hinab in den Ort und an der ✞ **Karmeliterkirche St. Joseph** vorbei. Direkt nach der Kirche schreiten Sie die lange ⌘ **Klostertreppe** hinunter – das tat vor Ihnen bereits Heinz Rühmann, aber dazu beim Ortsrundgang mehr. Am Ende dieser Etappe finden Sie sich am Moselufer wieder.

Beilstein ⇧ 90 m, 149 Ew.

Gute Quelle, Marktplatz 34, 56814 Beilstein, ☏ 026 73/14 37, info@hotel-gute-quelle.de, hotel-gute-quelle.de, ÜF EZ € 68, ÜF DZ ab € 98, April bis Ende Oktober Mo und Di ab 14:00 (warme Küche 17:00-20:00), Do-So warme Küche 12:00-14:30 und 17:00-20:00, Ruhetag: Mi

Hotel Café Bistro Klapperburg, Bachstraße 31-33, 56814 Beilstein, ☏ 026 73/14 17, info@klapperburg.de, klapperburg.de, ÜF EZ (kleines DZ zur Alleinnutzung) ab € 70, ÜF DZ ab € 110, Fr-Mi 10:00-18:00, Ruhetag: Do, Bistro (über drei Etagen in ehemaliger Dorfbäckerei und mit kleiner Terrasse, in den Regalen Hunderte Kaffeemühlen) Fr-Mi 10:00-21:00 (Küche 11:30-20:00), Ruhetag: Do

Der Bus der Linie 716 (VRM) bringt Sie regelmäßig nach Senheim/Senhals, Bruttig und Cochem.

Ausflüge mit dem Schiff sind in der Saison nach Traben-Trarbach oder Cochem möglich, eine Fähre bringt Sie ins gegenüberliegende Ellenz-Poltersdorf. Für die Anlegestelle Beilstein finden Sie alle Ausflugsangebote auf moselrundfahrten.de.

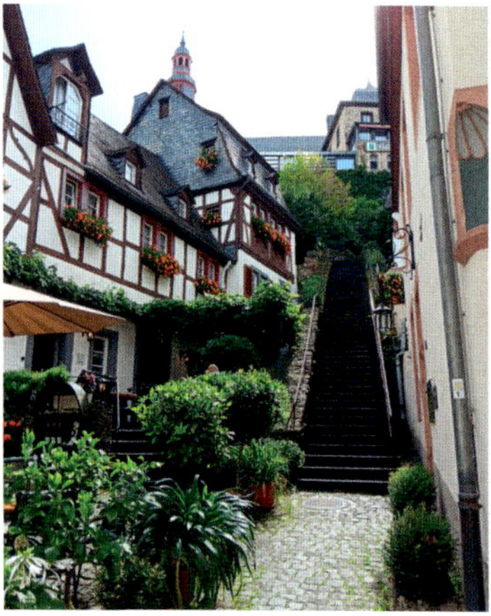

Die Klostertreppe, auch "Rühmanntreppe" genannt

Beilstein ist ein Ort, der es Ihnen erlauben wird, die Seele baumeln zu lassen – allerdings vermutlich erst am Abend. 149 Einwohnerinnen und Einwohner hat das „Dornröschen der Mosel"; im Sommer strömt jeden Tag ein Vielfaches an Touristinnen und Touristen hierher. Das liegt zum einen am verträumten Flair des Ortes, zum anderen aber wohl auch daran, dass die Schifffahrten von Cochem nach Beilstein und auch weiter nach Traben-Trarbach als Tagesausflug äußerst beliebt sind.

Beilstein erlangte im frühen 14. Jahrhundert das Marktrecht, was seine Rolle als wichtiger Handelsknotenpunkt unterstrich. Die Herrschaftsgeschichte Beilsteins ist geprägt von wechselnden Dynastien, politischen Umbrüchen und dem Wechsel zwischen protestantischen und katholischen Glaubensrichtungen. Mit dem Tod des letzten Herrschers aus dem Hause Winneburg-Beilstein fiel die Stadt schließlich an das Geschlecht derer von Metternich, eine Herrschaft, die bis in das späte 18. Jahrhundert Bestand hatte.

Beilstein erlebte im Laufe seiner Geschichte mehrere Phasen des Wiederaufbaus. Der Bau eines Rittersaals und einer Moselterrasse sowie die Befestigung der Moseluferstraße sind nur einige Beispiele für die stetige Entwicklung der Stadt. Die tragische Geschichte der jüdischen Gemeinde, die ihre letzte Auflösung im 20. Jahrhundert fand, sowie die Filmdrehs, die Beilstein als malerische Kulisse zeigten, fügen dem Mosaik der Stadtgeschichte weitere Facetten hinzu.

Die Errichtung der Moselstaustufen und der Bau einer Umgehungsstraße im 20. Jahrhundert markierten den Beginn eines neuen Kapitels.

Die cineastische Bedeutung Beilsteins können Sie an der ⌘ Klostertreppe nachfühlen.

⌘ **Klostertreppe**: Die 108 Stufen der Klostertreppe haben im Laufe der Jahre einige berühmte Persönlichkeiten gesehen. Im Jahr 1936 spielte sie zum Beispiel in der deutschen Filmproduktion „Wenn wir alle Engel wären" mit Heinz Rühmann eine Schlüsselrolle. Ebenso trat Willi Millowitsch hier in Erscheinung, als er in „Der wahre Jakob" die Treppe hinabschritt. Doch die Treppe war auch Zeuge einer romantischen Begebenheit: Am Set von „Wenn wir alle Engel wären" entflammte angeblich die Liebe zwischen Heinz Rühmann und seiner Kollegin Leny Marenbach. Insgesamt diente Beilstein als Drehort für 15 Filme, darunter auch internationale Produktionen. Ein Beispiel ist der Historienfilm „Vanity Fair" der britischen BBC, der 1998 hier gedreht wurde.

Oberhalb der ⌘ Klostertreppe finden Sie die berühmte ✞ Karmeliterkirche St. Joseph.

✞ **Karmeliterkirche St. Joseph**: Die barocke Karmeliterkirche St. Joseph wurde am Ende des 17. und zu Beginn des 18. Jahrhunderts erbaut. Sie beeindruckt mit mächtigen Säulen, die von hohen, achteckigen Sockeln getragen werden. Die Kirche birgt ein besonderes Schmuckstück: die Orgel, ein Werk des berühmten Orgelbauers Balthasar König. Nach der Säkularisation des Klosters diente die Kirche als Pfarrkirche, bis 1948 die Karmeliterpatres zurückkehrten und dem Ort erneut geistliches Leben einhauchten. Doch das wahre Juwel von St. Joseph ist die „Schwarze Madonna", ein Marienbildnis aus dem 12./13. Jahrhundert. Diese kleine, nur 50 cm große Statue wurde vermutlich um 1620 während des Dreißigjährigen Krieges nach Beilstein gebracht und dort vergessen. Jedes Jahr findet ihr zu Ehren eine Schiffswallfahrt statt. In einer feierlichen Zeremonie tragen Pilgerinnen und Pilger die Statue zur Mosel und platzieren sie auf dem Schiff „Wappen von Cochem". Während der Fahrt auf dem Fluss wird die Gottesmutter verehrt. Nach der Rückkehr nach Beilstein schließt eine Lichterprozession das Fest ab.

Einladung zur Weinprobe

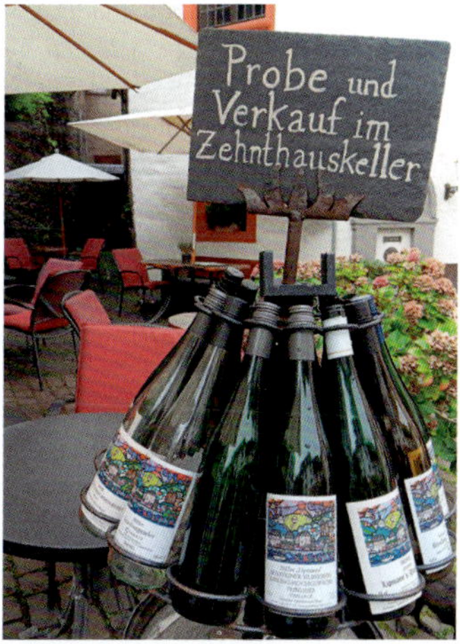

Wer noch mehr über Beilsteins Geschichte und spannende Anekdoten erfahren möchte, schließt sich Rainer Vitz aus Beilstein an. Er bietet historische Stadtführungen an. Termine und weitere Infos gibt es unter 💻 beilstein-stadtfuehrungen.de.

18. Etappe: Beilstein – Cochem

13,4 km, 4 Std. 30 Min., 545 m, 548 m, 79-317 m

0,0 km	88 m	Beilstein, Moselufer
0,9 km	183 m	Schutzhütte Höllenkaul
2,4 km	104 m	Fankel, mittelalterliches Ensemble
3,5 km	88 m	Bruttig, Campingplatz
6,1 km	266 m	Abzweig Eiserner Mast
7,8 km	304 m	Valwigerberg
11,0 km	153 m	Weinbergschutzhütte
13,4 km	89 m	Cochem, Mosaik „Stammbaum der Stadt Cochem“

Heute werden Sie erahnen können, wie anstrengend die Traubenlese in den Steillagen an der Mosel sein muss, denn Sie durchwandern einige davon. Sie lassen den Trubel Beilsteins hinter sich und bewegen sich zunächst steil hinauf in den Wald. Kurz vor der Durchquerung der Ortsgemeinde Bruttig-Fankel (Einkehrmöglichkeiten) können Sie am Aussichtspunkt Plaatskopf einen ersten Blick auf die Staustufe, aber auch auf Ellenz-Poltersdorf und das nun hinter Ihnen liegende Beilstein erhaschen – zauberhafte Ausblicke dieser Art wird es heute viele geben. Die Ortschaft Valwigerberg lernen Sie nur kurz kennen (nach 250 m sind Sie schon wieder raus aus dem Ort); hier begeistert dennoch die Wallfahrtskirche St. Maria und Maria Magdalena. Wer einkehren möchte, hat zudem die Möglichkeit, das Landgasthaus Kaster zu besuchen. Nachdem Sie anschließend den Hahnberg

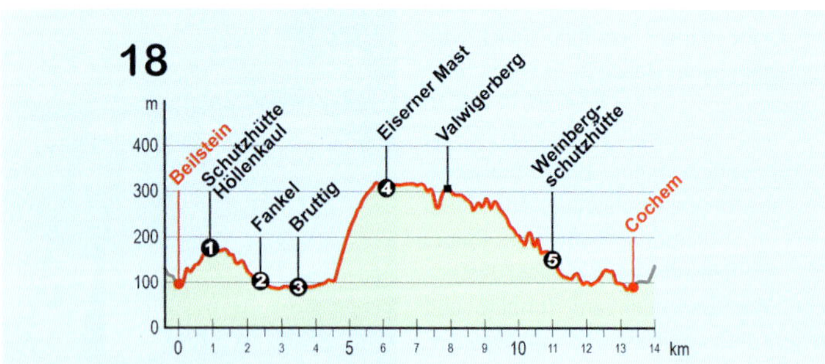

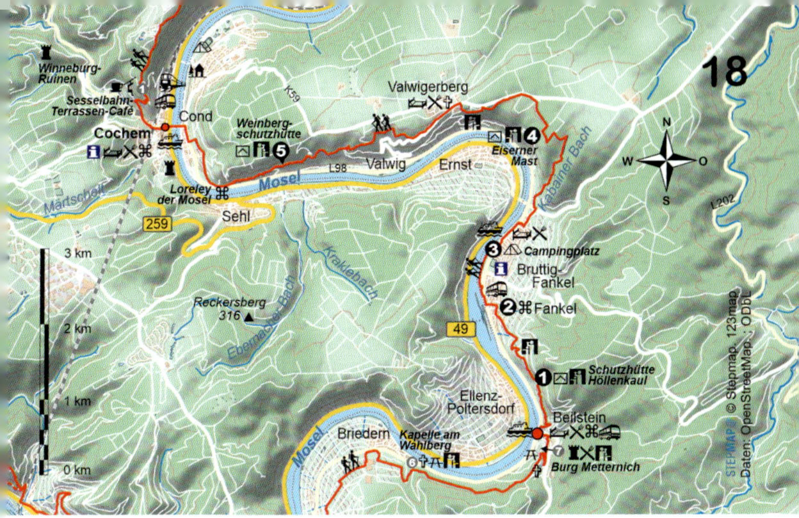

und die Apollohütte passiert haben, gelangen Sie in die Nähe der imposanten Brauselay-Felsen. Der Pfad durch dieses Naturschutzgebiet schlängelt sich an steilen Weinbergen vorbei und verläuft direkt unter den markanten Felswänden entlang. Weiter geht es durch die Wingerte, die Reichsburg Cochem nun immer im Blick. Schließlich wandern Sie hinab in den Cochemer Stadtteil Cond und über die Brücke bis ins Herz des heutigen Etappenzieles.

Ihre Wanderung auf der 18. Etappe des Moselsteigs startet natürlich in Beilstein, wo Sie den Fähranleger schnell hinter sich lassen. Überqueren Sie vorsichtig die K42 und laufen Sie in Richtung Parkplatz, vor dem Sie dem Pfad nach rechts folgen. Der nun folgende steile Aufstieg, teils gesichert durch Seile, erfordert gutes Schuhwerk und Trittsicherheit. Nehmen Sie sich trotzdem zwischendurch die Zeit, die Ausblicke zu genießen, besonders den Rückblick auf Beilstein. Die **Schutzhütte Höllenkaul** ❶ (km 0,9) und der **Aussichtspunkt Plaatskopf** bieten herrliche Panoramen über das Moseltal. Weiter geht es durch die Weinberge nach **Fankel** BANK ⌘ >, wo der Moselsteig durch charmante Gassen und vorbei an vielen historischen Gebäuden – einem hübschen ⌘ **mittelalterlichen** Ensemble ❷ (km 2,4) – führt. Dazu gehören zum Beispiel das Spiel- und Rathaus sowie das Spritzenhaus und das Zehnthaus. Informationstafeln an den Häusern verraten Ihnen mehr über ihre Geschichte.

☺ Wer heute vielleicht zu müde zum Weiterlaufen ist, kann übrigens von Fankel aus mit der Buslinie 716 nach Cochem gelangen.

Der Weg entlang der > Mosel-Schleuse Fankel und der Radweg entlang des Flusses führen Sie wieder zur Natur. Der Leinpfad am Ufer erinnert an vergangene Zeiten der Treidelschifffahrt. Bei km 3,5 passieren Sie den **Campingplatz Bruttig ❸**, bevor es über eine große Moselwiese mit Blick auf die Weinberge weitergeht (alternativ können Sie auch auf dem Bürgersteig laufen, was etwas angenehmer sein kann, wenn es matschig auf der Wiese ist).

Bruttig

BANK

⇧ 85 m, rund 1.200 Ew. (mit Fankel)

Touristik Büro Bruttig-Fankel, Hauptstraße 79, 56814 Bruttig-Fankel, ☏ 026 71/605 62 10, info@bruttig-fankel.de, bruttig-fankel.de/tourismus, April bis Oktober Mo und Mi 9:30-11:00, Fr 14:00-16:00, Sa 10:00-11:00 (Zeiten können sich ändern, am besten vor dem Besuch online informieren)

Pension Gabi, Schunk'sche Straße 2, 56814 Bruttig-Fankel, ☏ 026 71/32 60, pension-gabi.de, im Mai und Juni nur ab mindestens 2 Nächten, im Herbst erst ab 3 Nächten buchbar, ÜF pro Person im DZ (auch zur Alleinnutzung) ab € 36 (Anfrage gern über das Kontaktformular auf der Webseite)

Campingplatz Bruttig-Fankel, Am Moselufer 1, 56814 Bruttig-Fankel, ☏ 026 71/91 54 29, info@campingplatz-bruttig.de, campingplatz-bruttig.de, aktuelle Preise auf der Homepage, April bis Oktober

Café Bäckerei Dören, Klosterstraße 2, 56814 Bruttig-Fankel, ☏ 026 71/98 02 87, Mo, Di, Do-Sa 6:00-18:00, Mi 6:00-12:00 und So 7:00-18:00

Buslinie 716 der OEVM bringt Sie nach Senheim, Mesenich, Briedern, Beilstein, Fankel, Valwig und Cochem.

Per Schiff sind Ausflüge zum Beispiel nach Cochem, Beilstein, Ediger-Eller, Zell, Traben-Trarbach oder gar Bernkastel-Kues möglich. Unter moselrundfahrten.de finden Sie aktuelle Fahrpläne.

Der weitere Weg führt Sie entlang eines alten Eisenbahndamms, der zu Kriegszwecken geplant worden war, aber nie in Betrieb genommen wurde. Und nun schnaufen Sie einmal kurz durch, denn es geht ab sofort steil hinauf durch das Kabainer Bachtal. Der Pfad schlängelt sich neben dem Bach durch den Wald über mehrere Holzstege, bis bei km 6,1 ein Abstecher (hin und zurück 200 m) zum **Eisernen Mast ❹** mit seiner grandiosen Aussicht auf eine vielleicht etwas unbekanntere Moselschleife lockt. Sie können von hier nahezu die gesamte heutige Etappe überblicken. Nach weiteren abwechslungsreichen Abschnitten durch Wald und Wiesen fasziniert der nächste Aussichtspunkt an der Drachenfliegerrampe, hinter der sich ein Waldfriedhof erstreckt. Ein ruhiger, schöner Ort. Nur ein paar Meter weiter braucht es nur rund 250 m und schon haben Sie das kleine Örtchen **Valwigerberg** 🛏 ✕ ✞ durchschritten. Wer noch Hunger hat und zu entsprechenden Öffnungszeiten hier ist, kann im 🛏 ✕ Landgasthaus Kaster einkehren.

🛏 ✕ Landgasthaus Kaster, Eichenweg 2, 56812 Valwigerberg, ☏ 026 71/86 81, ✉ info@landgasthaus-kaster.de, 💻 landgasthaus-kaster.de, Übernachtungspreise auf Anfrage, 🚪 Ostern bis November Fr-Mi 10:00-21:00, Ruhetag: Do, Wintersaison Fr-Di 10:00-21:00, Ruhetage: Mi und Do, warme Küche dann nur Sonntagmittag

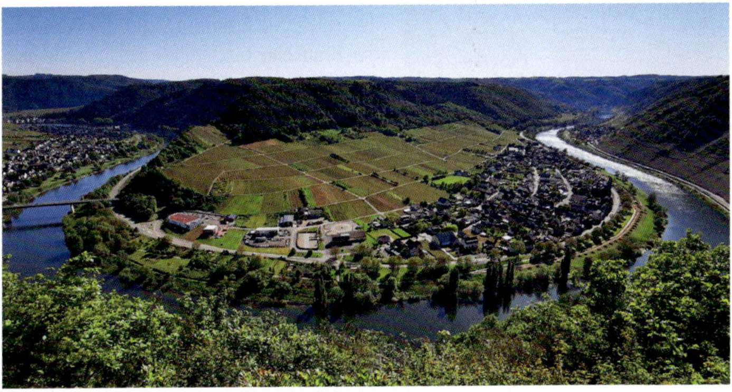

Blick vom Eisernen Mast

Was Sie aber auf keinen Fall verpassen sollten: Werfen Sie unbedingt einen Blick in die ✞ Wallfahrtskirche St. Maria und Maria Magdalena!

✞ **Wallfahrtskirche St. Maria und Maria Magdalena**: Die Kirche entstand in Etappen, beginnend mit einer spätromanischen Kapelle im frühen 13. Jahrhundert. Ihre heutige Gestalt verdankt sie der Initiative des Ritters Johann von Winneburg, der im 14. Jahrhundert eine Stiftung für ihre Erweiterung gründete. Das Erscheinungsbild als Pseudobasilika mit Sternengewölbe im Chor wurde im 15. Jahrhundert vollendet. In ihrem Inneren birgt die Kirche eine Statue der Muttergottes, bekannt als das „Gnadenbild der wundertätigen Mutter vom Berge". Diese Figur aus Weichholz (um 1400) war stets Ziel von Wallfahrten, die einst Tausende von Pilgern anzogen und noch heute in kleinerem Umfang stattfinden.

Von Valwigerberg führt der Pfad durch den Wald und bietet jetzt ein ums andere Mal fantastische Aussichtspunkte mit Sitzgelegenheiten. Ein Serpentinenpfad leitet Sie auf einen Weinbergsweg, der sanft bergab zum

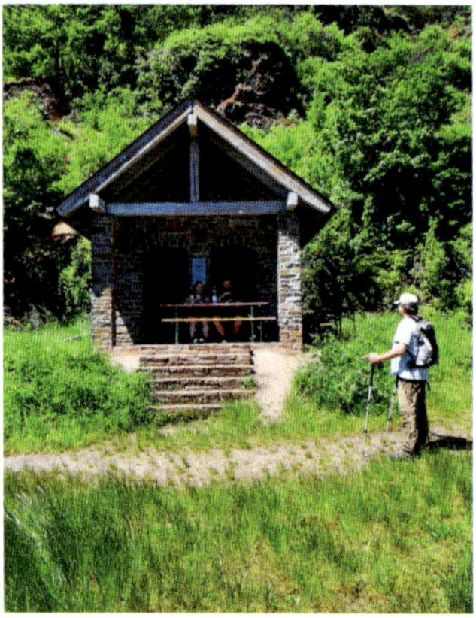

Apollohütte

Hahnenberg und schließlich bei km 11 zur hübschen, 1999 erbauten **Weinbergschutzhütte ❺**, der Apollohütte, führt. Hier beginnt nun wiederum eine recht anspruchsvolle Passage. Wie immer sollten Sie daher vernünftiges Schuhwerk tragen, denn die Wege sind schmal und zum Teil steil sowie nah an der Hangkante zu finden. Sie wandern unter der Felswand der **Brauselay** hindurch – schauen Sie sich gut (nach oben) um: Können Sie die nächste ⌘ **Loreley der Mosel** entdecken?

Was Sie auf jeden Fall sehen können, ist nun auch schon die **Reichsburg Cochem** auf der gegenüberliegenden Seite der Mosel. Von Ihrem heutigen Ziel trennen Sie jetzt nur noch recht entspannte Wege durch die Weinberge. Nur noch einmal wird es anstrengend: An einem Picknicktisch geht es bei km 12,8 steil runter via Treppenstufen durch den Wingert, wodurch Sie nach Cond gelangen. Sie durchwandern den Ortsteil und nehmen die Brücke über den Fluss – und schon stehen Sie nach traumhaften 13,4 km am Mosaik „Stammbaum der Stadt Cochem". Freuen Sie sich auf einen lebendigen Ort, der auch extrem gut zum Feiern einladen kann.

Cochem

⌘ ⇧ 83 m, rund 5.300 Ew.

Touristik-Information Ferienland Cochem, Endertplatz 1, 56812 Cochem (Mosel), 026 71/600 40, info@ferienland-cochem.de, ferienland-cochem.de, April bis Ende Oktober Mo-Fr 9:00-17:00, November bis Ende März Mo-Fr 9:00-13:00 und 14:00-17:00, zusätzlich: 1. Mai bis 15. Juli Sa 9:00-15:00, 16. Juli bis 31. Oktober Sa 9:00-17:00 und 1. Juli bis 31. Oktober außerdem noch So 10:00-15:00

Pension Regina / Gräfenhaus, Remaclusstraße 2, 56812 Cochem-Cond, 026 71/72 62, info@pension-regina.eu, pension-regina.com, Ü DZ pro Person und Nacht ab € 32,50, F € 15, buchbar nur ab mindestens 2 Nächten, in Cochem-Cond

Moseltal-Jugendherberge Cochem, Klottener Straße 9, 56812 Cochem (Mosel), 026 71/86 33, cochem@diejugendherbergen.de, diejugendherbergen.de/jugendherbergen/cochem, 156 Betten, kostenloses WLAN, mit Café und Restaurant für Hausgäste, barrierefrei, ÜF ab € 34,10

Mosel Camping Cochem mit Camping-Klause (Imbiss und Biergarten), Stadionstraße 11, 56812 Cochem (Mosel), ☏ 026 71/44 09, info@mosel-camping-cochem.de, mosel-camping-cochem.de, aktuelle Preise auf der Homepage, Camping-Klause April bis Oktober täglich 12:00-21:00

Ristorante-Pizzeria Castello, Oberbachstraße 55, 56812 Cochem (Mosel), ☏ 026 71/41 22, castello-cochem@t-online.de, aldo-michele.de, vielleicht DER Italiener in Cochem, seit 1988 in der Altstadt, schönes Ambiente und italienische Gastfreundschaft, Fr-Mi 12:00-14:00 und 17:30-21:30, Ruhetag: Do (außer feiertags)

Gelateria Fratelli Bortolot, Moselpromenade 1, 56812 Cochem (Mosel), ☏ 026 71/37 40, info@bortolot.de, bortolot.de, vor über 120 Jahren hat die Familie Bortolot mit der Eisherstellung begonnen. In Cochem gibt es die Eisdiele der Familie seit 1960. Im Jahr 1923 wählte der UNITEIS e.V. ihre Sorte Tiziano (Erdbeer-Trauben-Sorbet mit Prosecco-Wein) zum Gelato des Jahres. Aber nicht nur Eis gibt es hier, auch Smoothies, Kaffeespezialitäten, Weine und Spirituosen, So-Di sowie Do und Fr 11:00-19:30, Sa 11:00-20:00, Ruhetag: Mi, ☺ in der Bernstraße 25 in Cochem können Sie die Herstellung der kalten Leckerei im einsehbaren Produktionsraum verfolgen.

Bus und Bahn bringen Sie ab Cochem in nahezu jeden Ort, der an der Mosel liegt.

Auch hier sind per Schiff zahlreiche Ausflüge zum Beispiel nach Beilstein, Treis-Karden, Ediger-Eller, Zell, Traben-Trarbach, Bernkastel-Kues oder gar Koblenz möglich (Infos: moselrundfahrten.de).

Es ist Deutschlands kleinste Kreisstadt, aber vor allem ist es ein Postkartenidyll: Cochem. Nicht von ungefähr kommt es, dass hier im Sommer Busse voller Touristinnen und Touristen angerollt kommen – 1,5 Millionen sollen es pro Jahr sein. Starten wir einen kleinen Gang durch den Ort, den wir am historischen Marktplatz beginnen. Vorher gibt es aber erst noch ein Eis in der Gelateria Fratelli Bortolot, einer der (laut der Gourmet-Online-Zeitschrift Dissapore) 50 weltbesten Eisdielen außerhalb Italiens.

Weiter geht es zum pittoresken und vermutlich weltberühmten Marktplatz.

⌘ **Historischer Marktplatz mit Glockenspiel**: Umgeben von Fachwerk und plätschernden Brunnen, ragen hier vor allem zwei bemerkenswerte Bauwerke hervor. Das „Schiefe Haus" neigt sich elegant über die Herrenstraße – und ein weiteres architektonisches Kleinod ist das barocke Rathaus. Besonders ins Auge fällt das Portal zur Marktplatzseite. Hier zeugt ein Einschussloch von dramatischen Ereignissen im Jahr 1923, als Separatisten versuchten, hier die Rheinische Republik auszurufen. Ein musikalisches Highlight bietet das Glockenspiel am Gebäude

„Brillen Müller", das täglich um 10:00, 12:00, 16:00 und 18:00 Melodien erklingen lässt.

Ich weiß, Sie schielen schon die ganze Zeit nach oben, zur alles überragenden Reichsburg, oder? Keine Lust, hinaufzulaufen? Dann nehmen Sie die öffentliche Buslinie 701, die Sie am Endertplatz finden und die Sie äußerst regelmäßig zur Reichsburg und wieder zurückbringt.

Reichsburg Cochem: Die Reichsburg wurde um das Jahr 1000 als Zollburg errichtet. Doch nachdem französische Truppen sie im 17. Jahrhundert dem Erdboden gleichgemacht hatten, blieb sie über zwei Jahrhunderte eine Ruine. Erst der Berliner Kaufmann Louis Ravené kaufte sie 1868 für 300 Goldmark, um sie wieder aufzubauen – nach mittelalterlichem Vorbild. Zugleich öffnete er die Pforten dieses historischen Monuments für die Öffentlichkeit. Nach der Wiedereinweihung im Jahr 1877 wurde die Burg zu einem gastfreundlichen Ort, an dem Besucherinnen und Besucher (mit Geld) im Gästehaus nächtigen, an Führungen teilnehmen und Wein kosten konnten – vorausgesetzt, die Familie Ravené war nicht da. Heute strömen jährlich Hunderttausende zu dieser Traumburg, um die prachtvoll rekonstruierten Räume zu bestaunen, darunter Rittersaal, Jagdzimmer und Kaminzimmer. Seit 1789 gehört die Burg der Stadt Cochem. Ravenés Liebe zur Botanik spiegelt sich in den kunstvoll angelegten Gärten wider, die sich in Serpentinen bis zur Mosel hinunterziehen. Das Erbe Ravenés, der zwei Jahre nach Vollendung seines Lebenswerks verstarb, lebt in Cochem fort und wird durch das jährliche mittelalterliche Burgfest sowie andere Veranstaltungen geehrt.

♦ Schlossstraße 36, 56812 Cochem (Mosel), ☏ 026 71/56 91, info@reichsburg-cochem.de, reichsburg-cochem.de, auf der Homepage finden Sie auch die tagesaktuellen Öffnungszeiten sowie Preise für Führungen oder auch die „Gasterey" (schlemmen nach Mittelalterart).

Genug vom Laufen? Dann hält Cochem auch das passende Angebot für Sie bereit: den Mosel-Wein-Express, liebevoll „Cochemer Bimmelbahn" genannt.

Mosel-Wein-Express: Der Mosel-Wein-Express bietet eine bequeme und unterhaltsame Möglichkeit, Cochem innerhalb von 25 Min. zu entdecken. Diese Stadtrundfahrt führt durch die historischen Gassen von Cochem und Cond und bietet einen ausgezeichneten Blick auf die Stadt und die imposante Reichsburg. Den Fahrgästen werden auf sechs Sprachen die wichtigsten Sehenswürdigkeiten erläutert. Die Bimmelbahn verfügt über drei beheizbare Anhänger.

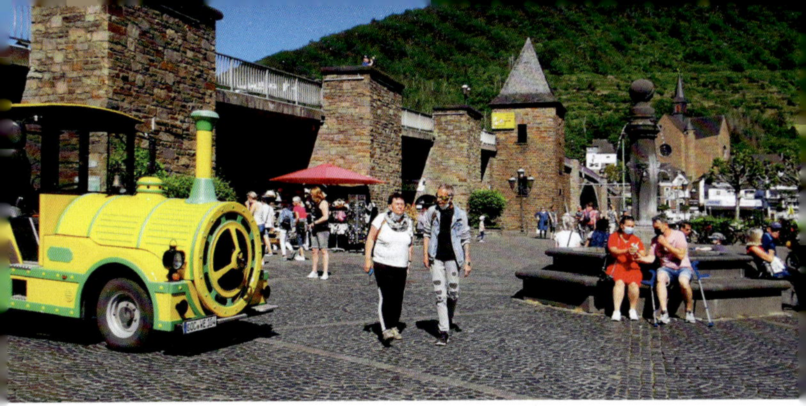

Bimmelbahn Mosel-Wein-Express

♦ Die Bimmelbahn startet von April bis November täglich und bietet im Winter Fahrten an den Wochenenden oder auf Anfrage unter ☏ 026 71/74 44. Die Tickets können vor Ort an der alten Moselbrücke erworben werden. Die aktuellen Preise (Erwachsene: zirka € 7,50) finden Sie auf 💻 mosel-wein-express.de/preise.

☺ Die ♜ Winneburg-Ruinen können Sie auch von Nahem begutachten – der Ort der Stille ist im Rahmen der wunderschönen **Wanderung Cochemer Ritterrunde** zu erreichen. Mehr Infos dazu finden Sie in der Nähe des Mosaiks auf der Infotafel.

Doch Cochem wäre nicht Cochem, wenn es nicht auch spannende ⌘ Museen zu entdecken gäbe. Da wäre zunächst einmal die ⌘ Historische Senfmühle.

⌘ **Historische Senfmühle Cochem**: Die Senfmühle stammt aus dem Jahr 1810. Sie empfängt ihre Gäste täglich, um ihnen das Handwerk der Senfherstellung näherzubringen. Sie können einer Führung beiwohnen und entdecken, wie der Gourmetsenf hergestellt wird. Ob der historische Senf nach einem 200 Jahre alten Rezept, der Riesling-Senf, der würzige Waben-Senf oder der exotische Indisch-Curry-Senf – hier ist für jeden Geschmack etwas dabei. Auch mit Senf verfeinerte Fruchtaufstriche stehen zur Verkostung bereit.

♦ Endertstraße 18, 56812 Cochem (Mosel), ☏ 026 71/ 60 76 65, info@senfmuehle-cochem.de, 💻 senfmuehle.net, täglich, auch feiertags, 10:00-18:00, mit besonderen Öffnungszeiten an Heiligabend, Silvester und Weiberfastnacht bis 14:00. Die regulären halbstündigen Führungen finden täglich um 11:00, 14:00, 15:00 und 16:00 statt, wobei keine Voranmeldung erforderlich ist, Tickets (€ 2,50) sind direkt vor Ort erhältlich. Die Mühle ist barrierefrei, mit Shop.

☺ Wenn Sie schon auf Gewürze abfahren, dann statten Sie der ebenfalls in dieser Straße liegenden **Kuddels lütte Markthalle** einen Besuch ab: Gewürze über Gewürze, ein toller Besitzer und das Feeling, in eine andere Welt einzutauchen, warten auf Sie!

♦ Kuddels lütte Markthalle (Endertstraße 35, 56812 Cochem (Mosel), ☏ 026 71/98 90 70, info@exostic-taste.de, exotic-taste.de, Mai bis Oktober Mi-So 10:00-16:00, November bis April Do-Sa 10:00-15:00)

Ein ⌘ Museum der ganz besonderen Art können Sie auf der anderen Moselseite entdecken: den ⌘ Bundesbank-Bunker Cochem, in dem einst tonnenweise Geldscheine gelagert wurden.

⌘ **Bundesbank-Bunker Cochem**: In Cond birgt der Boden den geheimen Bunker der Deutschen Bundesbank. Hier, wo einst im Schatten des Kalten Krieges eine Ersatzwährung schlummerte, öffnet sich ein Fenster in eine Zeit, als die Angst vor Währungsverfall und Falschgeld die Nation umtrieb. Der Bunker, ein Tresor der besonderen Art, bewahrte in strenger Geheimhaltung von 1964 bis 1988 rund 15 Milliarden DM. Entdecken Sie diese Vergangenheit im Rahmen einer Führung. Diese offenbart die Details einer beinahe unabhängigen Lebenswelt. Seit der Eröffnung 2016, nach umfangreichen Restaurierungen und Recherchen, dient der Bunker als Ort des Lernens.

♦ Am Wald 35, 56812 Cochem-Cond, ☏ 026 71/915 35 40, info@bundesbank-bunker.de, bundesbank-bunker.de. Nutzen Sie während der Hauptsaison den Bunker-Shuttle am Endertplatz für eine bequeme An- und Abreise (€ 6 pro Person für Hin- und Rückfahrt). Alternativ können Sie auch in 15 bis 20 Min. zu Fuß zum Bunker gelangen. Während der Hauptsaison finden die Touren täglich statt, Details zu den exakten Zeiten und Konditionen finden Sie auf der Webseite.

Wer jetzt einfach nur noch Lust auf Entspannung hat, ist schon auf der richtigen Seite der Mosel angelangt, denn hier finden Wasserratten das Moselbad Cochem.

Moselbad Cochem: Das Freizeitzentrum Cochem bildet mit seinen sechs Bereichen ein Paradies für Erholung und Vergnügen. Im Mittelpunkt steht das Hallenwellen-Erlebnisbad, wo eine 55 m lange Rutsche und ein Wasserfall für spritzige Action sorgen. Die Saunalandschaft lädt mit ihren Trocken- und Dampfsaunen zur Entspannung ein. Für das leibliche Wohl ist mit der Bikinibar und dem

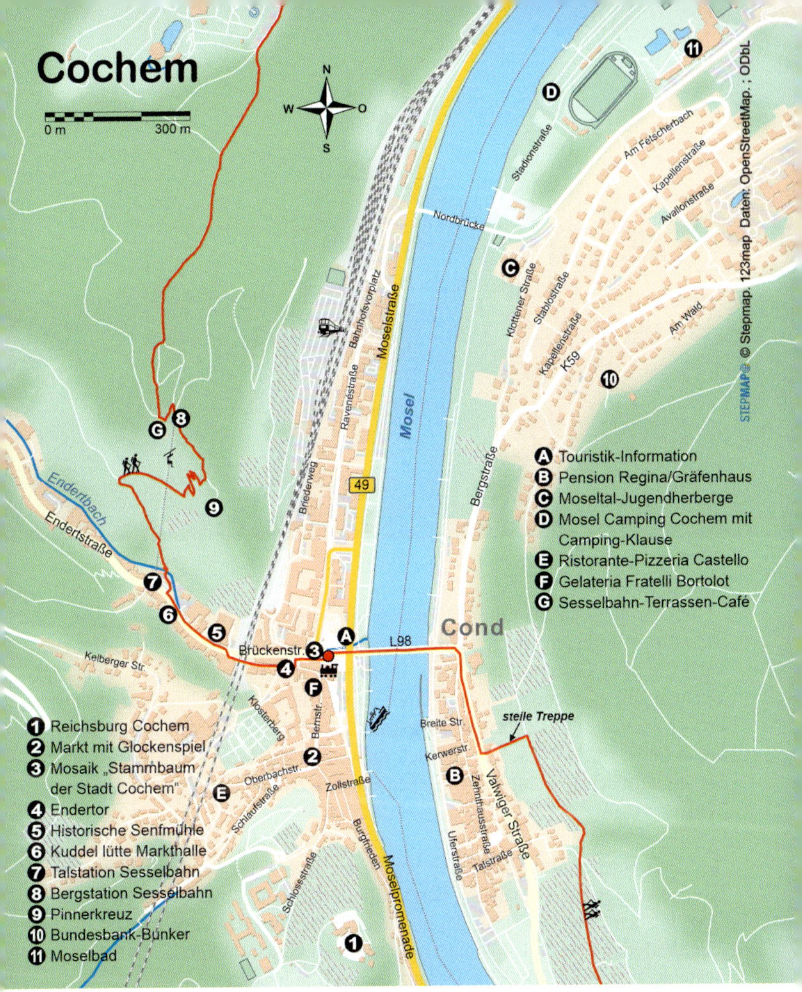

Restaurant, das lokale Spezialitäten anbietet, bestens gesorgt. Für Badespaß sorgt auch das Freibad mit 50-m-Becken und einer Riesenrutsche.

♦ Moritzburger Straße 1, 56812 Cochem (Mosel), ☏ 026 71/979 90, info@moselbad.de, moselbad.de, die Öffnungszeiten finden Sie (ebenso wie Preise) tagesaktuell unter moselbad.de/oeffnungszeiten.

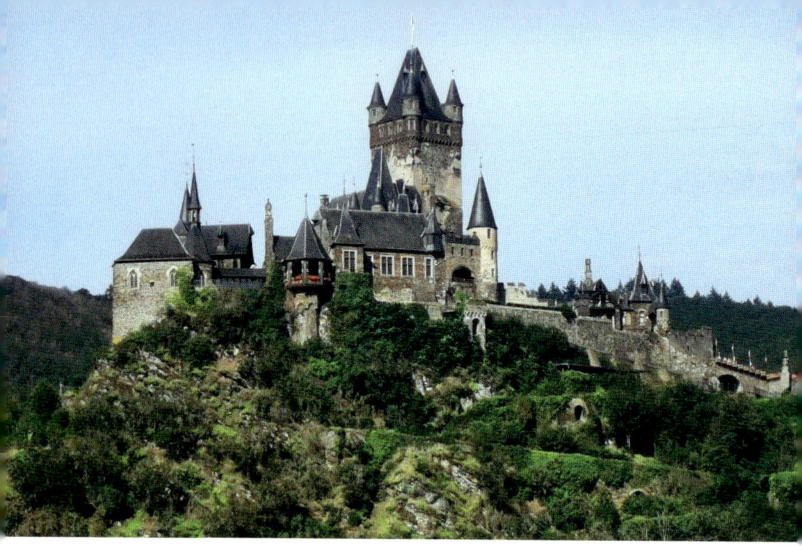

Reichsburg Cochem

Ich vermute mal, Sie dürften jetzt einigermaßen geschlaucht sein, wenn Sie allen Tipps in diesem Buch nachgegangen sind. Sie sehen: Cochem bietet sich auch für zwei Übernachtungen an. In der Touristik-Information Ferienland Cochem gibt es noch viele weitere Infos zu Führungen und Sehenswertem. Dazu gehört auch die **Cochemer Sesselbahn** mit dem **Aussichtspunkt Pinnerkreuz** (die Sesselbahn sollten Sie sich merken: Dank dieser Einrichtung können Sie auf der nächsten Etappe den steilen Aufstieg zu Fuß zum Pinnerkreuz umgehen).

Cochemer Sesselbahn: Die Sesselbahn bietet eine komfortable und wetterunabhängige Fahrt hinauf zur Bergstation. Ausgestattet mit sowohl Doppelsesseln als auch Haubensesseln, die bei Bedarf geschlossen werden können, ist für jede Wetterlage gesorgt. Mit einer gemächlichen Geschwindigkeit von 0,8 m pro Sekunde gleiten Sie über eine Distanz von 360 m hinauf.

♦ Endertstraße 44, 56812 Cochem (Mosel), ☏ 026 71/98 90 63 (Kasse: 026 71/98 90 65), cochemer.sesselbahn@t-online.de, cochemer-sesselbahn.de, Öffnungszeiten und Preis gibt es aktuell unter www.cochemer-sesselbahn.de/index.php/informationen/preise-oeffnungszeiten

Und jetzt erst einmal: Gute Nacht (oder viel Spaß beim Feiern in einer der zahlreichen Gaststätten und Kneipen)!

19. Etappe: Cochem – Karden

23,8 km, 8 Std. 30 Min., ↑ 996 m, ↓ 995 m, ⇧ 83-339 m

0,0 km	⇧ 89 m	Cochem, Mosaik „Stammbaum der Stadt Cochem“
1,2 km	⇧ 233 m	Sesselbahn-Terrassen-Café
2,2 km	⇧ 339 m	Wild- und Freizeitpark Klotten
4,0 km	⇧ 248 m	Schutzhütte am Kaisersbäumchen
6,4 km	⇧ 99 m	Klotten
14,1 km	⇧ 289 m	Kail, Café zur Tanke
18,6 km	⇧ 88 m	Pommern, Hotel Restaurant Onkel Otto
20,4 km	⇧ 269 m	Keltische Höhensiedlung Martberg
23,8 km	⇧ 89 m	Karden, Schloß-Hotel Petry

Wow – Etappe 19 steht bereits an, eine der längsten des Moselsteigs. Diese lässt sich jedoch auch in zwei oder gar drei Etappen unterteilen, denn sowohl in Klotten als auch in Pommern gibt es einen Bahnhof. Auf diese Weise könnten Sightseeing-Freunde abends mit Bus und Bahn zum Beispiel zurück nach Cochem fahren. Hier gibt es eine ganze Menge zu entdecken, sodass es sich lohnen kann, zwei oder auch drei Übernachtungen (den Ort also quasi als kurzzeitige Basisstation) einzuplanen. Neben dem Hauptweg, der durch satten Hochwald, malerische Weinberge und Bachtäler führt, sind heute auch schöne Abstecher möglich. Ein Highlight ist der Besuch des Naturschutzgebiets Dortebachtal, wo sich ein ebensolcher

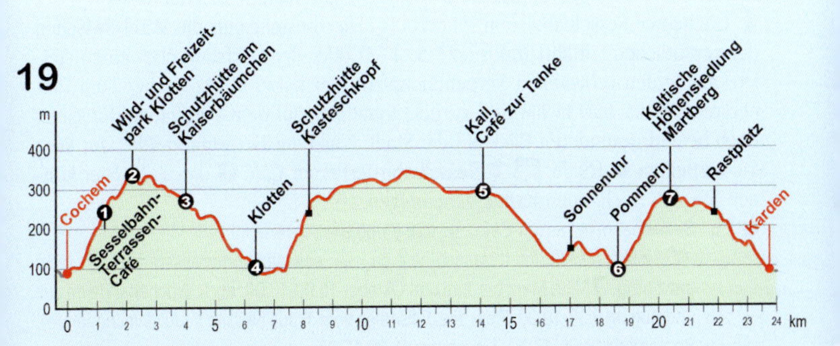

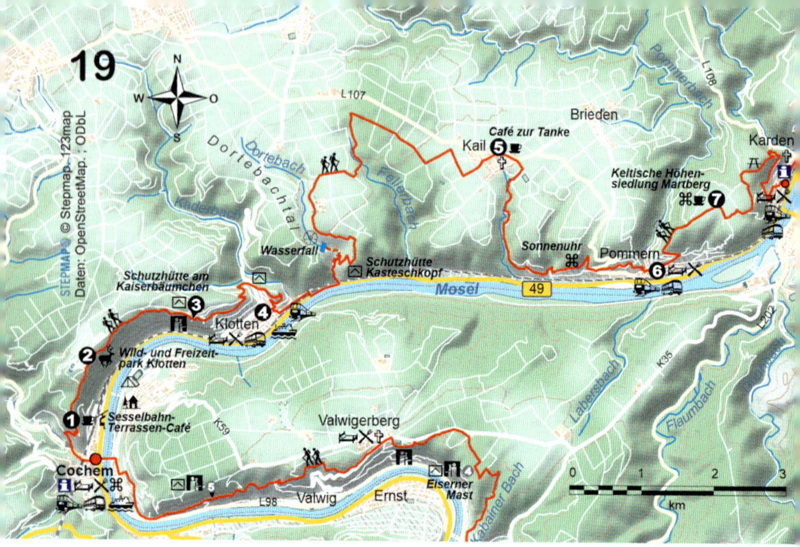

Abstecher zum Dortebach-Wasserfall anbietet. Eine weitere Besonderheit stellt der Archäologie-Park Martberg mit Café dar. Empfehlenswerte Einkehrmöglichkeiten finden Sie außerdem in Kail (das Café zur Tanke ist schon speziell) und in Pommern. Kondition sollten Sie jedoch mitbringen, wenn Sie die Etappe in einem Stück bewältigen wollen. Tipp: Um Kräfte zu sparen, können Sie den ersten Anstieg durch die Nutzung der Sesselbahn umgehen. In Karden erwartet Sie am Ende mit dem „Moseldom" St. Castor einer der bekanntesten Sakralbauten der Mosel.

Heute geht es erst einmal vorbei am Alten Thorhaus und entlang der Endertstraße. Dann unterqueren Sie die Bahnstrecke und nähern sich der Talstation der Cochemer Sesselbahn zum Pinnerberg. Hier besteht nun die Wahl zwischen der gemütlichen Liftfahrt (Infos ☞ S. 172) oder dem Aufstieg über einen steilen, mit Stufen versehenen Serpentinenpfad. Der kurze Abstecher zum Pinnerkreuz (zirka 130 m hin und zurück) lohnt sich auf dem Weg hinauf für einen noch beeindruckenderen Blick auf die Stadt. Nach der Bergstation führt der Weg Sie vorbei am **Sesselbahn-Terrassen-Café ❶** (km 1,2). Hier können Sie sich noch einen Kaffee genehmigen.

Sesselbahn-Terrassen-Café, ☎ 026 71/85 91, info@sesselbahn-terrassen-cafe.de, sesselbahn-terrassen-cafe.de, nicht ganz billig, Mitte März bis Juni und Oktober 10:00-18:00, ab 1. Wochenende im Juli und August 9:30-19:00, Rest des Julis (also vom 1. Juli bis zum 1. Juli-Wochenende), September 10:00-18:30, November 11:00-16:00

Dann wandern Sie weiter zum **Wild- und Freizeitpark Klotten ❷** (km 2,2).

Wild- und Freizeitpark Klotten: Der Wild- und Freizeitpark Klotten, liebevoll auch Klotti-Park genannt, ist ein Familienpark. Fahrattraktionen für alle Altersstufen warten darauf, entdeckt zu werden. Schlauchbootwasserrutsche, Klotti's Hüpfkissen, Pferdereitbahn und Riesenrutsche bieten Spaß. Hier gibt es zudem über 50 Wildtierarten hautnah in Natur- und Streichelgehegen und eine Greifvogelshow. Hunde sind, an der Leine gehalten, erlaubt.

♦ Wildparkstraße 1, 56818 Klotten, 026 71/60 54 40, info@klotti.de, klotti.de, aktuelle Öffnungszeiten und Preise auf der Homepage (variieren von Saison zu Saison)

Im Anschluss führt der Moselsteig als leicht abfallender Pfad durch den Parkbereich in den Wald. Von hier geht es bergab, vorbei am Aussichtspunkt Rabenlei, bis Sie kurz darauf an der **Schutzhütte am Kaiserbäumchen ❸** bei km 4 wieder eine kleine Rast einlegen können. Danach passieren Sie das Seits-Heiligenhäuschen, ein tolles weiteres Pausenhäuschen, später das Friedenskreuz und dann geht es über den steilen Klottener Kreuzweg sowie letztlich

Vor der Schutzhütte Kaiserbäumchen

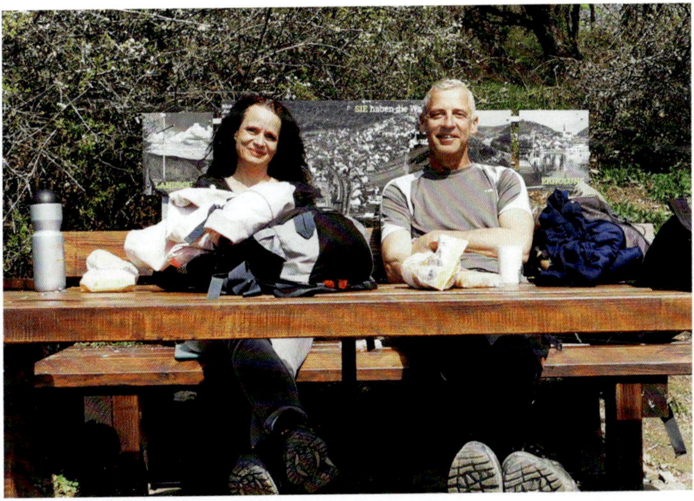

auf der Wildparkstraße nach **Klotten** ❹ (km 6,4). Den Ort erreichen Sie allerdings erst nach einem Schlenker, der Sie unterhalb der Ruinen der ehemaligen Burg Coraidelstein über den **Moselschieferblick** entlangführt.

Klotten ⇧ 110 m, 1.200 Ew.

Hotel/Gasthaus zur Post Klotten, Bahnhofstraße 24, 56818 Klotten (Mosel), ☏ 026 71/71 16, info@hotelzurpost-klotten.de, hotelzurpost-klotten.de, Ü EZ ab € 63, Ü DZ ab € 71,10, F zubuchbar

Bäckerei Lutz, Moselstraße 6, 56818 Klotten (Mosel), ☏ 026 71/917 55 70, baeckerei-lutz.de, Sommersaison Mo-Fr 6:30-18:00, Sa 6:30-13:00, So 7:00-11:00, Wintersaison Mo-Fr 6:30-17:00, Sa 6:30-13:00, So 7:00-11:00

♦ Im Dorfladen Klotten (Hauptstraße 78, 56818 Klotten (Mosel), ☏ 026 71/506 66 99, dorfladen@klotten.de) bekommen Sie regionale Produkte, Backwaren, Kaffee to go und mehr. Es gibt auch eine kleine Sitzecke. Die saisonal bedingten Öffnungszeiten gibt es aktuell auf klotten.de.

Die Bahn bringt Sie von Klotten aus in nahezu jeden Moselort von Trier bis Koblenz.

Wundern Sie sich nicht: Die Fähre Klotten scheint auf die andere Seite der Mosel zu führen, obwohl dort aber kein Ort zu sehen ist. Das stimmt auch – vorrangig Wanderinnen und Wanderer und Radfahrende nutzen die Klottener Fähre, die in den Sommermonaten in Betrieb ist. Fährzeiten finden Sie auf klotten.de/faehre.

Den Ort verlassen Sie abermals durch Weinberge zur Mosel, wo Sie schnell das **Naturschutzgebiet Dortebachtal** mit seiner einzigartigen Flora und Fauna

Keltische Höhensiedlung Martberg

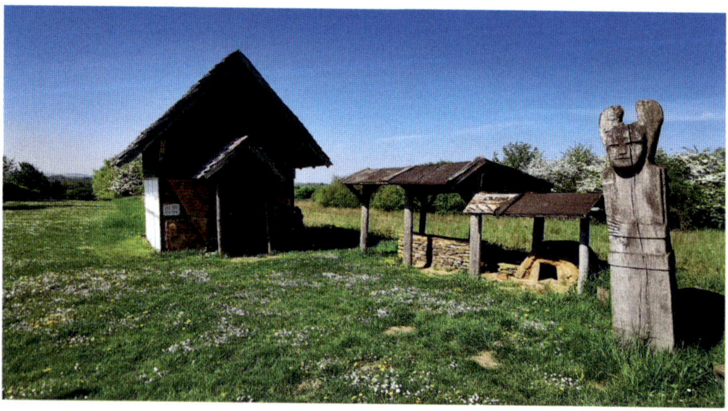

erreichen. Dort, wo der Pfad bei km 7,4 den Dortebach überquert, können Sie einen Abstecher unternehmen: Folgen Sie dem ursprünglichen Weg weiter geradeaus, erreichen Sie nach gut 500 m den **Dortebach-Wasserfall**. Auf dem Moselsteig setzen Sie dagegen Ihren Anstieg im Wald fort. Oben sorgt der Aussichtspunkt an der Schutzhütte Kasteschkopf (kleiner Abstecher von hin und zurück 100 m) für eine willkommene Pause. Weiter geht es über Wiesenwege und an Waldrändern entlang sowie anschließend noch durch eine kleine Schlucht mit Querung des Fellerbaches, bis Sie schließlich nach Kail mit seiner markanten St.-Bartholomäus-Kirche und dem einladenden **Café zur Tanke** ❺ (km 14,1) gelangen.

Café zur Tanke Kail, Hauptstraße 10, 56829 Kail, 026 72/91 45 40 oder 01 71/337 46 10, musikschmiede-kail.de, das Café in einer ehemaligen Tankstelle lädt zum Verweilen bei selbst gemachten Kuchen, Waffeln und Gebäck ein. In der ehemaligen Waschhalle von Jutta und Jürgen Berens, der Musikschmiede, gibt es Konzerte, Oldtimer- und Bikertreffen. „Schmiede" deshalb, weil in der dazugehörigen Schmiede der Inhaber selbst aktiv ist. Behalten Sie ihn im Hinterkopf – eines seiner Werke wird Ihnen hinter Alken begegnen. Mitte März bis November täglich 10:00-18:00

Der folgende Abstieg und die Fortsetzung des Weges entlang des Bachlaufs bringen Sie schließlich in die Weinberge. Sie passieren die ⌘ **Pommerer Sonnenuhr** und passen bei km 18,4 noch einmal genau auf, weil es hier kurz vor dem Friedhof etwas steiler wird. Laufen Sie weiter, bis Sie den Ort Pommern erreichen, wo sich unter anderem mit dem **Hotel Restaurant Onkel Otto** ❻ (km 18,6) eine weitere Einkehrmöglichkeit bietet.

Pommern

⇧ 85 m, 410 Ew.

Hotel Restaurant Onkel Otto, Lindenstraße 13, 56829 Pommern, 026 72/24 07, info@onkel-otto.com, onkel-otto.com, ÜF DZ ab € 47,50 (DZ als EZ: Aufschlag von € 30), Wintersaison Fr-So 17:00-22:00, So zudem 12:00-14:00, Ruhetage: Mo-Do, Sommersaison Mi-Mo 17:00-22:00, So zudem 12:00-14:00, Ruhetag: Di, mit Biergarten

Moselimbiss, Moselweinstraße 1, 56829 Pommern, info@moselimbiss.de, moselimbiss.de, Kult-Fast-Food-Imbiss am Moselufer, vor allem bekannt für Pommes, Currywurst und Spießbraten, während der Saison ab Mitte März Do-So 11:00-17:00, an Feiertagen auch Mo geöffnet

Vom Bahnhof Pommern aus erreichen Sie nahezu alle anderen Orte entlang der Mosel, die über einen Bahnhof verfügen.

Der Anstieg aus Pommern heraus bietet, je höher Sie kommen, immer bessere Aussichten, bevor der Weg Sie bei km 20,4 zur ⌘ **Keltischen Höhensiedlung Martberg** ❼ führt. Dort befinden sich die Reste einer römischen Tempelanlage und keltische Häuser.

⌘ **Keltische Höhensiedlung Martberg mit Café:** Um 100 v. Chr. errichtete der treverische Stamm hier eine befestigte Großsiedlung. Später entwickelte sich der Ort zu einem gallorömischen Tempelbezirk. Besonders hervorzuheben ist der Haupttempel, wahrscheinlich gewidmet der Gottheit Lenus Mars, erbaut im 3. Jahrhundert n. Chr. Der Tempel, mit einem etwa 20 m langen, von Säulen gestützten Umgang und einem etwa 10 m langen sowie 9 m hohen turmartigen Innenbau, war ein Ort religiöser Zeremonien. Die Wandelhalle trennte den heiligen vom profanen Bereich und bot Pilgerinnen und Pilgern Schutz und Ruhe. Das Außengelände ist das ganze Jahr über frei zugänglich.

♦ Von Ende April bis Ende Oktober öffnen sowohl der Lenus-Mars-Tempel als auch das Martberg-Café an Wochenenden 11:00-17:00 ihre Türen für Besucherinnen und Besucher. Gegen eine geringe Gebühr kann man den Tempel erkunden und dessen Innenbemalung bewundern.

Der Moselsteig schlängelt sich nun weiter über die Hochebene bis zur Hangkante mit Ausblick auf Treis-Karden, bevor er in einem steileren Abstieg in den Ort führt. Dabei passieren Sie den **St.-Castor-Blick** und die **Hütte an der Josefinenrast**. Ab hier geht es nur noch sanft bergab, bevor es noch einmal kurz

Karden Moseldom

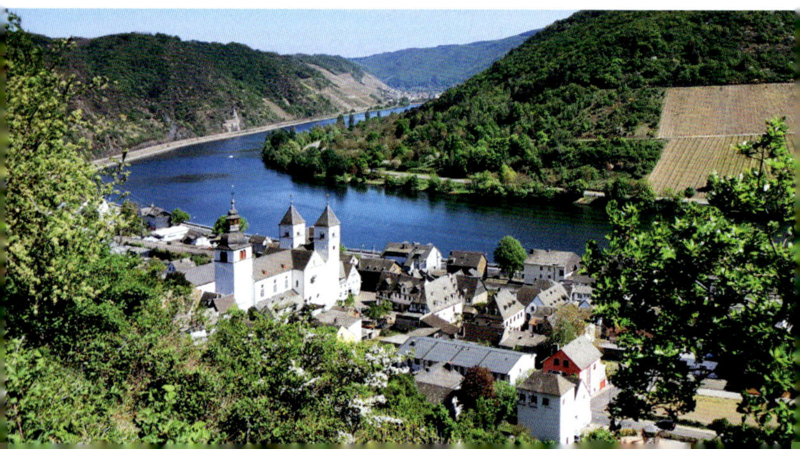

etwas steiler wird, bis Sie letztlich in Sichtweite des Bahnhofs am Schloß-Hotel Petry (km 23,8) in Karden stehen (Treis liegt auf der anderen Seite, wenn Sie ausgiebiger shoppen müssen, können Sie einen Ausflug dorthin machen).

Karden (Ortsteil von Treis-Karden)

⇧ 87 m, rund 700 Ew.

Tourist-Information Treis-Karden (im Bahnhof in Karden), St.-Castor-Straße 87, 56253 Treis-Karden, 026 72/915 77 00, touristinfo@vgcochem.de, vgcochem.de, Mai bis Oktober Mo-Fr 9:00-12:00 und 14:00-17:00 sowie Sa 9:00-12:00, November bis April Mo-Do 9:00-12:00 und 14:00-16:00 sowie Fr 9:00-13:00

Hotel-Weinhaus-Restaurant „Am Stiftstor", St.-Castor-Straße 17, 56253 Treis-Karden, 026 72/13 63, info@hotel-stiftstor.de, hotel-stiftstor.de, ÜF EZ ab € 65, ÜF DZ ab € 88, Di-So Küche 17:30-20:30, Ruhetag: Mo, im Januar geschlossen

Bus und Bahn bringen Sie von Treis-Karden in nahezu jeden Ort, der an der Mosel liegt.

In Karden, bis 1935 noch Carden geschrieben, soll im 4. Jahrhundert der heilige Kastor eine christliche Gemeinde und eine Kirche gegründet haben. Im 7. Jahrhundert entstand dann ein Kollegialstift, das bis zur Französischen Revolution bestand. Es verfügte über große Ländereien und war oft Ziel von Plünderungen. Die Französische Revolution besiegelte das Ende des Stifts, seine Besitztümer wurden versteigert und die Pfarrkirche abgerissen. Nach der Eingliederung in Preußen im Jahr 1815 entwickelte sich Karden weiter. Der Bahnbau 1879 brachte eine wirtschaftliche Blütezeit. 1925 wurde eine schon seit rund 50 Jahren geplante Moselbrücke fertiggestellt, die Karden mit Treis verband. Der Zusammenschluss der beiden Gemeinden erfolgte 1969.

Lust, den „Moseldom", das bedeutendste Bauwerk des Ortes, kennenzulernen?

✞ **Stiftskirche St. Castor/„Moseldom"**: Der Moseldom entstand im 12. und 13. Jahrhundert und ist die älteste Kirche zwischen Trier und Koblenz. Er vereint Stilelemente aus der Romanik, Frühgotik und dem Barock. Das Herzstück bildet der siebengeschossige Westturm, dessen untere fünf Geschosse aus der Romanik stammen, während die oberen Etagen und der Helm 1699 hinzugefügt wurden. An der Moselseite ragen zwei mächtige Chortürme empor. Im Inneren finden sich nur noch wenige der ursprünglichen Wandmalereien, darunter eine Darstellung des Jüngsten Gerichts aus dem 13. Jahrhundert und ein Gemälde des himmlischen Jerusalems. Ein Highlight ist der Terrakotta-Altar im Chor, umgeben von filigranen Tonfiguren. Neben diesen und weiteren Kunstwerken beherbergt die Kirche weitere Schätze, darunter eine Kanzel aus dem 18. Jahrhundert, ein Kruzifix aus dem 15. Jahrhundert und eine Stummorgel. Die Wände der Michaelskapelle im ersten Obergeschoss des Westturms zieren Renaissancegemälde. Der Kreuzgang bewahrt Grabsteine der Adelsfamilien Eltz und Pyrmont.

Neben der Kirche befindet sich seit 1974 das ⌘ Stiftsmuseum Karden.

⌘ **Stiftsmuseum Karden**: Untergebracht im erneuerten Zehnthaus von 1238 beherbergt das Museum Schätze, die weit über die Grenzen der Region hinaus von Bedeutung sind. Das Gebäude zeichnet sich durch seine farbenprächtigen Fenster aus. Das Museum nimmt Sie mit auf eine Reise durch 2.000 Jahre Ortsgeschichte. Besonders faszinierend ist die keltisch-römische Abteilung, die Einblicke in die religiöse Praxis am Tempelbezirk Martberg gibt. Hier finden sich sogar Opfergaben. Das Kollegiatstift St. Castor wird ebenfalls im Museum thematisiert. Im zweiten Obergeschoss wird sakrale Kunst präsentiert. Das Museum bietet das ganze Jahr über Führungen an.

♦ St. Castor-Straße, 56253 Treis-Karden, Anmeldung und Buchung über die i Tourist-Information Treis-Karden, wo Sie auch aktuell Führungstermine und Preise (moderat) erfahren

Nach diesem langen Tag können Sie den Abend in einer der vielen Lokalitäten in beiden Teilen der Doppelgemeinde ausklingen lassen, bevor Sie morgen mit der ♜ Burg Eltz ein weiteres Highlight des Moselsteigs erwartet.

20. Etappe: Karden – Moselkern (Kreuzwegkapelle)

13,4 km, 4 Std. 30 Min., ↑ 707 m, ↓ 532 m, ⇧ 82-284 m

0,0 km	⇧ 89 m	Karden, Schloß-Hotel Petry i 🛏 ✕ ⛪ ✝ ⌘ 🚌 🚆
1,2 km	⇧ 219 m	Aussichtspunkt Kompuskopf ⊡ ⛩ 🚻
5,5 km	⇧ 277 m	Dreifaltigkeitskapelle Müdenerberg ✝
7,1 km	⇧ 242 m	Forsthaus Rotherhof (Einöde)
8,7 km	⇧ 128 m	Burg Eltz ✕ ☕ ♜
11,1 km	⇧ 101 m	Ringelsteiner Mühle 🛏 ✕ ⛩
13,4 km	⇧ 254 m	Moselkern (Kreuzwegkapelle) 🛏 ⛺ ✕ ☕ ✝ ⌘ 🚌 🚆 ⛴

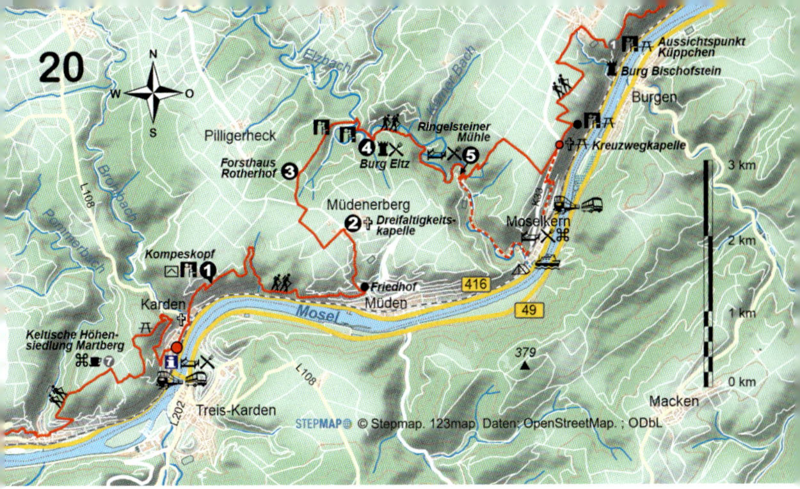

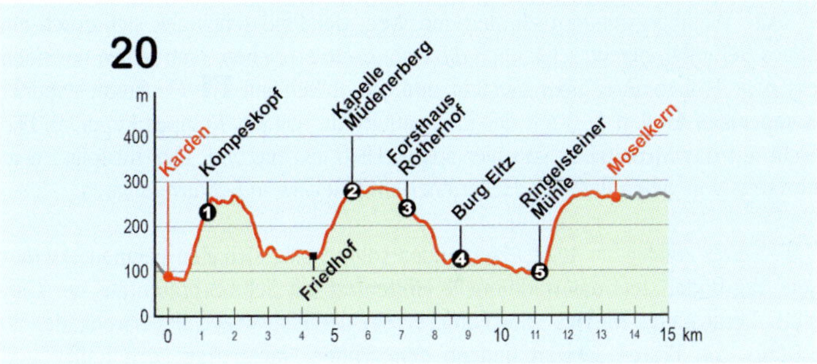

Von Treis-Karden aus tauchen Sie direkt in die Natur ein, wobei der erste Abschnitt auf dem Buchsbaum-Wanderpfad herausfordernd ist. Dafür zeigt sich dieses Fleckchen Erde aber von seiner wilden und wirklich hübschen Seite. Weiter führt Sie der Pfad an Hangkanten entlang und durch die steilen Weinberge, wobei sich immer wieder Ausblicke in die tief eingeschnittene Schlucht des Krailsbachs bieten. Ein Höhepunkt dieser Etappe ist die Burg Eltz, die unter anderem dank ihrer versteckten Lage im Elzbachtal den Dreißigjährigen Krieg und die Pfälzischen Erbfolgekriege unbeschadet überstanden hat. Hier können Sie während der Saison einkehren. Der Eintritt lohnt sich, denn die Burg Eltz ist bekannt für ihre authentisch eingerichteten Räume und ihre Sammlung an Schmuck, Waffen und Porzellan. Kurz vor der Burg kommen begeisterte Geocacherinnen und Geocacher auf ihre Kosten: Sie können hier den ältesten noch aktiven Cache

Deutschlands loggen. Nach der Burgbesichtigung setzen Sie dann die Wanderung am Elzbach fort bis nach Moselkern. Sollten Sie in der Ringelsteiner Mühle kurz vor dem Ort übernachten wollen, so können Sie hier bereits die Etappe beschließen. Andernfalls führt Sie der Moselsteig noch über verschlungene Pfade hinauf bis zur Kreuzwegkapelle hoch über Moselkern, wo die Etappe offiziell endet. Es gibt von dort aus einen kurzen, steilen Zuweg durch die Weinberge hinunter in den Ort, den Sie am nächsten Morgen dann aber auch wieder erklimmen müssen, um den Moselsteig an der Kapelle fortzusetzen. Überlegen Sie sich also am besten vorher, wo Sie nächtigen möchten.

Dieser Wandertag startet in der Nähe des Bahnhofs Karden, wo der Moseldom auch schon bald in Sicht kommt. Nachdem Sie die Kernstraße und den Brohlbach überquert haben, erreichen Sie die letzten Häuser. Nun steht der **Buchsbaum-Wanderpfad** an, der idyllischer kaum sein könnte, aber auch Kräfte raubt: Es geht zunächst steil bergauf.

Alte Weinbergsmauern säumen den Weg, der Pfad schlängelt sich durch ein enges Seitental, bis Sie schließlich die Hangkante erreichen. Nun fehlen nur noch ein paar Höhenmeter über Gestein und Sie stehen am **Aussichtspunkt Kompeskopf ❶** (km 1,2) mit der Schutzhütte namens Kompes Käppche. Die Sicht auf das Moseltal ist von hier aus wirklich faszinierend. Der Rastplatz wird übrigens von vielen fleißigen Helferinnen und Helfern in Schuss gehalten.

☺ Wer zufällig am 1. Mai hier landen sollte, sollte sich Zeit nehmen: An diesem Tag findet stets das traditionelle **Hüttenfest mit Schmorbraten aus der Glut** statt. Veranstaltet wird es vom Förderverein der Freiwilligen Feuerwehr, der ab mittags den Braten serviert und ab dem frühen Nachmittag auch Kaffee und Kuchen kredenzt. Wer keine Lust hat, zum Kompeskopf hochzukraxeln, dem wird der Moselsteig an diesem Tag besonders leicht gemacht: Shuttlebusse fahren ab Karden meistens stündlich hinauf zum Event.

Der Moselsteig führt nun erst einmal recht entspannt weiter durch den Wald. Danach kommen die Buchsbäume wieder zum Vorschein, die Ihren Weg bergab in die Waldschlucht am Krailsbach begleiten. Was den Weg an dieser Stelle ausmacht, ist ein lustiges Auf und Ab, ein felsiger Boden und hier und da seilgesicherte Stellen, die für Sicherheit während der steilsten Abstiege sorgen. Und auch nach der Querung des Krailsbaches geht es immer noch auf und ab durch die Mosellandschaft. Ein Weinbergspfad leitet Sie zur Abwechslung mal ohne große Höhenunterschiede weiter in Richtung Müden. Der ebene Weg findet ein Ende am Friedhof der Völkerwanderungszeit oberhalb von Müden. Hier biegt der Moselsteig links ab und führt über einen Kreuzweg hinauf nach Müdenerberg. Und weil es ein Kreuzweg ist, ist er natürlich was? Klar: steil. An seinem Ende wartet dann bei km 5,5 die hübsche ✞ **Dreifaltigkeitskapelle Müdenerberg** ❷ auf Sie.

✞ **Dreifaltigkeitskapelle Müdenerberg**: Schon 1798 stand hier eine einfache Glocke, die auf einem Holzgerüst montiert war und als Mittags- und Abendglocke den Menschen im Feld die Zeit verkündete. 1856 wurde direkt vor der 14. Station des Kreuzweges eine Kapelle errichtet, die der Heiligen Dreifaltigkeit gewidmet war. Diese Kapelle diente als Ziel für Gläubige, die den Kreuzweg beschritten. Nachdem die ursprüngliche Kapelle nach dem Zweiten Weltkrieg baufällig geworden war, ersetzte man sie 1953 durch den heutigen Bau.

Hinter der Kapelle vorbei öffnet sich der Pfad zunächst und führt über eine weitläufige Hochebene mit Blicken auf die Hunsrückhöhen. Der sanfte Abstieg ins Elztal geleitet Sie zunächst vorbei an der **Einöde Forsthaus Rotherhof** ❸ (km 7,1) und mündet dann in einen angenehmen Waldweg. Ein idyllischer Rastplatz bietet einen ersten fantastischen Blick auf Burg Eltz, ideal für ein Picknick. Der Weg setzt sich über einen felsigen Grat fort und bringt Sie schließlich über eine alte Steinbrücke über den Elzbach. Ab hier begleiten Sie diesen bis zum berühmten Fünfhundert-Mark-Blick, wo sich Ihnen die **Burg Eltz** genauso zeigt, wie sie einst auf dem 500-DM-Schein zu sehen war. Hier, etwa bei km 8,5, werden Geocachingfans allerdings wegen einer ganz anderen Tatsache nervös werden: Ganz in der Nähe befindet sich nämlich der **älteste** 🌐 **Geocache Deutschlands, der noch aktiv ist**, mit dem Namen **Medieval View**. Wo er genau entdeckt werden kann, wird natürlich nicht verraten, aber sein GC-Code lautet GC26C. Und dann? Ja dann will sie in ihrer ganzen Pracht bestaunt werden, die wunderschöne Eltz ❹ (km 8,7).

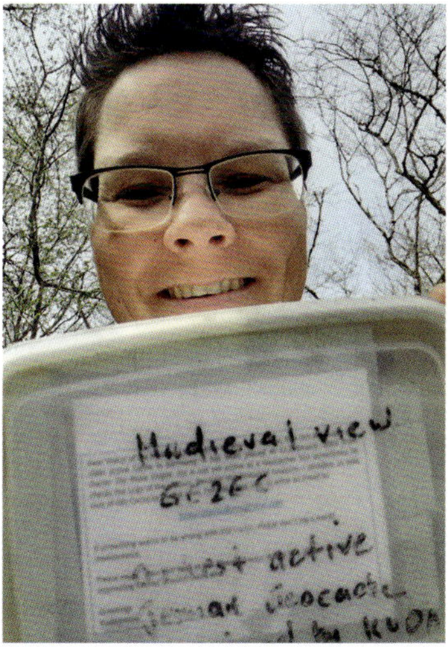

Am ältesten Geocache Deutschlands

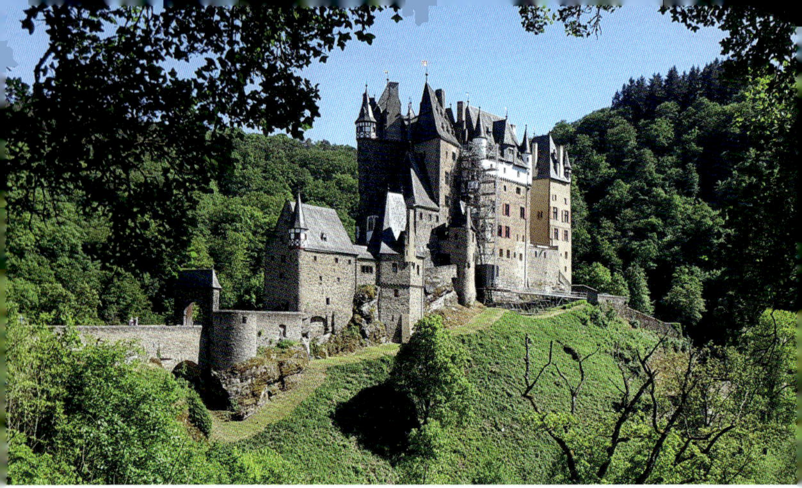

Burg Eltz

Burg Eltz: Die Burg liegt im Tal und thront doch auf einer Höhe von 129 m. Das mittelalterliche Juwel trotzt seit mindestens gut 870 Jahren allen Widrigkeiten. „Die Eltz" wurde allerdings niemals von feindlicher Hand erobert. Als Friedrich Barbarossa noch das Zepter des Heiligen Römischen Reiches schwang, entstand die Burg Eltz. Zum ersten Mal erwähnt wurde sie 1157 in einer Schenkungsurkunde des Kaisers an Ritter Rudolf von Eltz. Praktisch, dass sein neues Heim strategisch günstig am Handelsweg platziert worden war: Hier ließen sich prima von vorbeiziehenden Händlern Zölle erheben. Die besondere Bauweise der Burg ist das Ergebnis familiärer Diversifikation. Eine solche Ganerbenburg haben Sie ja bereits in Beilstein kennengelernt. Als drei Eltz-Brüder sich hier 1268 über das Erbe stritten, erhielt jeder seinen eigenen Abschnitt und gestaltete ihn dann nach eigenem Gutdünken. Und obwohl die Burg Eltz heute nicht mehr dauerhaft bewohnt ist, lebt ihre Geschichte weiter. Die 34. Generation der Grafen von Eltz, Johann Jakob Graf zu Eltz, wacht nun über dieses historische Erbe. Die kunstvoll gestalteten Räume und die Schatzkammer öffnen sich für Besucherinnen und Besucher, die in Führungen mehr über das Leben im Mittelalter erfahren wollen. Ob es die kunstvoll geschnitzten Narrenköpfe im Rittersaal sind, die einst Redefreiheit gewährten, die Rose des Schweigens oder auch die liebevoll als „Dukatenscheißerchen" bezeichnete Figur aus Elfenbein (um 1650) in der Schatzkammer: Jeder Winkel erzählt eine eigene Geschichte. Auch spannend: Das wohl älteste Renaissancebett, das in Deutschland noch erhalten ist und um 1525 im Würzburger Raum hergestellt wurde, befindet sich ebenfalls in der Burg Eltz. Es handelt sich um ein bemaltes Brautbett.

Warum die Burg nie zerstört wurde, fragen Sie sich? Als es besonders brenzlig wurde – zu Zeiten der Erbfolgekriege – diente ein Verwandter der großen Familie unter französischer Flagge. Er verhinderte wohl, dass die Burg angegriffen wurde.

Fun Fact: Der Vater des heutigen Burgherrn, Karl Graf und Edler Herr von und zu Eltz-Kempenich, ist der Onkel von Karl Theodor zu Guttenberg.

♦ Burg Eltz 1, 56294 Wierschem, ☏ 026 72/95 05 00, burg@eltz.de, burg-eltz.de, die Burg ist von zirka April bis Anfang November geöffnet, Ticketpreise und aktuelle Öffnungszeiten finden Sie auf der Webseite.

☺ Wer durstig und hungrig ist, kann während der Öffnungszeiten der Burg im kleinen Café-Restaurant in der Vorburg Platz nehmen.

Nachdem Sie sich von der Burg Eltz gelöst haben, führt Sie der Moselsteig über die große Treppe hinunter zum Elzbach (ja: ohne „t"). Ein Steg hilft bei der Querung. Der Pfad windet sich nun abwechselnd auf und ab entlang des Baches, bis Sie schließlich bei km 11,1 die **Ringelsteiner Mühle ❺** erreichen – ein idealer Ort für eine Rast oder sogar für eine Übernachtung.

Landhotel Ringelsteiner Mühle, Elztal 94, 56254 Moselkern, ☏ 026 72/91 02 00, info@ringelsteiner-muehle.de, ringelsteiner-muehle.de, ÜF DZ ab € 79, Hund erlaubt (pro Tag € 10), Sommersaison täglich 12:00-20:00, Wintersaison in der Regel 16:00-20:00

Wollen Sie die Etappe für heute lieber in Moselkern beenden, so folgen Sie einfach der Straße gut 1,9 km hinab in den Ort. Für den letzten Originalabschnitt dieser Etappe biegen Sie allerdings unmittelbar nach der Ringelsteiner Mühle links ab über die kleine Brücke, bestaunen die Alpakas und biegen erneut links ab, um dem steilen Pfad hinaufzufolgen. Oben geht es dann einmal rechts ab auf einen Feldweg und nach einer kleinen Senke links ab auf einen Wiesenweg, der Sie zum offiziellen Endpunkt der Etappe bringt. Die **Kreuzwegkapelle von Moselkern**, hoch über dem Ort, haben Sie nach 13,4 km erreicht.

☺ Um nun doch noch nach Moselkern zu gelangen und dort zu nächtigen, biegen Sie vor der Kapelle scharf rechts ab auf die K33. Entweder folgen Sie dieser bis ins Dorf oder Sie biegen nach weiteren rund 520 m links ab auf den offiziellen Zuweg nach Moselkern, der Sie über Serpentinen durch die Weinberge (ja, anstrengend) ebenfalls hinabbringt.

☺ Oder Sie hängen einfach die 21. Etappe direkt dran: 12 km sind es noch bis nach **Löf**. Dafür lassen Sie einfach die Kapelle rechts liegen und folgen dem Moselsteig weiter geradeaus.

Moselkern ⇧ 90 m, rund 560 Ew.

Hotel Moselkern, Moselstraße 15, 56254 Moselkern, ☏ 026 72/13 03, info@hotel-moselkern.de, hotel-moselkern.de, Ü EZ ab € 80, Ü DZ ab € 100, F ab € 12,50, für Hausgäste

Campingplatz Burg Eltz, Moselstraße 39, 56254 Moselkern, ☏ 026 72/913 58 61, mail@camping-burg-eltz.de, camping-burg-eltz.de,
Preis pro Zelt und Tag € 4, Preis pro Person und Tag € 4,
Preis pro Platz und Tag (Wohnwagen, Wohnmobil) € 6

Kleines Café-Haus, Moselstraße 29, 56254 Moselkern, ☏ 026 72/915 92 77, kleines Café mit Terrasse am Wanderparkplatz / Moselufer mit Kaffee, Kuchen, Eis, Flammkuchen und mehr, April bis Anfang Mai und Oktober 11:00-17:00, Anfang Mai bis Ende September 10:00-17:00

Bus und Bahn bringen Sie zum Beispiel von Moselkern zurück nach Karden, aber auch bis nach Koblenz.

Ab dem Fähranleger geht es mit dem Boot regelmäßig unter anderem nach Cochem, Löf, Alken, Kobern, Winningen und Koblenz. Mehr Infos unter moselrundfahrten.de.

Moselkern wurde erstmals um das Jahr 1100 erwähnt und befindet sich gegenüber dem **Druidenstein**, der rund 83 m in die Luft ragt. Besonders hübsch sind auch hier die zahlreichen Fachwerk- und Bruchsteinhäuser. In Moselkern zieht aber auch das ⌘ **Merowingerkreuz** auf dem Vorplatz der ✞ **Pfarrkirche St. Valerius** die Blicke auf sich.

⌘ **Merowingerkreuz**: Als älteste bekannte Darstellung des gekreuzigten Christus nördlich der Alpen stammt dieses Steindenkmal etwa aus dem Jahr 700. Das Original ist im Rheinischen Landesmuseum in Bonn zu finden, doch ein Abguss lädt zur näheren Betrachtung ein. Es zeigt Christus und einige geometrische Muster, die für das Universum stehen sollen. Die Basaltlava-Stele wurde 1915 auf dem Kirchhof gefunden. Vermutlich wurde es zum Schutz der Verstorbenen auf dem Dorffriedhof aufgestellt, um böse Geister abzuwehren.

Nun lassen Sie uns einen Blick auf das ⌘ historische Rathaus aus dem Jahr 1535 werfen.

⌘ **Historisches Rathaus Moselkern**: In der Oberstraße steht dieses Bauwerk, das um das Jahr 1535 als Gemeindehaus entstand. Es zeichnet sich durch moselfränkische Fachwerkkonstruktionen aus, mit einer Breite von 9 m, einer Höhe von 14 m und einer Tiefe von 18 m. Gegen Ende des 16. Jahrhunderts wurde es mit einem Anbau versehen. Nachdem das Haus im späten 18. Jahrhundert übergangsweise als Kirchenersatz gedient hatte, endete seine Funktion als Rathaus etwa 1798. Im 19. Jahrhundert erlebte das Gebäude eine neue Nutzung als Schule und Lehrerwohnung und später als Zufluchtsstätte für Bedürftige. Im frühen 20. Jahrhundert wurde es zur Niederlassung des Ordens der „Dienerinnen vom Heiligen Herzen Jesu", wo die Schwestern bis 1969 Gemeindearbeit leisteten. Heute gehört das Haus der Ortsgemeinde Moselkern. Es dient nicht nur als Büro des Ortsbürgermeisters, sondern auch als Ort für Veranstaltungen. Weinproben und Führungen finden auf Anfrage statt.

☺ Im Erdgeschoss ist ein Metallring zu sehen: Rechtsbrecher wurden hier einst angekettet und der öffentlichen Schmach ausgesetzt.

Gefeiert wird in Moselkern auch. Wenn Sie am dritten Wochenende im Juli hier aufschlagen sollten, konzentriert sich der ganze Ort auf das Heimat- und Weinfest.

21. Etappe: Moselkern (Kreuzwegkapelle) – Löf

12 km, 3 Std., ↑ 383 m, ↓ 566 m, ⇧ 77-269 m

0,0 km	⇧ 254 m	Moselkern (Kreuzwegkapelle)
3,2 km	⇧ 260 m	Aussichtspunkt Küppchen
5,6 km	⇧ 129 m	Klettersteig Dollig
6,1 km	⇧ 87 m	Hatzenport
6,9 km	⇧ 167 m	Hermann-Schausten-Weinbergshäuschen
7,9 km	⇧ 142 m	Schutzhütte Rabenlay
12,0 km	⇧ 81 m	Löf, Café Restaurant Hotel Traube BANK

Entweder beginnen Sie den Morgen mit einem Aufstieg an der Ringelsteiner Mühle oder im Ort Moselkern – in jedem Fall geht es erst einmal sportlich zu. Decken Sie sich vorher mit Proviant ein. Dazu fragen Sie am besten im Hotel nach oder statten dem Kleinen Café-Haus noch einen Besuch ab. Von der Kreuzwegkapelle geht es zunächst ohne große Höhenunterschiede weiter. Bald durchqueren Sie den kleinen Ort Lasserg. Nur wenige Meter später stehen Sie am Aussichtspunkt Küppchen. Er dient auch als Absprungplatz für Paragliderinnen und Paraglider des Vereins Drachen- und Gleitschirmfliegerfreunde Rhein-Mosel-Lahn. Gegenüber sehen Sie den

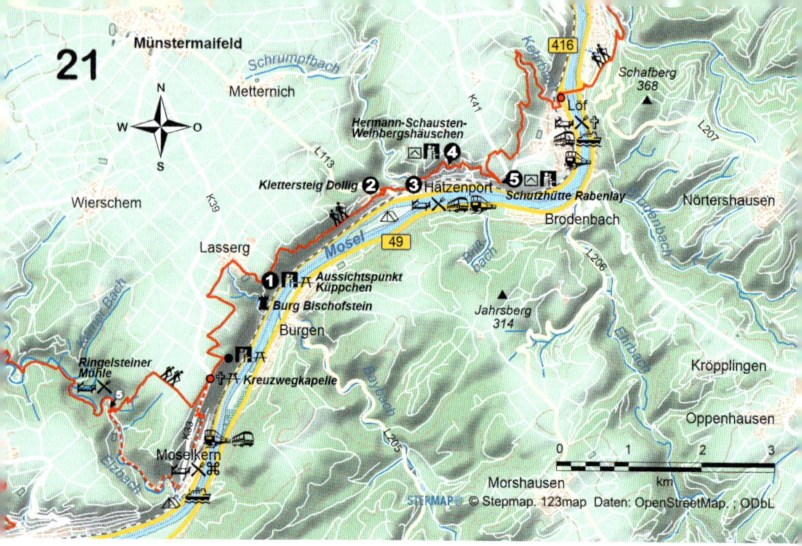

Ort Burgen mit dem Baybachtal sowie rechts unterhalb von Ihnen die majestätische Burg Bischofstein, die als Schullandheim fungiert. Nun führt der Weg bergab zum malerischen Weindorf Hatzenport, wo Sie (sollten Sie mittags oder abends hier vorbeikommen) in der Pizzeria Im Rosengarten verschnaufen können. Der Aufstieg zur Rabenlay mit ihrer Schutzhütte verspricht einen Moment der Ruhe. Der Moselsteig taucht hinab durch dichte Buchsbaumwälder, folgt den Windungen des Kehrbachtals und führt Sie schließlich zum Etappenziel: Löf.

Der Moselsteig schlängelt sich zunächst gleichmäßig an der Hangkante entlang, eingebettet in dichtes Waldgrün, das vorerst keine großartigen Ausblicke

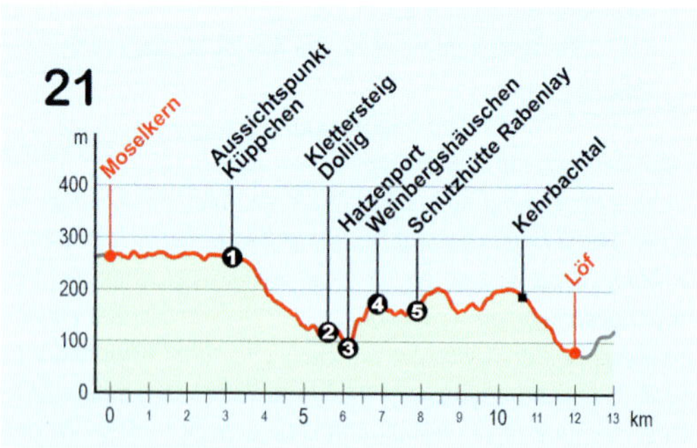

ermöglicht. Doch dann, bei einem Sendemast, öffnet sich eine Lücke: Vor Ihnen liegt ein Aussichtspunkt, der die Schönheit des Moseltals von Burgen bis Hatzenport freigibt. Der Weg schmiegt sich weiter an den Hang, bis Sie das Örtchen **Lasserg** erreichen. Zirka 300 m hinter dem Ortsausgang lädt eine Hütte mit Rastplatz zur Pause ein, Blick auf das Tal inklusive. Ein paar Schritte weiter eröffnet sich vom **Aussichtspunkt Küppchen** ❶ (km 3,2) aus ein nun wirklich spektakulärer Rundumblick – die majestätische Burg Bischofstein und Burgen grüßen aus der Tiefe.

Der Steig folgt weiter der Hangkante, bis er sanft in den Wald abknickt. Hier teilen sich der Moselsteig und der Traumpfad **Hatzenporter** Laysteig kurzzeitig einen Pfad, der durch den schattigen Wald nach Hatzenport hinabführt. Ein Rastplatz mit wieder einmal malerischem Talblick markiert das Ende dieses Wegabschnitts. Ein Panoramaweg nimmt Sie danach mit auf einen Spaziergang durch ehemalige Weinberge, bis Hatzenport in Form eines Neubaugebietes sich vor Ihnen ausbreitet.

Sie überqueren nun die L113 und stoßen bei km 5,6 auf den **Klettersteig Dolling** ❷, der eine kleine Herausforderung darstellt – allerdings sind die seilgesicherten Stellen und die Leiter gut zu bewältigen. Nun stehen Sie auch schon an der Bahnunterführung von **Hatzenport** ❸ (km 6,1).

Hatzenport ⇧ 85 m, 612 Ew.

Weinhaus Ibald, Moselstraße 34, 56332 Hatzenport, 026 05/20 43, service@weinhaus-ibald.de, weinhaus-ibald.de, ÜF EZ ab € 70, ÜF DZ ab € 100, Winzerküche in der Saison Fr-So ab 14:00 (Küche bis 20:00)

Winzerhof Gietzen mit Hofausschank Weinzeit, Moselstraße 70, 56332 Hatzenport, 026 05/95 23 71, service@winzerhof-gietzen.de, winzerhof-gietzen.de, ÜF DZ zur Einzelbelegung ab € 82,50, ÜF DZ ab € 115, Hofausschank von Mitte März bis Anfang November Fr ab 18:00, Sa ab 17:00, So ab 14:00 (Winterzeit: auf Anfrage für Wandergruppen)

Campinginsel Sonnenwerth, Hatzenporter Werth 1, 56332 Hatzenport, 026 05/21 51, moselcamping@t-online.de, campinginsel-hatzenport.de, Erwachsener pro Tag € 9, Zeltplatz pro Tag € 10

Imbiss Et' Ranzebärche, Lenniggasse 1, 56332 Hatzenport, 015 20/497 85 85, Currywurst, kleiner Biergarten und mehr zum Chillen und Krafttanken, während der Saison Fr-So 12:00-18:00, ☺ vom Imbiss aus kommen Sie direkt wieder auf den Moselsteig, wenn Sie sich in Richtung der alten **Kirche St. Johannes mit Kräutergarten** halten und dahinter über den schmalen Pfad aufwärtswandern.

Sie können von hier aus mittels ÖPNV zum Beispiel auch nach Löf, Kobern-Gondorf, Winningen oder gar Koblenz sowie in Richtung Trier gelangen.

Mit dem Schiff geht es nach Cochem, Alken und Koblenz. Mehr Informationen zu den Touren und Fahrplänen gibt es zum Beispiel auf hatzenport.de/unser-ort/aktivitaeten/schiffsausfluege und auf der Seite ms-goldstueck.de.

✞ ❀ **St. Johannes Kirche mit Kräutergarten**: Wo einst die Stille des alten Friedhofs bei der St.-Johannes-Kirche herrschte, gedeiht heute ein Kräutergarten. 2008 verwandelte sich der Ort der Ruhe in eine Oase der Natur. Die Gestaltung des Gartens ehrt mit seiner kreuzförmigen Beetanordnung die Geschichte des Ortes. Der Garten ist frei zugänglich an der Moselstraße 70. Die Kirche wurde im 13. Jahrhundert erbaut. Ihr romanischer Turm wacht über den Ort. Langhaus und Chor stammen aus dem 15. Jahrhundert, die Kanzel und der Taufstein von zirka 1600. Wer die Kirche besichtigen möchte, wendet sich an Karl-Josef Hasdenteufel unter ☏ 026 05/37 08.

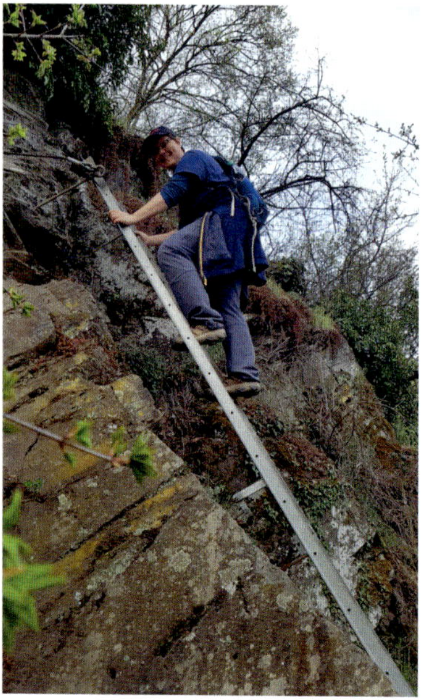

Am Klettersteig Dolling

Überqueren Sie die Straße vor dem Bahnübergang, statt in Richtung Ortskern rechts abzubiegen, so geht es in Serpentinen (blöd für kurze Beine) und durch Weinberge zunächst steil und über Treppen hoch. Der Weg führt dann vorbei an einigen alten Wingatshäisje, die Schutz vor Regen, Wind und Unwetter boten und als Pausen-, Geräte- und Materialräume genutzt wurden. Unter anderem passieren Sie bei km 6,9 das **Hermann-Schausten-Weinbergshäuschen ❹**.

Ein paar Meter weiter können Sie etwas abseits des Weges in einer etwas größeren „Unterkunft", der sogenannten Winzerhütte, mit hübschem Ausblick auf das Moseltal und die Johanniskirche rasten, bevor Sie noch einmal kurz in den Wald verschwinden.

Im Anschluss öffnet sich der Weg auch schon wieder und bei km 7,9 stehen Sie an der **Schutzhütte Rabenlay ❺**, wo auch eine Ruheliege zum Verweilen einlädt.

Der Moselsteig folgt nun einem Gehölzstreifen und überquert ein Feld. Nach der vorsichtigen Querung der K41 geht es durch einen Wald, bevor Sie schließlich den Kehrbach im Kehrbachtal erreichen. Hier verläuft der Pfad gemeinsam mit dem Bach sanft abfallend, gesäumt von Wald und vereinzelt durchbrochen von dichtem Buchsbaum, bis nach **Löf**. Unter einem dichten Laubdach, vorbei an den Stationen eines Kreuzweges, nähern Sie sich nun dem Ende der Etappe.

Am Ortsrand von Löf liegt die Entscheidung bei Ihnen: Entweder Sie nehmen den kleinen Abzweig zum Bahnhof oder Sie spazieren über die Bahnbrücke in den Ort hinein bis zum **Hotel Traube**, wo die Etappe nach 12 km offiziell endet.

Löf — 85 m, rund 1.000 Ew.

Hotel Traube, Alte Moselstraße 2, 56332 Löf, 026 05/980 80, info@mosel-hotel-traube.de, mosel-hotel-traube.de, ÜF DZ zur Alleinnutzung ab € 94, ÜF DZ ab € 119, während der Saison täglich 8:00-23:00, Frühstück 8:00-10:00, Mittagstisch 12:00-14:00, Abendessen 17:30-21:00

Pension Casa Brasil, Finkenweg 2, 56332 Löf, 026 05/41 28, info@pension-casabrasil.de, pension-casabrasil.de, Ü EZ € 35-45, Ü DZ € 55-70, F € 10

Restaurant Lomo (im Hotel Lellmann), Alte Moselstraße 36, 56332 Löf, 026 05/980 70, hotel.lellmann@t-online.de, hotel-lellmann.com, von deftig bis fein, auch für den kleinen Hunger (hier kann auch gefrühstückt werden!), mit Sonnenterrasse und Weinstube „RebLaus", täglich 17:00-22:00

Wie schon in den Orten zuvor: Per Bus und Bahn geht es von Löf aus überall hin – von Trier bis Koblenz ist alles drin.

Auch ein Schiffsanleger ist zu finden. Wer Lust auf einen Ausflug mit dem Boot zu einem der zahlreichen Orte mit Anlegestellen zwischen Cochem und Koblenz hat, begibt sich einfach an die Mosel. Aktuelle Fahrpläne sind zu finden auf ms-goldstueck.de.

Rund 1.000 Seelen nennen Löf ihr Zuhause. Das Dorf ist Namensgeber der Gemeinde Löf-Kattenes. Der Name Löf entstand aus den Wörtern „Loabia", was zu „Loeve", „Loeff" und schließlich Löf wurde. Das Dorf wurde erstmals in einer Urkunde aus dem Jahr 893 erwähnt. Seit 1973 repräsentiert eine Weinkönigin in Löf stolz die lokalen erlesenen Tropfen. Diese erste Weinkönigin in jenem Jahr hieß Edith Warm – und ein Glas Wein kostete nur 50 Pfennig.

Das Weinfest wird seit 1963 gefeiert – und zwar immer am zweiten Wochenende im Juli. Ein kleines Naturwunder sind die üppigen Buchsbaumwälder im Tal des Kanauls und im von Ihnen schon durchschrittenen Kehrbachtal, die zu den nördlichsten Vorkommen in Europa gehören. Kulturdenkmäler hat der Ort auch. Dazu zählt etwa die Kirche St. Luzia.

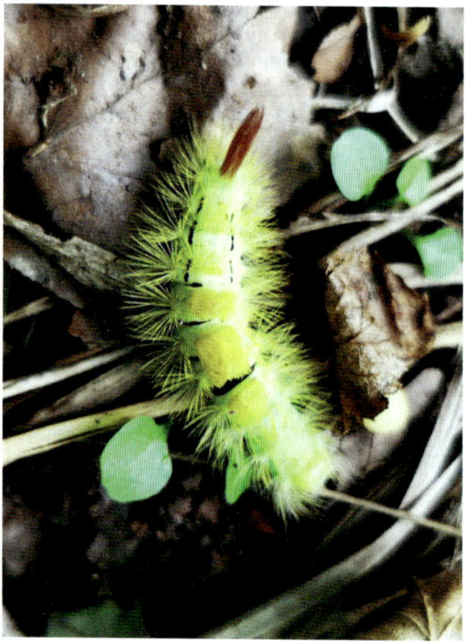

Tierische Begegnung

✞ **Kirche St. Luzia**: Die Pfarrkirche von Löf steht stolz in der Mitte des Dorfes, gekrönt von einem romanischen Glockenturm, dessen Ursprünge bis ins Jahr 1310 zurückreichen. Mit seinem romanischen Fundament, den eleganten Arkaden im Glockenbereich und dem fein gegliederten achteckigen Helm, der von vier schlanken Nebenhelmen flankiert wird, ist er eines der Schmuckstücke des Sakralbaus. Die Kirche selbst beeindruckt unter anderem mit einem barocken Langhaus, das 1738 abgeschlossen wurde. Eine Restaurierung im Jahr 1974 gab dem Innenraum neuen Glanz. Ein Juwel ist das Kirchenfenster, das den Ritter Johann zu Thurandt und Ehrenberg aus dem 15. Jahrhundert in voller Rüstung kniend darstellt. 1991 restauriert, zieht es Betrachterinnen und Betrachter in seinen Bann.

⇘ Spannend ist auch das ⌘ Tal der 13 Mühlen, auch Katteneser Mühlental genannt, das im Nachbardorf **Kattenes** zu finden ist. Am Bahnhof Löf steigen Sie einfach in den RB81, um nach Kattenes zu gelangen, wenn Sie dieses charmante Tal einmal durchwandern möchten.

⌘ **Tal der 13 Mühlen in Kattenes**: Entlang der steilen Straße (24 Prozent und damit eine der steilsten Straßen in Rheinland-Pfalz) haben Mühlenfans ihren Spaß. Die 13 Mühlen auf rund 500 m, die zwischen dem 18. und dem frühen 20. Jahrhundert entstanden, stehen heute zwar still, doch ihre Schönheit ist geblieben. Einige wurden restauriert und sind nun Heimstätten neuer Eigentümerinnen und Eigentümer, die ihre Bedeutung mit Infotafeln hervorheben. Die letzte Mühle hat ihren Betrieb übrigens im Jahr 1954 eingestellt.

Morgen warten noch mehr spannende Orte auf Sie, sodass Sie sich eine Mütze Schlaf gönnen sollten.

22. Etappe: Löf – Kobern-Gondorf

15,9 km, 5 Std. 30 Min., 752 m, 739 m, 67-318 m

0,0 km	81 m	Löf, Café Restaurant Hotel Traube
1,9 km	171 m	Parkplatz Burg Thurant
2,7 km	99 m	Alken
4,2 km	195 m	Bleidenberger Hütte
5,4 km	94 m	Oberfell
9,1 km	291 m	Röder-Kapelle
9,9 km	257 m	Hitzlay
12,6 km	106 m	Zuweg Pension Linkemühle
13,0 km	75 m	Niederfell, Ortsrand
15,9 km	99 m	Kobern-Gondorf, Parkplatz Traumpfad Koberner Burgpfad

Die heutige, sehr fordernde Etappe hält für Sie ein weiteres Mal traumhafte Ausblicke, liebliche Dörfer, Burgen, eine Wallfahrtskirche und sogar eine kleine Reise in die Vergangenheit bereit. Der Moselsteig führt zunächst nach Alken mit der sagenhaften Doppelburg Thurant und zahlreichen Einkehrmöglichkeiten. Dann geht es weiter über Oberfell und Niederfell (ebenfalls Einkehrmöglichkeiten) mit Aussichtspunkten wie der Hitzlay und der Mönch-Felix-Hütte bis nach Kobern-Gondorf. Kurz vor dem Ziel, in Niederfell, bietet sich übrigens die urige Pension Linkemühle als Übernachtungsdomizil an, die unweit des Moselsteigs gelegen ist und daher mit Moselsteig-Arrangements lockt. Laufen Sie dennoch weiter bis nach Kobern-Gondorf, so laden auch hier Restaurants zum Tagesabschluss ein.

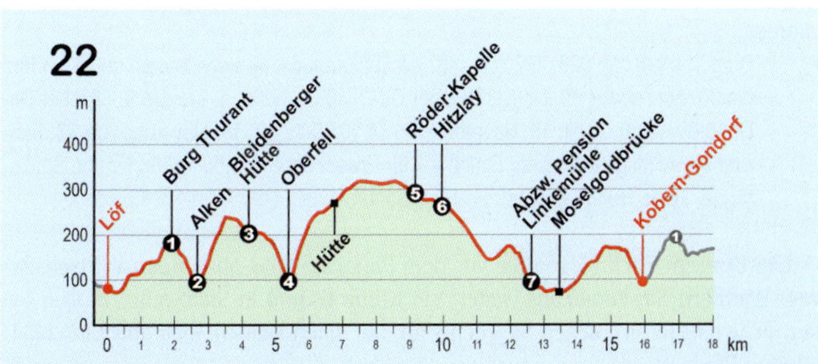

An der Gabelung mit Blick auf das **Hotel Traube** biegen Sie links ab. Die Niederbachstraße führt Sie aufwärts, vorbei am alten Löfer Pfarrhaus und hinein in eine Rechtskurve. Am Ende biegen Sie rechts ab auf die K41, die Sie über die Moselbrücke bringt. Am anderen Ufer geht es in der Kurve hinter der Brücke erneut rechts ab und Sie folgen den Schildern mit den Aufschriften „Burg Thurant" und „Alken". Am Ende des Schotterweges angekommen geht es für Sie scharf rechts weiter bergauf. Am Ende einer Linkskurve treffen Sie auf die L207.

Überqueren Sie diese vorsichtig, um dann scharf links in die geteerte Auffahrt zur Burg Thurant abzubiegen.

An der nächsten Gabelung geht es für Sie links runter. Links von Ihnen liegen nun Weinberge. An einer Weinbergsmauer gelangen Sie über Treppenstufen weiter bergauf. An der Schutzhütte mit Moselblick können Sie verschnaufen – danach überqueren Sie die Straße, passieren Felsen und biegen dann sofort links ab auf einen schmalen Hangkantenpfad. Bleiben Sie auf der Höhe, bis Sie wieder auf Asphalt und damit auf den **Parkplatz der Burg Thurant** ❶ (km 1,9) treffen.

Burg Thurant – die Doppelburg: Die Burg wurde zum Teil auf römischen Mauern errichtet. Doch warum hat sie zwei Bergfriede? Ab der Mitte des 13. Jahrhunderts gehörte die Thurant den Erzbistümern Trier UND Köln. Und so gab es zwei Burggrafen. Klar, dass jeder eigene Räume, einen eigenen Eingang und eben auch einen eigenen Bergfried besitzen wollte. Der Kölner Turm kann als Aussichtsturm erklommen werden. Weniger sportliche Naturen können einen kleinen Museumsrundgang unternehmen oder im Café Platz nehmen, das geöffnet ist, sobald auch die ihre Pforten öffnet. Auch ein kleiner Kiosk ist vorhanden. Zudem erwarten Sie eine Kapelle, ein Weinkeller und Burgverlies mit Folterkammer.

- Burg Thurant, 026 05/20 04, info@thurant.de, www.thurant.de, 1. März bis 30. April sowie 10. bis 31. Oktober Do-Di 10:00-17:00, 1. Mai bis 9. Oktober Do-Di 10:00-18:00, 1. bis 15. November Do-Di 10:00-16:00, 16. November bis 28. Februar sowie Mi geschlossen, Eintritt € 4 für Erwachsene, € 2,50 für Kinder und Studierende, keine Hunde erlaubt

Die Burg im Blick biegen Sie vor dem Parkplatz links ab auf den Wirtschaftsweg. Wandern Sie geradeaus weiter; ein Kreuz kommt in Sichtweite. Wollen Sie hier nicht pausieren, biegen Sie rechts ab, auf einen kleinen, sich abwärtsschlängelnden Pfad.

Auf den letzten Metern vor Alken setzen Sie Ihre Füße mit Bedacht. Zum Teil sind die steinigen Passagen seilgesichert.

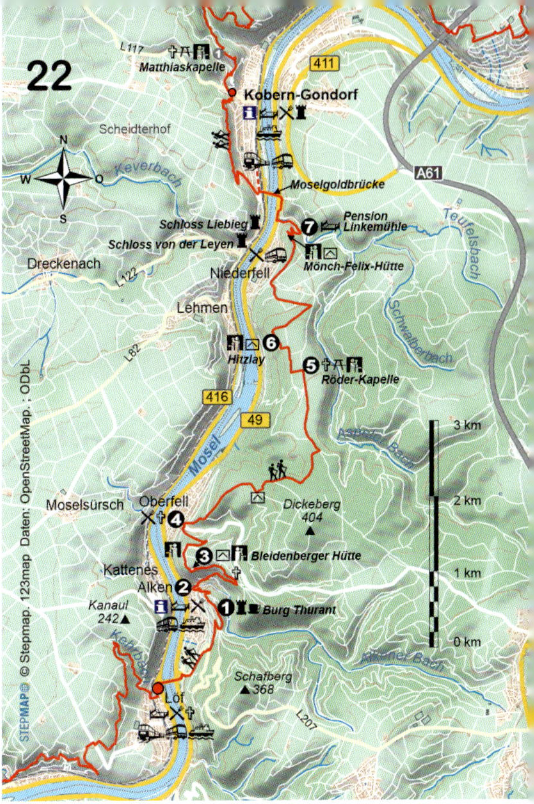

Bald schon treffen Sie auf den kleinen Ehrenfriedhof an der ✝ Alten St.-Michael-Kapelle Alken. Das **Beinhaus** wird Sie auch eine Weile fesseln.

✝ **Alte St.-Michael-Kapelle**: Diese Kapelle ist für mich eines der vielleicht schönsten Gotteshäuser an der Mosel. Die St. Michaelsbruderschaft kümmert sich liebevoll um ihre Erhaltung und Sanierung. Ihr Inneres erstrahlt farbenfroh, die originalgetreue Ausstattung sowie die mittelalterlichen Fresken sind imposant. Die Multimediapräsentation „Zeitreise" ist zu festen Zeiten gratis zu sehen. Der Inhalt des Beinhauses, Alkens wohl gruseligste Attraktion, ist durch ein Eisengitter zu begutachten. Hier befinden sich die Knochen jener, die aufgrund des Platzmangels umgebettet werden mussten. Auf dem Friedhof finden Sie Steinkreuze, die Geschichten aus dem 16. Jahrhundert erzählen.

♦ www.alken.de/gemeinde/alkener-vereine/976-michaelsbruderschaft-alken,
Ostern bis Ende Oktober So und feiertags 14:00-17:00

Über steile Treppen und vorbei an 14 Kreuzwegstationen geht es hinab in den Ort ❷, den Sie allerdings nur streifen. Aber ein kleiner Abstecher in den Ort lohnt sich nicht nur in Zeiten des Winzerhöfefestes mit Livemusik, das jedes Jahr im August stattfindet.

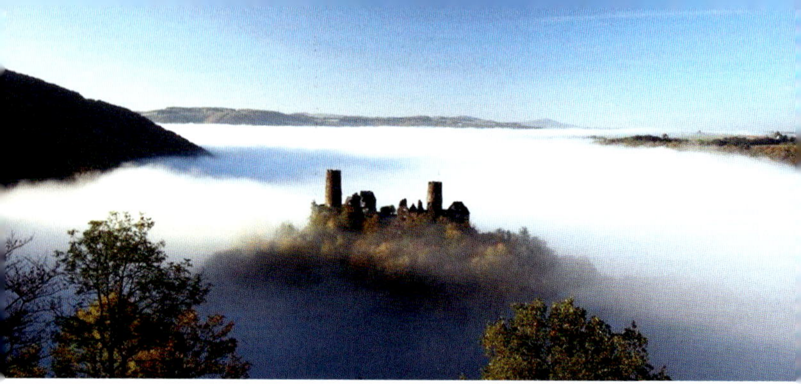

Burg Thurant

Alken ⇧ 80 m, rund 700 Ew.

Tourist-Information Sonnige Untermosel Alken, Moselstraße 7, 56332 Alken, 026 05/847 28 08, touristik@sonnige-untermosel.de, sonnige-untermosel.de, in der Saison Mo-Fr 9:00-17:00, Sa und So 10:00-14:00

Turmgasthaus Burg Thurant, Moselstraße 15, 56332 Alken, 026 05/849 85 80, kontakt@turmgasthaus.de, turmgasthaus.de, Ü EZ ab € 56, Ü DZ ab € 75, Mo, Di, Fr, Sa 17:00-23:00 (warme Küche bis 20:45), So 12:00-15:00 und 17:00-22:00 (warme Küche 12:00-14:15 und 17:00-20:45), Ruhetag: Mi und Do (außer an Feiertagen)

Landhaus Müller, Moselstraße 6, 56332 Alken, 026 05/95 25 12, info@mosel-hotel-alken.de, mosel-hotel-alken.de, ÜF EZ ab € 65, ÜF DZ ab € 100

Burg Döner, Moselstraße 18, 56332 Alken, 026 05/962 26 56, burgdoener.de, Drehspießgerichte, Pizza, Döner, Vegetarisches, Pasta, Schnitzel, Hamburger und mehr, täglich 11:00-22:00

Busse bringen Sie von Alken in zahlreiche andere Orte.

Alken ist der Liegeplatz der MS Goldstück. Damit können Sie unter anderem Tages- und Halbtagesfahrten zum Beispiel von Alken nach Cochem oder Koblenz unternehmen. Mehr Infos und die Fahrpläne gibt es unter ms-goldstueck.de.

Das Winzerdorf Alken scheint direkt aus einem Märchenbuch gefallen zu sein. Die Fachwerkhäuser, historischen Tore und die majestätische Burg Thurant sind nur einige der Schätze, die Alken zu bieten hat. Die Blumengasse, das ehemalige Pfarrhaus in der Oberstraße 7 und auch das Fachwerkhaus in der Von-Wiltberg-Straße Nummer 12 sind nur einige der vielen fotografischen Highlights. Lassen Sie uns noch einige weitere entdecken:

⌘ **Fallerport**: Alken in Miniatur gibt es im Sommer im Fallerport zu bewundern. Es handelt sich hierbei um das ehemalige Haupttor der Stadt in der Oberstraße. Das Modell ist eine liebevolle Darstellung der Stadtgeschichte im Maßstab 1:72 und steht im ersten Stock des historischen Schmuckstückes.

Überbleibsel der alten Stadtmauer gibt es noch weitere in Alken. Ein alter Tordurchgang, der Rundturm an der Moselpromenade und der mysteriöse ⌘ Hexenturm im Weinberg – sie alle erzählen stille Geschichten von Verteidigung und Schutz.

Lust auf ein weiteres steinernes Geschichtsbuch? Dann geht es jetzt wieder in die Oberstraße:

⌘ **Malteserhaus**: Auch das Malteserhaus in der Oberstraße 25/27 ist nicht nur ein Gebäude, sondern eher ein Zeitzeuge. Dieses Haus, dessen Kern aus dem 13. Jahrhundert stammt, besitzt einen langrechteckigen Kernbau und den Torbogen mit dem darüberliegenden Erkerzimmer. Der Fachwerkserker verleiht dem Gebäude einen besonderen Charme. Das Haus war einst eine kleine Festung, bevor es Teil der Stadt wurde. Früher gab es nur Schießscharten statt Fenster. Letztere wurden erst 1922 eingebaut.

Sie sind eher interessiert an der Feierkultur in Alken? Auch damit kann der Ort dienen. Neben dem schon gelobten Winzerhöfefest steht am dritten Fastensonntag stets das Moosemannfest an. Während des Festes reisen Sie zurück ins Mittelalter, begleitet von einer farbenfrohen Karawane aus Rittern und Edelleuten, die in traditionellen Gewändern durch die Gassen ziehen. Die Hauptattraktion? Die Nachstellung der Eroberung der Burg Thurant, ein Schlüsselmoment in Alkens Geschichte.

Wenn Sie keine Lust auf den Bummel durch Alken haben, biegen Sie an der Von-Wiltberg-Straße rechts ab und halten sich ein paar Meter weiter wieder rechts. Sie durchqueren ein ehemaliges Stadttor, das Osttor. Kurz nach der **Pilgerherberge am Bleidenberg** (km 2,7) biegen Sie links auf den schmalen Pfad ab, gespickt mit Schiefergeröll. Vor Ihnen liegt der Aufstieg auf den **Bleidenberg** – oder anders gesagt: der Sieben-Fußfälle-Klettersteig. Für diesen brauchen Sie viel Luft und einen sicheren Tritt, obschon an keiner Stelle wirklich geklettert werden muss.

Haben Sie sich hinaufgekämpft, so stehen Sie an der ✝ **Wallfahrtskirche auf dem Bleidenberg**, vor der ein Denkmal in Form einer Pilgermuschel zu sehen ist. Es ist der erste Pilgerstein auf dem Mosel-Camino. Er wurde im Rahmen der 764. Bergwallfahrt im Jahr 2012 eingeweiht. Bevor Sie nach den letzten Stufen des Klettersteigs direkt links auf den Wanderweg abbiegen, der Sie um die Kirche herum nach **Oberfell** führt, gönnen Sie sich zunächst einen Rundgang durch das Innere.

✝ **Wallfahrtskirche (Dreifaltigkeitskirche) auf dem Bleidenberg**: Gebaut wurde die Kirche im 13. Jahrhundert. Wesentliche Teile, Reste einer frühromanischen Marienkapelle, stammen allerdings bereits aus dem 10. oder 11. Jahrhundert. Jedes Jahr führt die Dreifaltigkeitsprozession von Oberfell aus an diesen Ort. Aufgrund eines Feuers, das aus einem Blitzeinschlag resultierte, sind hier keine Malereien zu bestaunen. Stöbern Sie stattdessen in den Pilgerbüchern.

♦ ganzjährig, Zugang über den Eingang auf der Nordseite

Zurück auf dem Moselsteig, der Sie nach den Stufen ja nach links führt, erreichen Sie kurz nach der **Bleidenberger Hütte** ❸ (km 4,2) ein kleines Häuschen. Hierbei handelt es sich um eine Imkerei. Nehmen Sie den Schlenker mit, den der Wanderweg vor dieser Imkerei macht, und folgen Sie der Rechtskurve in Hangnähe.

Ein Bienenlehrpfad bringt Sie nun zunächst an eine Aussichtsplattform. Bald schon entdecken Sie rechter Hand die ⌘ **keltische Pfostenschlitzmauer**, links unter Ihnen erhebt sich der imposante ⌘ **Waldelefant**, auch **Lagerstätte des Homo Erectus** genannt. Sie bleiben auf dem Hauptweg, es sei denn, Sie möchten hinunterlaufen und das elefantöse Werk des Schmieds aus dem Café zur Tanke in Kail, Jürgen Berens, aus der Nähe betrachten.

⌘ **Waldelefant oder Lagerstätte des Homo Erectus**: Diese Nachbildung nimmt Sie mit auf eine Reise weit zurück in die Altsteinzeit, eine Ära, in der die ersten Menschen geschickt Steinwerkzeuge und Faustkeile formten. Diese Vergangenheit erwacht durch die Cortenstahl-Skulpturen zum Leben. Die Darstellungen eines Mannes, bewaffnet mit einem Speer, und einer Frau, die gerade das Feuer entfacht, verkörpern die täglichen Überlebensherausforderungen unserer Vorfahrinnen und Vorfahren. Eine nachgebaute Behausung und lebensgroße Darstellungen des Waldelefanten und eines Wollnashorns ergänzen die Szenerie.

Der Moselsteig entführt Sie nun auf eine malerische Route, die sich von den Höhen des Waldes mitunter steil hinab an den Rand vom Dorf **Oberfell** ❹ (km 5,4) schlängelt.

Oberfell

✕ ⛫ ✞ ⇧ 90 m, rund 1.200 Ew.

✕ Pizzeria Roma, Moselstraße 18, 56332 Oberfell, bekannt für leckere Pizzen und Schnitzel, ☺ Empfehlung: Pizza Bacon Delight, Oberfeller Schnitzel oder das Schlemmerschnitzel probieren!, ▯ Di-Sa 17:00-23:00, feiertags und So 11:30-23:00, Ruhetag: Mo

⛫ Bio-Bäckerei Barth, Hauptstraße 38, 56332 Oberfell, ▯ Mo-Fr 6:00-12:30, Sa 6:00-12:00 und So 7:30-10:30

♦ Metzgerei Christ, Hauptstraße 41, 56332 Oberfell, ▯ Mo 9:00-12:00, Di und Mi 8:30-13:00, Do und Fr 8:30-13:00 und 14:30-18:00, Sa 8:00-12:30

Der Moselsteig fordert Sie nun erneut mit einem sehr steilen Aufstieg heraus, der durch die Weinberge zu einer ⌂ Schutzhütte mit ▣ Blick auf Oberfell führt. Der Anstieg wird hier milder und Sie wandern durch lichten Wald, bis sich plötzlich der Vorhang des Grüns hebt und Ihnen ein ▣ Ausblick bis in die Eifel geboten wird. Entlang des Waldrandes und vorbei an einer Reihe von Apfelbäumen erreichen Sie dann die ⌂ Hütte auf dem Schildberg.

Doch der Gipfel ist noch nicht ganz erklommen. Der Steig schlängelt sich durch den Wald und steigt dabei immer noch weiter an. Hier führt der Weg durch einen stillen Laubwald, an dessen Ende es über offene Felder der Hochebene entspannt weitergeht bis zur

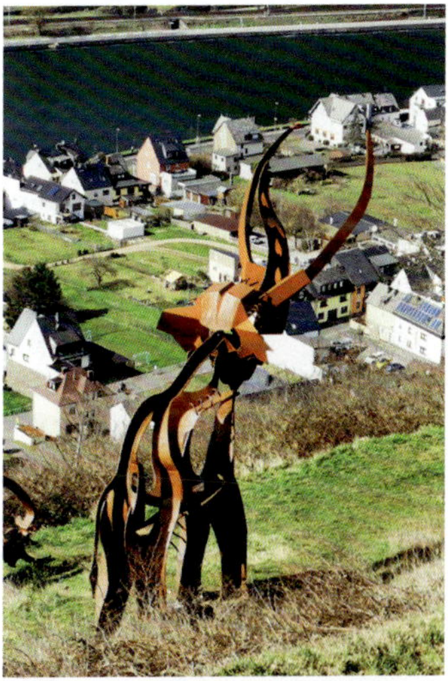

Waldelefant Oberfell

Röderkapelle ❺ (km 9,1). Danach schmiegt sich der Weg wieder näher an die Hangkante, wo Sie bald schon bei km 9,9 die **Hitzlay** ❻ erreichen, einen Aussichtspunkt, der Ihnen einen unvergleichlichen Blick auf die Mosel und die Staustufe bei Lehmen eröffnet.

Der Weg folgt nun eine Weile erneut der Hangkante und führt dann durch Streuobstwiesen immer tiefer bergab. Ein Zwischenanstieg durchbricht den Abstieg, während sich Ihnen mehrfach der Blick moselabwärts öffnet. Jenseits der Moselgoldbrücke kündigt sich bereits **Kobern-Gondorf**, das Ziel dieser Etappe, an. Zuvor jedoch ruft die **Mönch-Felix-Hütte**, ein kleiner, hölzerner Aussichtsturm. Der letzte Abschnitt führt Sie auf einem recht steilen Pfad mit engen Serpentinen hinab ins Aspelbachtal. Wenn Sie an ein Haus mit Zaun gelangen, haben Sie die Qual der Wahl, denn nun können Sie sich für den 120 m kurzen **Zuweg zur Pension Linkemühle** ❼ (km 12,6) entscheiden und den Tag dort bereits gemütlich beschließen, denn hier empfängt man Wanderinnen und Wanderer mit offenen Armen. Dazu gehen Sie weiter geradeaus auf dem Traumpfad Schwalberstieg. Nach gut 120 m liegen links von Ihnen der Startpunkt des Schwalberstiegs sowie der Parkplatz der Pension Linkemühle.

Pension Linkemühle in Niederfell, Bachstraße 22, 56332 Niederfell, ☏ 02607/65 05, info@linkemuehle.de, linkemuehle.de, **Moselsteig-Paket** (nur telefonisch oder per Mail buchbar!): Zwei Nächte im Selbstversorgerapartment kosten für eine Person im DZ € 150, für zwei Personen im DZ € 240, inklusive sind obendrein: Abhol- und Bringservice vom/zum nächsten Etappenort, ein Lunchpaket pro Person für die Etappe nach Winningen oder Löf – je nachdem, ob Sie in Perl oder Koblenz losgelaufen sind – sowie Endreinigung, € 8 pro Tier und Nacht, WLAN und, ohne großartigen Luxus, aber saubere und rustikale Zimmer (hier findet man keine Snobs), antialkoholische Getränke sowie Wein können in der Pension erworben werden. Die urige Pension mit Herz war einst eine Getreidemühle, ein Bauern- und Winzergehöft. Erbaut wurde sie wohl Mitte des 17. Jahrhunderts. 1968 stellte man den Betrieb ein. Heute gibt es hier charmante Apartments mit Schlafraum (Doppelbetten), Single-Küche, Essbereich und Bad; eines davon im Souterrain. Die Terrasse lädt zum Verweilen ein und die kleine „griechische" Ecke am Bach zum Grillen.

☺ Abends liefert die Pizzeria Roma bei Bedarf aus Oberfell sehr leckeres Essen.

Entscheiden Sie sich dafür, Ihren Weg nach Kobern-Gondorf weiterzugehen, dann folgen Sie dem Pfad statt zur Mühle an der Abzweigung nach links zwischen den Häusern hindurch abwärts zum Ortsrand von **Niederfell** an der Bundesstraße B49. In Niederfell finden Sie unter anderem das Café Sander, das sehr zu empfehlende Gasthaus Traube und den Hauptsitz der Bio-Bäckerei Barth.

Niederfell

⇧ 80 m, rund 1.000 Ew.

Gasthaus Traube, Moselstraße 27, 56332 Niederfell, ☏ 026 07/961 92 92, traube-niederfell@mail.de, traube-niederfell.com, sehr gutes Essen, freundliche Atmosphäre, im Sommer ist auch die Terrasse geöffnet, Di, Do-Sa 17:30-21:00, So 12:00-14:00 und 17:30-20:00, Ruhetage: Mo und Mi

Café Sander, Moselstraße 15, 56332 Niederfell, ☏ 026 07/83 09, info@cafesander.com, cafesander.com, süße und auch kleine deftige Leckereien, Di-So 6:30-18:30, Ruhetag: Mo

Bio-Bäckerei Barth, Kehrstraße 22, 56332 Niederfell, ☏ 026 07/85 88, bio-barth.de/baeckerei, Mo-Sa 6:00-11:30, So 8:00-10:00

Der Bus bringt Sie zurück nach Alken, nach Kobern oder auch nach Koblenz.

Eine letzte Brücke über die Mosel, die **Moselgoldbrücke**, bietet Ihnen einen Blick auf die Burgen über Kobern-Gondorf, bevor Sie wieder die Eifelseite erreichen.

↳ Am Brückenkopf leitet ein Zuweg Sie rechter Hand binnen weniger Minuten zum Bahnhof und weiter zum Marktplatz von Kobern.

Wenn Sie allerdings dem Originalverlauf des Moselsteigs folgen wollen, wandern Sie ab der Brücke geradeaus weiter und biegen in die Straße Im Vogelsang ein. Oben geht es für Sie über schmale Singletrails, die noch einmal ein wenig Konzentration fordern. An der ⌘ **Schutzmantelmadonna** der **Koberner Stände** führt der Moselsteig nun letztlich doch hinab in den Ort. Den offiziellen Endpunkt dieser Etappe bildet der **Parkplatz des Koberner Burgpfades** neben der ✞ **Dreikönigskapelle**. Hier, bei km 15,9, stößt auch der Bahnhof-Zuweg wieder zu Ihnen.

Kobern-Gondorf

⇧ 82 m, rund 3.150 Ew. (komplette Gemeinde)

Büro für Touristik und Kultur Kobern-Gondorf, Lennigstraße 12-14, 56330 Kobern-Gondorf, ☏ 026 07/10 55, touristik@kobern-gondorf.de, kobern-gondorf.de, Di und Fr 9:00-12:30, Mi 9:00-12:30 und 13:30-16:00

Winzerhaus am Brunnen, Marktplatz 13-15, 56330 Kobern-Gondorf, ☏ 026 07/973 35 05, oberburg@aol.com, winzerhaus-am-brunnen.de, ÜF EZ ab € 98, ÜF DZ € 114, Begrüßungsgetränk inklusive, in der Sommersaison Fr und Sa 16:00-22:00, sehr gemütlich, sehr nettes Personal und sehr nette Inhaber, gutes Essen, auch moselländische Spezialitäten

Landgasthaus Zur Kupferkanne, Lutzstraße 20, 56330 Kobern-Gondorf, ☏ 026 07/342, info@zur-kupferkanne.de, zur-kupferkanne.de, ÜF EZ ab € 70, ÜF DZ ab € 110

Alte Mühle Höreth, Mühlental 17, 56330 Kobern-Gondorf, ☏ 026 07/64 74, fragen@altemuehlehoereth.de, altemuehlehoereth.de, in der über 1.000 Jahre alten Mühle gilt die gehobene Preisklasse, aber ganz besonderes Ambiente und leckere Gerichte, Öffnungszeiten stets tagesaktuell auf der Homepage zu finden (variieren), geraten wird, vorher einen Tisch zu reservieren!

Mit Bus und Bahn erreichen Sie von Kobern aus nahezu jeden Moselort.

Beliebt sind zum Beispiel die Rundfahrten zwischen Brodenbach, Löf, Alken, Kattenes, Oberfell, Kobern, Winningen und Koblenz. Wer mehr über die Touren wissen möchte, findet Infos auf k-d.com oder ms-goldstueck.de.

Kobern-Gondorf wurde erstmals urkundlich im Jahr 871 als „controvia" erwähnt. Kobern selbst taucht erst im Jahr 980 als „coverna" auf.

Heute erstreckt sich Kobern-Gondorf über 3 km entlang der Mosel. Aber Kobern-Gondorf ist mehr als nur ein Ort mit historischen Gebäuden und Straßen, die ihre mittelalterliche Anordnung bewahrt haben. Die heutige Gemeinde, geboren aus der Vereinigung von Kobern, Gondorf und Dreckenach zwischen 1969 und 1970, ist ein Ort, an dem die Vergangenheit in den liebevoll restaurierten Gebäuden lebendig wird. Wenn allerdings der **Tatzelwurm** während Ihres Aufenthaltes ebenfalls lebendig werden sollte, dann haben Sie ein Problem. Ein großes Problem.

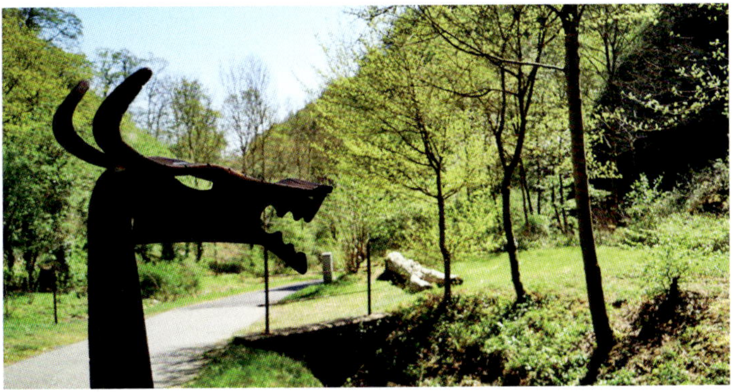

Tatzelwurm Kobern

⌘ **Tatzelwurmbrunnen**: In Kobern-Gondorf spielte einst eine Sage eine zentrale Rolle, die von einem heldenhaften Kreuzritter namens Heinrich handelte, der ein furchteinflößendes Ungeheuer besiegte: Der Tatzelwurm war halb Löwe, halb Lindwurm. Zur Erinnerung an diese Sage entstand der Tatzelwurm-Weinbrunnen. Die Keramikfigur des Tatzelwurms, aus dem Wein und Wasser flossen, wurde in Höhr-Grenzhausen gebrannt. Doch dieses erste Denkmal überlebte nicht lange. Ende 1944 zerstörten Wehrmachtsangehörige den Brunnen nach einer Party und die Gemeinde musste ihn ersetzen. In den 1960er-Jahren wurde auf dem Marktplatz von Kobern deshalb ein neuer Tatzelwurm-Weinbrunnen aufgestellt. Die jüngste Umgestaltung des Marktplatzes fand zwischen 2013 und 2014 statt. Der Weinbrunnen verwandelte sich dabei in ein modernes Denkmal mit Fontänen.

♦ Wer sich in die Historie des Tatzelwurms vertiefen möchte, findet mehr Infos unter 💻 www.kuratorium-kobern.de/marktplatz. Für alle, die das Erbe des Tatzelwurms hautnah erleben möchten, bietet der 🚶🚶 Tatzelwurmweg eine thematische Wanderung. Infos zur Tour gibt es unter 💻 www.tourenplaner-rheinland-pfalz.de/de/tour/themenweg/tatzelwurmweg-kobern-gondorf/106104513/ – sie lohnt sich und ist nur rund 8 km lang.

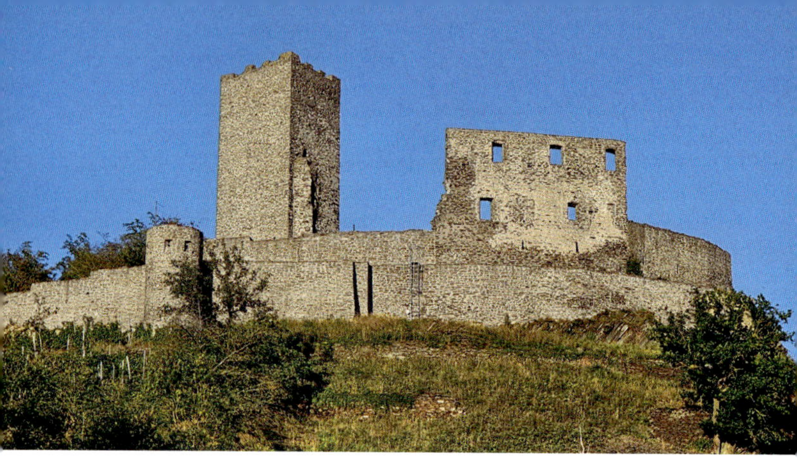

Eine der vier Burgen Koberns

Wer von Burgen noch nicht genug hat, der erlebt in Kobern und im Ortsteil Gondorf sein blaues Wunder. Gleich vier dieser Bauwerke sind hier zu finden.

♜ **Burg Oberburg**: Ihre Ursprünge liegen im Dunkeln, aber bereits im 12. Jahrhundert war die Oberburg als Stammsitz der Herren von Kobern bekannt. Ihr charakteristisches Merkmal, der Bergfried, bildet das Herzstück der Anlage. Allein der Innenhof war einst 40 m x 110 m groß. Die Geschichte der Burg ist eng mit dem Geschlecht der Isenburger verknüpft, insbesondere mit Gerlach I., der im 12. Jahrhundert die Burg modernisierte und erweiterte. Die urkundliche Erwähnung beider Burgen, der Ober- und Niederburg, im Jahr 1195 markiert einen Wendepunkt in ihrer Geschichte, als sie in die Lehensabhängigkeit des Erzbischofs von Trier übergingen. Die historische Stätte, die heute als Aussichtspunkt dient, bleibt ein faszinierendes Zeugnis der Vergangenheit.

Weiter geht es zur ♜ Niederburg, ganz in der Nähe.

♜ **Burg Niederburg**: Die Niederburg, die unterhalb der Oberburg liegt, wurde zirka 1190 ebenfalls von Gerlach I. von Kobern-Isenburg geschaffen. Er befand den Bau dieser Festung für notwendig, denn er sah sich der Bedrohung durch den Erzbischof von Trier gegenüber. Die Niederburg sollte eine uneinnehmbare Zuflucht sein. Sie wurde auf dem neuesten Stand der damaligen Burgentechnik errichtet – und hielt sogar einer zweijährigen Belagerung durch den Erzbischof stand. Gerlach unterlag trotzdem: Eine List lockte ihn aus seiner Festung und brachte ihm die Gefangenschaft.

Obwohl Gerlach die Burgen später zurückerhielt, war er nun nicht mehr der unabhängige Herrscher von Kobern, sondern ein Lehensmann des Erzbischofs. Die Niederburg wurde erst im Pfälzischen Erbfolgekrieg durch französische Truppen endgültig zerstört. Von der ehemals stolzen Burg sind heute nur noch der Bergfried und einige Mauerreste erhalten. Sie sind jederzeit frei zugänglich, wie auch die Oberburg. Ein Kreuzweg verbindet die Überreste der Niederburg mit denen der Oberburg und der Matthiaskapelle.

Mit eben dieser ✞ Matthiaskapelle kommen wir zu einem besonderen Ort, Erinnerungen an Trier werden wach.

✞ **Matthiaskapelle**: Die über 800 Jahre alte Kapelle mit ihrer überraschend orientalisch anmutenden Innenausstattung bricht mit den konventionellen Vorstellungen einer typischen Moselkapelle. Die schwarzen Säulen und der geheimnisvolle Mosaikboden verleihen dem Raum ein mystisches Ambiente. Schauen Sie sich einmal genau um: Entdecken Sie die seltsamen Fratzen an den Kapitellen? Warum sie dort zu finden sind, weiß niemand. Die Geschichte der Matthiaskapelle ist eng mit der Legende des Kreuzritters Heinrich II. von Isenburg-Kobern verwoben. Man sagt, er habe das Haupt des Apostels Matthias um 1220 herum aus Ägypten mitgebracht. Die Kapelle sollte als Aufbewahrungsort für diese kostbare Reliquie dienen, weshalb sie überhaupt gebaut wurde. Das Haupt des Apostels Matthias blieb jedoch nicht lange in Kobern. Nach einer abenteuerlichen Reise fand es seinen Platz in der Benediktinerabtei St. Matthias in Trier.

Matthiaskapelle

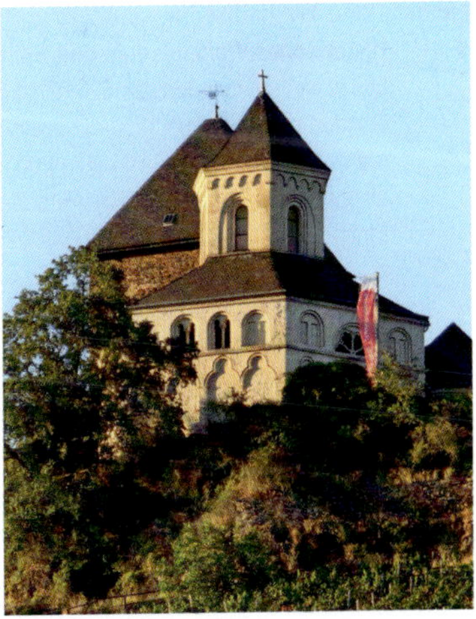

♦ Besucherinnen und Besucher können dieses architektonische Meisterwerk zwischen Ostern und Allerheiligen an Sonn- und Feiertagen 11:00-17:00 bestaunen.

Aber sprachen wir nicht von vier Burgen und Schlössern? Ja, das stimmt. Die beiden nächsten alten Gemäuer dieser Art sind in Gondorf zu finden: das ♜ Schloss Liebieg und das ♜ Schloss von der Leyen.

♜ **Schloss Liebieg**: Das Schloss Liebieg in Gondorf war zunächst als Gondorfer Niederburg bekannt. Seinen heutigen Namen verdankt das Schloss dem Freiherrn Theodor von Liebieg. Die Geschichte des Gebäudes reicht zurück bis ins 12. Jahrhundert. Nach einer Zeit der Zerstörung durch französische Truppen während der Französischen Revolution erstand die Familie Clemens die Ruinen und verwandelte sie in das heutige Anwesen. Später, als Theodor von Liebieg die Tochter des Hauses heiratete, begann eine neue Ära – das Schloss wurde fortan nach seiner Familie benannt. Aktuell befindet sich Schloss Liebieg in einer Phase der Restaurierung und ist für die Öffentlichkeit geschlossen.

♦ Fun Fact: Schloss Liebieg war das erste Ziel einer Auto-Fernreise. Baron Theodor von Liebieg wollte von Reichenberg in Böhmen mit einem Benz Viktoria an die Mosel reisen, um seine Mutter zu besuchen. Was heute mit dem Wagen rund sieben Stunden dauern würde, nahm 1894 sieben Tage in Anspruch. Liebieg fuhr im Anschluss übrigens auch wieder zurück nach Böhmen.

♜ **Schloss von der Leyen (Wasserschloss plus ⌘ Museen)**: Schloss von der Leyen ist wirklich zäh. Das Wasserschloss aus dem 12. Jahrhundert wird buchstäblich durchschnitten. Es ist übrigens das einzige Wasserschloss an der Mosel. Die B416, die im 20. Jahrhundert durch das Erdgeschoss des Schlosses gelegt wurde, und eine Eisenbahnlinie, die bereits seit 1876 das Schloss zweiteilt, prägen heute sein Erscheinungsbild. Hätte man die baulichen Änderungen nicht zugelassen, wäre das Schloss heute Geschichte. Stattdessen beherbergt es ein Heimat- und Weinmuseum.

♦ **Historisches Weinmuseum und Heimatmuseum**, Von-der-Leyen-Platz 1 a, 56330 Kobern-Gondorf, ☏ 026 07/44 60 oder 026 07/704 (Kultur- und Heimatverein Gondorf e. V.), 💻 kultur-heimatverein-gondorf.de, 🚪 beide Museen: 1. Mai bis zum letzten So im Oktober Sa 11:00-14:00 und So 14:00-16:00 und ganzjährig nach Vereinbarung für Gruppen ab acht Personen, ganzjährig sind auch Weinproben möglich, Eintritt frei.

Lassen Sie uns zurückwandern nach Kobern: Hier bietet Ihnen die **i** Touris-Info auch geführte Dorfrundgänge, Infos zum ⌘ **Goloring** (keltischer Ringwall, auch Eifel-Stonehenge genannt) oberhalb von Kobern oder auch zum ⌘ **Norbertusstollen**. Beide sind nur im Rahmen von Führungen zugänglich.

Wer nun genug von Besichtigungen hat, dem wünsche ich einen gemütlichen Tagesabschluss. Morgen geht es weiter nach **Winningen**.

23. Etappe: Kobern-Gondorf – Winningen

11,2 km, 4 Std., ↑ 538 m, ↓ 447 m, ⇧ 80-278 m

0,0 km	⇧ 99 m	Kobern-Gondorf, Parkplatz Traumpfad Koberner Burgpfad
1,0 km	⇧ 183 m	Matthiaskapelle
3,2 km	⇧ 236 m	Aussichtspunkt Panorama Kobern-Gondorf
7,0 km	⇧ 96 m	Belltal
7,7 km	⇧ 184 m	Aussicht auf Dieblich
9,3 km	⇧ 202 m	Raststätte Moseltal West (A61)
11,2 km	⇧ 183 m	Winningen, Domgartenhütte

Schon am frühen Morgen begeben Sie sich in gefährliches Gebiet auf der 23. Moselsteigetappe: Sie durchwandern das Tatzelwurm-Territorium. Zunächst geht es über uralte Pfade hoch zur Niederburg, weiter vorbei am riesigen Kreuz der Aussichtsplattform, zur Oberburg und zur Matthiaskapelle. Im Anschluss haben Sie nach einiger Anstrengung den Rosenberg erklommen. Der Weg führt nun über Felder auf der Höhe, bis Sie wieder im Wald verschwinden, der Sie ins Belltal bringt. Der bald schon folgende erneute, anstrengende Aufstieg über einen Serpentinenweg belohnt Sie mit einem atemberaubenden Moselpanorama. Ein Highlight dieser Etappe ist zudem die Moseltalbrücke der A61, die sich über 935 m spannt. Sie wird mittels Treppen unterquert. Möglichkeiten für eine Rast bieten sich dann an der Autobahnraststätte Moseltal West oder gegenüber (Moseltal Ost). Der Weg setzt sich danach durch den Wald fort, bis sich der Blick auf die Vororte von Koblenz öffnet, dem Ende des Moselsteigs. Doch bevor Sie dieses erreichen, lernen Sie den charmanten Weinort Winningen kennen. Er veranstaltet angeblich das älteste Weinfest Deutschlands, das im Herbst zehn Tage lang gefeiert wird. Ein zeitweise recht steiler Zuweg bringt Sie von der Winninger Domgartenhütte durch die Weinberge hinab ins Dorf. Hier gibt es zahlreiche Einkehrmöglichkeiten.

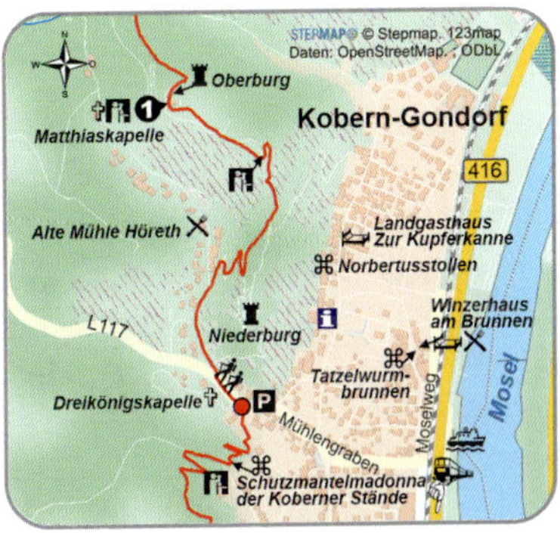

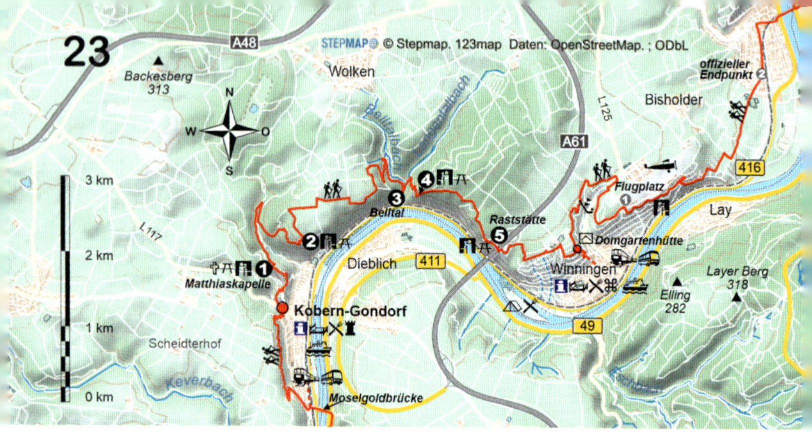

Die Reise führt heute sogleich ins bezaubernde Mühlental. Hier beginnt ein Anstieg über einen Kreuzweg (Achtung: Bei Nässe kann es rutschig werden), der schon bald die Sicht freigibt auf die Ruinen der **Niederburg**, die Sie als kurzen Abstecher (hin und zurück zirka 150 m) mitnehmen können. Laufen Sie stattdessen geradeaus weiter, können Sie rund 550 m nach dem Start in Kobern einen weiteren Abstecher (rund 100 m hin und zurück) nach rechts zur Michael-Jackson-Gedenkbank machen und ein wenig rasten.

Weiter geht es auf dem immer noch steilen Pfad, der über den Koberner Schlossberg führt. Dieses Naturreservat ist ein Hotspot der Biodiversität und Heimat vieler seltener Pflanzen- und Tierarten. Sobald Sie das große **Kreuz auf dem Aussichtsplateau** passiert haben, kündigt sich schon das nächste kulturelle Highlight an: die Matthiaskapelle ❶ (km 1) mit der **Oberburg**. Wenn Sie es noch nicht getan haben, so blättern Sie zum Abschnitt über Kobern-Gondorf zurück, in dem die Geschichten beider Bauwerke sowie auch der Niederburg erläutert wurden.

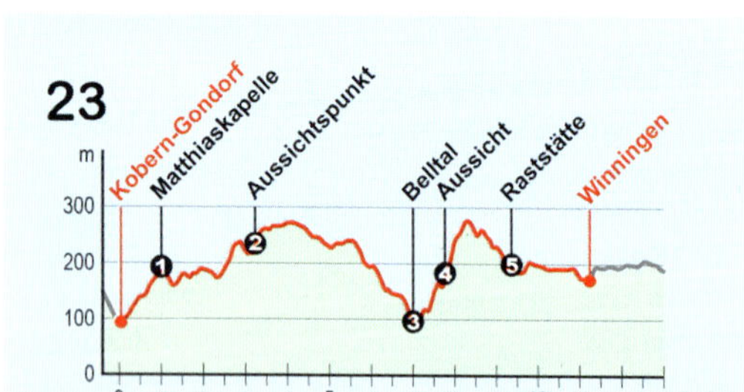

Der Pfad führt jetzt in die Tiefe des Waldes, am Hohesteinsbach entlang. Und schon geht es wieder aufwärts durch Eichenwälder und über schmale Wege, bis Sie nach 3,2 km den Anstieg zum

Aussichtspunkt Panorama Kobern-Gondorf ❷ hinter sich gebracht haben. Er liegt knapp unter dem Rosenberg, auf dem auch Paragliderinnen und Paraglider starten.

Der nächste Abstieg ist nicht weit: Zunächst geht es zwar über Felder auf der Hochfläche weiter, aber recht bald auch schon wieder abwärts ins **Belltal ❸** (km 7). Die Überraschung folgt auf dem Fuße: Hier ist es zwar hübsch, aber der nächste Aufstieg nicht weit weg.

Der Serpentinenpfad durch felsiges Gelände stellt eine Herausforderung dar. Trittsicherheit und Kondition sind hier gefragt. Die Anstrengung wird mit einer spektakulären **Aussicht auf Dieblich ❹** (km 7,7) belohnt. Doch nicht nur Dieblich auf der anderen Moselseite können Sie entdecken – Kobern-Gondorf liegt Ihnen nun zu Füßen, während in Wanderrichtung außerdem ein erster Blick auf die **Winninger Autobahnbrücke** gewährt wird.

Der höchste Punkt ist nun bald erreicht. Der folgende Abschnitt stellt ein lustiges Auf und Ab, immer in der Nähe der Hangkante, dar. Hübsch ist die **Hütte beim Aussichtspunkt Blumslay**, ein Ort, der einen fast senkrechten Blick auf die Mosel bietet.

Und dann ist sie auch schon da und will unterquert werden: die mächtige **Autobahnbrücke Winningens**. Nur zirka 120 m zuvor, bei km 9,3, bietet die **Raststätte Moseltal West** (A61) ❺ (täglich, auch feiertags, 7:00-21:00) allerdings zunächst eine erste Einkehrmöglichkeit. Eine zweite Chance dazu gibt es dann direkt nach der Unterquerung der Brücke mit der **Raststätte Moseltal Ost** (A61) (täglich, auch feiertags, 8:00-21:00).

Blick auf die Niederburg

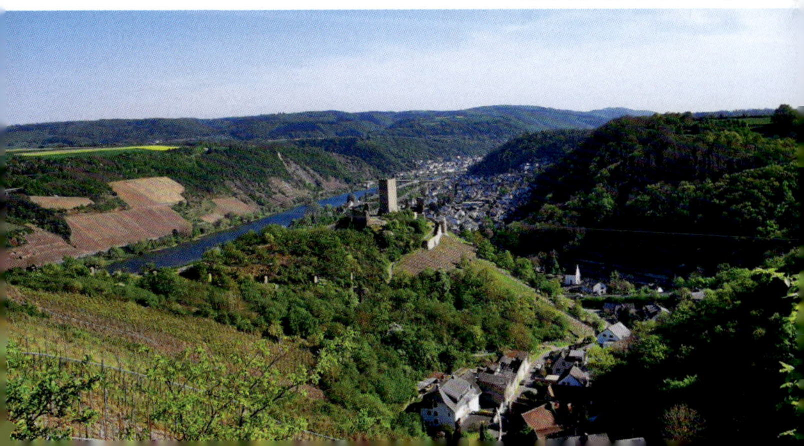

Winninger Autobahnbrücke

Die Winninger Moseltalbrücke, wie sie korrekt heißt, erblickte 1972 das Licht der Welt. Die Planungen für dieses imposante Bauwerk begannen 1965. Mehr als 45.000 Seiten an statischen Berechnungen und rund 600 Zeichnungen bildeten die Grundlage für das Großprojekt. Die Brücke stützt sich auf fünf Pfeiler, wobei der höchste Pfeiler eine stolze Höhe von 124 m aufweist. Mehr als 2.000 Kubikmeter Beton und über 200 Tonnen Stahl wurden für die Konstruktion verwendet. Die Gesamtkosten des Bauwerks beliefen sich auf etwa 40 Millionen Deutsche Mark, was heute einem Wert von über 80 Millionen Euro entspräche. Täglich überqueren die Brücke wohl rund 45.000 Fahrzeuge.

Der restliche Teil der heutigen Etappe bringt Sie zuerst durch ein Waldstück, bevor Sie erneut auf ein Weinbergs- und Wiesengebiet treffen. Weinbergpfirsichfelder lassen sich hier, in der Nähe des Diestelberger Hofes, bestaunen, bis Sie oberhalb Ihres Tageszieles bei km 11,2 an der ⛺ ⛩ ℹ **Winninger Domgartenhütte** angekommen sind.

↳ Ein steiler Serpentinenpfad führt als gut ausgeschilderter Zuweg hinunter in den Ort, dessen Rand Sie nach etwa 600 m erreichen. Dort, im Schatten der Weinberge, kann ein abwechslungsreicher Wandertag feucht-fröhlich beschlossen werden.

Gleichgesinnte an der Domgartenhütte

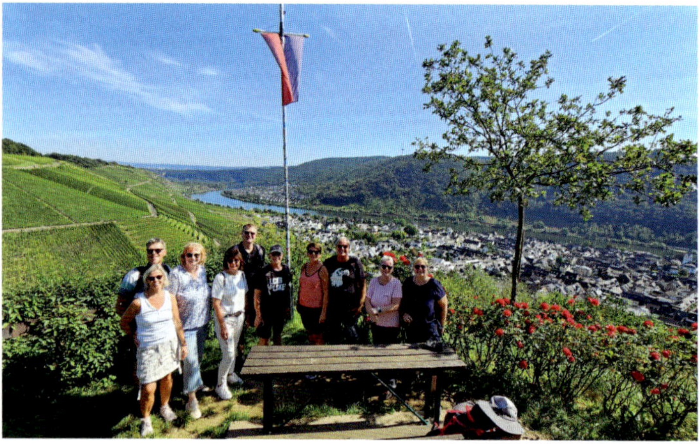

Winningen

↑ 79 m, rund 2.500 Ew.

Tourist-Info im Moselhaus am Weinhof, 56333 Winningen, in den Sommermonaten: Fr-So 12:00-15:00, in den Wintermonaten geschlossen

♦ Verein Touristik Winningen e. V. im Rathaus, August-Horch-Straße 3, 56333 Winningen, 026 06/22 14, touristik@winningen.de, winningen.de/tourismus, im Sommer Mo-Fr 11:00-17:00, im Winter Mo-Do 10:30-12:30 und 13:00-17:00 sowie Fr 10:30-12:00 und 13:00-17:00

Weingasthaus Zum Fährhof, Fährstraße 16, 56333 Winningen, 026 06/920 10, info@faehrhof-winningen.de, faehrhof-winningen.de, ÜF EZ ab € 63, ÜF DZ ab € 104, Mo, Do und Fr ab 15:00, Sa und So ab 11:00, Küche jeweils ab 17:00, Ruhetage: Di und Mi, zwangloses Gasthaus, witziges Inhaberpaar, er mit Fußball-Herz, nette kleine Kneipe im Haus

Campingplatz Ferieninsel Winningen, Inselweg 10, 56333 Winningen, 026 06/18 00, camping@ferieninsel-winningen.de, ferieninsel-winningen.de, wunderschöner Campingplatz kurz vor dem Ort, mit idyllischem Inselrestaurant (Ostern bis zirka Ende Oktober täglich 11:00-22:00, Küchenzeiten 11:30-14:00 und 17:00-21:00, sonn- und feiertags ist die Küche durchgängig geöffnet, empfehlenswert: Insel-Gyros), Übernachtung auch im Zelt oder Campingfass möglich, Preise finden Sie in jeder neuen Saison stets aktuell auf der Homepage.

Weinhaus Hoffnung, Fährstraße 37, 56333 Winningen, 026 06/21 49, weinhaus.hoffnung@posteo.de, restaurant-weinhaus-hoffnung.de, altdeutsches Gasthaus mit moselländischer Atmosphäre, Fischwochen im Winter, Spargel im Frühling, leichte Speisen, Pfifferlinge und Grillteller im Sommer, regionale Wildspezialitäten im Herbst und Winter, in der Saison So 11:00-22:00, Di-Sa 17:30-21:00, Do keine Küche, Ruhetag: Mo

♦ Pizzeria La Mosella, Herrenstraße 17, 56333 Winningen, 026 06/444 15 50, oezdogan@live.de, pizzeria-la-mosella-winningen.eatbu.com, sehr gutes italienisches Essen und eine nette Crew, hübsches Ambiente, Di-Sa 11:30-14:00 und 17:00-22:30, So 16:00-22:00, Ruhetag: Mo

Winninger Weinkeller, Am Moselufer 5, 56333 Winningen, 026 06/964 82 42. info@winninger-weinkeller.de, winninger-weinkeller.com, die Partylocation im Keller in Winningen, Do ab 19:00, Fr, Sa und vor Feiertagen ab 18:00

Mit Bus und Bahn kommen Sie von Winningen aus in fast jeden Ort an der Mosel.

Koblenz und Cochem können Sie von Winningen aus mit dem Schiff besuchen. Fahrpläne und mehr Infos gibt es im Tourist-Büro oder unter winningen.de/tourismus/flusserlebnis/personenschifffahrt-ab-winningen.

Erstmals urkundlich erwähnt wurde Winningen 871. Damals nannte man den Ort, übrigens traditionell evangelisch in einem katholischen Umland, noch „Uuidinge". Beginnen wir mit dem kulturellen Herzstück des Dorfes: dem Weinhof mit seinem **Weinhexbrunnen**. Hier finden Sie auch einige der schönsten Fachwerkhäuser Winningens. An dieser Stelle ist die Legende von der Weinhex schon fast spürbar. Sie handelt von einer Frau aus dem 17. Jahrhundert, die aus Liebe zum Wein in den Nachtstunden heimlich die besten Tropfen ihres Mannes, des Pfeifenhannes, naschte. Diese Anekdote ist so verwurzelt in der Dorfkultur, dass sogar spezielle Weinhex-Führungen angeboten werden. Die Weinhex-Geschichte hat aber auch noch eine dunkle Seite. Die Großlage Weinhex hieß bis 1971 Heideberg. Und eben hier wurden im 17. Jahrhundert, als die Hexenverfolgung Hochkonjunktur hatte, 21 Männer und Frauen aus Winningen ermordet. Auf der letzten Etappe werden Sie den ⌘ Gedenkstein dazu in der Nähe des Flugplatzes besichtigen können.

Aber Winningen ist mehr als nur Wein. Es ist ein Ort, der Geschichten erzählt. Eine davon handelt von August Horch, dem Gründer von Audi. Denn er ist ein echter Winninger Jung! Sein Geburtshaus fungiert heute als Pension. Ein ⌘ Museum erinnert an sein Leben.

⌘ **August-Horch-Museum**: Wussten Sie, dass August Horch seinen eigenen Namen aus rechtlichen Gründen nicht mehr als Firmenname verwenden durfte? Das war 1909 der Fall, nachdem Horch aus der Horch & Cie. Motorwagen Werke AG in Zwickau ausgeschieden war. Man übersetzte seinen Nachnamen daher ins Lateinische – der Name „Audi" war geboren. Die dazugehörige Werbung zeugte von Humor und Dickköpfigkeit: „Horch, horch – ein Audi kommt!" Diese und weitere Anekdoten werden Sie sicherlich im kleinen Horch-Museum zu hören bekommen. Übrigens: August Horch, einstiger Schmied, der am 12. Oktober 1868 in Winningen geboren wurde, fand als Ehrenbürger (tatsächlich ohne Führerschein!) auf dem Winninger Friedhof seine Ruh.

Im Erdgeschoss des Museums können Sie Ausstellungsstücke entdecken, die ebenfalls eng mit Winningen verbunden sind, darunter zum Beispiel ein Abbild eines über 800.000 Jahre alten Faustkeils, der in der Nähe gefunden wurde.

♦ Schulstraße 5, 56333 Winningen, ☏ 026 06/92 25 64, 💻 museum-winningen.de, 🚪 in der Saison Sa und So 14:00-17:00, der Eintritt kostet € 3 pro Person, mit Führung € 5.

Winningen hat aber auch Kuriositäten zu bieten. In jedem kleinen Kaff gibt es ja einen „Buschfunk". Winningen nennt ihn **Ortsrundfunk**. Ja, es stimmt: Die

Nachrichten werden mittags und abends über Lautsprecher ins Dorf übertragen. Die Meldungen werden erst vorgelesen, nachdem die eingespielte Marschmusik verklungen ist. Auch Privatleute können eine Durchsage buchen. Auf 💻 winningen.de/gemeinde/Ortsrundfunk können Sie sich ein Beispiel anhören (ich könnte mir die Idee übrigens auch gut als Foltermethode vorstellen ...).

Noch eine Kuriosität gefällig? In Winningen kann man **Berggolf** spielen (mehr Infos gibt es bei Dieter Blum unter

♦ ☎ 026 06/96 14 87 oder ✉ dieter.56333@web.de und auf 💻 berggolf.de.

Feiern kann Winningen ebenfalls. Bekannt ist neben dem Weinfest das **Steillagenfest** im Mai sowie neuerdings auch **Winningen im Lichterglanz** in der Vorweihnachtszeit. Aber nun genießen Sie Ihre erst einmal letzte Nacht auf dem Moselsteig, denn morgen schon locken **Güls** und **Koblenz**.

24. Etappe: Winningen – Güls – Koblenz (Deutsches Eck)

13,3 km, 3 Std. 30 Min., ↑ 139 m, ↓ 255 m, ⇧ 62-205 m

0,0 km	⇧ 183 m	Winningen, Domgartenhütte
2,9 km	⇧ 195 m	Flugplatz Winningen
6,4 km	⇧ 83 m	Güls, offizieller Endpunkt des Moselsteig – Infotafel
7,5 km	⇧ 70 m	Gülser Brücke
9,9 km	⇧ 68 m	Restaurant Delphi
11,4 km	⇧ 68 m	Staustufe Koblenz
13,3 km	⇧ 63 m	Koblenz, Deutsches Eck

Die letzte Etappe auf dem Moselsteig eignet sich hervorragend zum „Auslaufen". Nach dem Zuweg zur Domgartenhütte geht es zum Flugplatz Winningen. Der Panoramaweg, gesäumt von Wiesen mit Obstbäumen, bringt Sie nach Güls, wo eine Infotafel den offiziellen Endpunkt des Moselsteigs markiert. In diesem Koblenzer Stadtteil gibt es einige Einkehrmöglichkeiten. Nun haben Sie die Wahl: Sie können sich in den Zug oder Bus nach Koblenz setzen. Sie können sich aber auch gebührend zu Fuß von der Mosel verabschieden, indem Sie sie in Güls überqueren und ihr dann per Zuweg bis ans Deutsche Eck in Koblenz folgen. Hier mündet die Mosel in den Rhein.

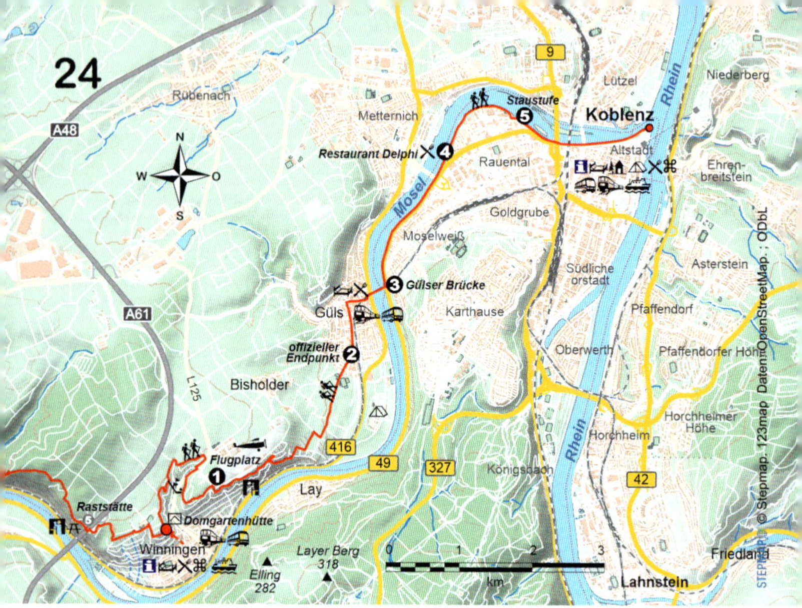

Der Pfad setzt sich ab der Domgartenhütte entlang der Hangkante fort. Die Route führt jetzt durch Wiesen und an den Weinbergen entlang bis zur L125. Hier verläuft der Moselsteig mit der Straße ein Stück bergab, bevor er wieder bergauf in die Weinberge führt. Oben ist ein Blick zurück in Richtung Domgartenhütte möglich.

Die Füße freuen sich jetzt über den Waldpfad, der Sie zum **Hexenhügel** mit dem ⌘ Gedenkstein für die Winninger Frauen und Männer, die im Zuge der Hexenverfolgung ermordet wurden, bringt.

Im Anschluss folgen Sie dem obersten Weinbergweg, der bis zur Zufahrtstraße am **Flugplatz Winningen ❶** (km 2,9) führt

Infos zu Rundflügen: ☏ 026 06/866, info@flyRMF.de, rhein-mosel-flug.de.

Direkt hinter dem Gelände, wieder in der Nähe der Hangkante, bietet sich eine weitere Schutzhütte mit Aussicht auf die Mosel als Pausenort an. Wenn Sie die Hütte verlassen haben, wird es kurzzeitig noch einmal etwas steil. Aber wenn Sie das gemeistert haben, folgen kaum noch Höhenunterschiede auf dem breiten Steillagenweg. Bald beginnt der Abstieg durch Wiesen mit Obstbäumen. Bereiten Sie sich am Rande des Neubaugebietes auf ein wenig Emotionalität vor: Bei km 6,4 haben Sie eine Infotafel und damit den **offiziellen Endpunkt des Moselsteigs in Güls ❷** erreicht.

Güls

⇧ 82 m, rund 6.200 Ew.

Gülser Weinstube, Moselweinstraße 3, 56072 Koblenz-Güls, ☏ 02 61/98 86 40, info@hotelguelserweinstube.de, hotelguelserweinstube.de, ÜF EZ ab € 70, ÜF DZ ab € 110

Campingplatz Gülser Moselbogen, Am Gülser Moselbogen 20, 56072 Koblenz-Güls, ☏ 02 61/444 74, info@moselbogen.de, moselbogen.de, Zeltplatz mit kleinem Zelt pro Nacht € 8, Erwachsener pro Nacht € 9

Rhodos Grill 2.0, Gulisastraße 33 a, 56072 Koblenz-Güls, ☏ 02 61/39 07 24 74, rhodos-guels.de, typischer Imbiss mit Fleischgerichten, Nudeln, Pizza, Döner und mehr, Di-So 11:30-20:30 (im Sommer länger), Ruhetag: Mo

Mit Bus und Bahn können Sie von Güls aus in fast jeden Ort an der Mosel reisen – etwa nach Koblenz. Aber ich rate Ihnen: Laufen Sie.

Nun durchqueren Sie Güls auf der Gulisastraße. Nach der ✞ **Kirche Alt St. Servatius** halten Sie sich rechts, bis Sie an die Mosel kommen. Hier überqueren Sie die **Gülser Brücke ❸** (km 7,5) und laufen runter ans Ufer. Die Gülser Eisenbahnbrücke im Rücken, haben Sie nun fast 5,5 km Zeit, sich vom lieb gewonnenen Fluss zu verabschieden. Immer am Wasser entlang geht es vorbei am ✕ **Restaurant Delphi ❹** (km 9,9).

✕ Restaurant Delphi im Bootshaus des Koblenzer Ruderclubs Rhenania e. V., Am Moselstausee 16, 56073 Koblenz, ☏ 02 61/94 23 14 00, delphi-koblenz.de, wirklich gutes griechisches Lokal, So und Mo 11:30-15:00 und 17:30-22:00, Mi-Sa 11:30-15:00 und 17:30-23:00, Ruhetag: Di

Anschließend passieren Sie bei km 11,4 auch noch die > **Staustufe Koblenz ❺**. Und dann, ja dann ist es nach insgesamt rund 373,5 km tatsächlich so weit. Sie stehen dort, wo Vater Rhein die Mutter Mosel küsst – am **Deutschen Eck in**

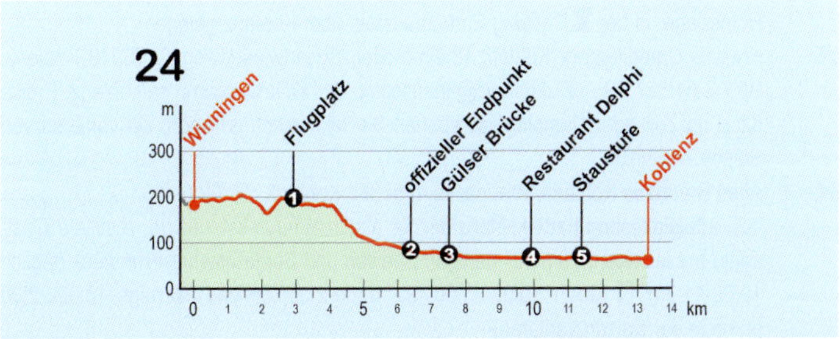

Koblenz. Und das nach einer langen, beeindruckenden Reise, die vielleicht bei Ihnen dasselbe auslösen wird, wie bei mir: Sie kehren immer wieder an die Mosel zurück.

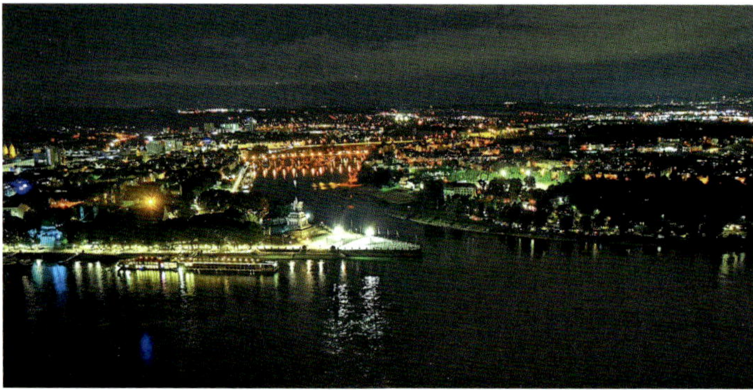

Blick auf das Deutsche Eck von der Festung Ehrenbreitstein

Koblenz

⇧ 73 m, rund 115.000 Ew.

Tourist-Information im Forum Confluentes, 56068 Koblenz, ☏ 02 61/129 16 10, touristinformation@koblenz-touristik.de, koblenz-touristik.de, geöffnet an 350 Tagen im Jahr 10:00-18:00, geschlossen zum Beispiel am Schwerdonnerstag, Rosenmontag, Allerheiligen, Totensonntag, Weihnachten und Silvester

Super 8 by Wyndham, Clemensstraße 32, 56068 Koblenz, ☏ 08 00/181 90 98, wyndhamhotels.com, ÜF DZ ab € 94 (Einzelbelegung auf Anfrage)

Jugendherberge Festung Ehrenbreitstein, Festung, 56077 Koblenz, ☏ 02 61/97 28 70, koblenz@diejugendherbergen.de, diejugendherbergen.de/jugendherbergen/koblenz, stets aktuelle Preise auf der Homepage, in der Festung Ehrenbreitstein über Koblenz gelegen

KNAUS Campingpark Koblenz/Rhein-Mosel, Schartwiesenweg 6, 56070 Koblenz, ☏ 02 61/827 19, koblenz@knauscamp.de, knauscamp.de/koblenz, Preise für Ü im Zelt oder Campingfass können Sie telefonisch erfragen, sie variieren von Saison zu Saison.

Altes Brauhaus Koblenz, Braugasse 4, 56068 Koblenz, ☏ 02 61/133 03 77, info@altesbrauhaus-koblenz.de, altesbrauhaus-koblenz.de, rustikale Gaststätte mit leckeren, zum Teil deftigen Speisen und Spätaufsteher-Frühstück (täglich 10:00-11:30), Mo-Fr 10:00-23:00, Sa 10:00-2:00, So und feiertags 10:00-22:00 (kann in der Saison variieren)

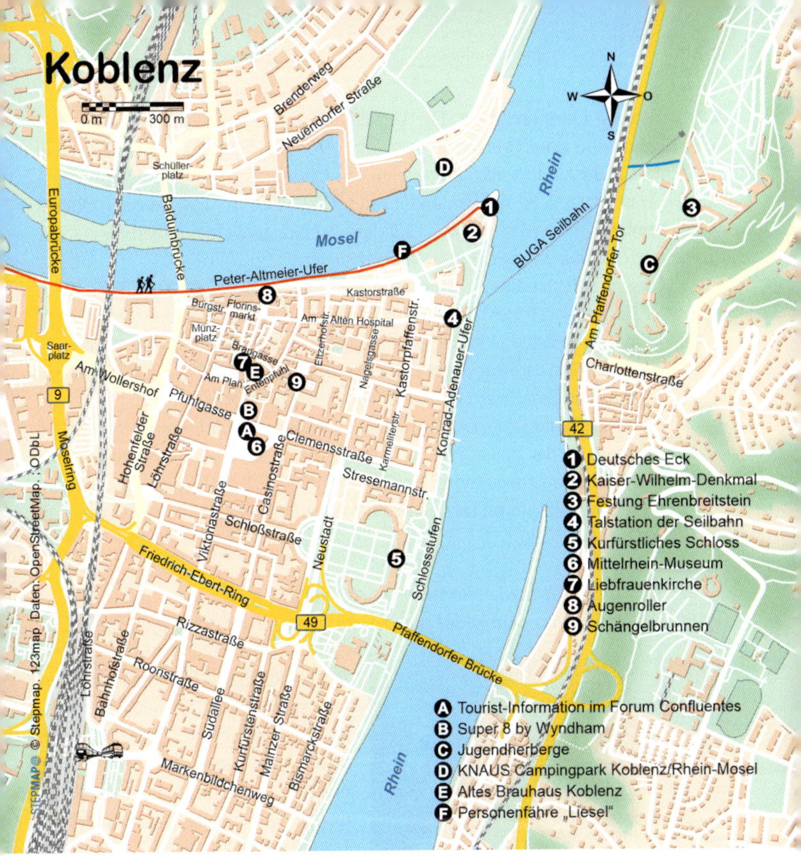

Bus und Bahn bringen Sie von Koblenz aus in fast jeden Ort an der Mosel. Zahlreiche Rundfahrten können direkt am Rheinufer gebucht werden. Fahrpläne hängen aus, sind aber zum Beispiel auch unter k-d.com zu finden.

Koblenz selbst nennt sich „Großstädtchen" – und genau dieses Flair herrscht hier auch. Die Altstadt bezaubert mit verwinkelten Gassen, aber auch Shopping und ein lebendiges Nachtleben sind hier möglich. Ein Muss für alle Besucherinnen und Besucher ist das Deutsche Eck, an dem Sie nun stehen. Die majestätische Mosel schließt sich unter den Augen des **Kaisers Wilhelm**, der als ⌘ Reiterstandbild auf sie hinabschaut, dem mächtigen Rhein an. Noch schöner allerdings ist der Anblick von der anderen Seite des Flusses aus – von der Festung Ehrenbreitstein.

♜ **Festung Ehrenbreitstein**: Die Verteidigungsanlage liegt auf einem 118 m hohen Felsen und stammt etwa aus dem Jahr 1000, ihr heutiges Erscheinungsbild aus dem 19. Jahrhundert, nachdem sie im 15. Jahrhundert zur Festung ausgebaut worden war. Derzeit ist sie Bestandteil des UNESCO-Weltkulturerbes „Oberes Mittelrheintal", Veranstaltungsort, Landesmuseum und Jugendherberge. Zur Bundesgartenschau wurde sie grundlegend saniert.

♦ Festung Ehrenbreitstein, Greiffenklaustraße, 56077 Koblenz, ☏ 02 61/66 75 40 00, ✉ informationen.festungehrenbreitstein@gdke.rlp.de, 💻 tor-zum-welterbe.de/festung-ehrenbreitstein, 🚪 in der Saison täglich 10:00-18:00 (18:00-00:00 in der Regel freier Zutritt zum Gelände und zur Gastronomie), der Eintritt kostet für Erwachsene € 8 (ermäßigt € 7) und für Kinder € 4

🚡 Die Seilbahn am Konrad-Adenauer-Ufer kann bis zu 7.600 Fahrgäste pro Stunde befördern. In der Hauptsaison fährt sie täglich 10:00-19:00 zur Festung, Preise € 14,90 für Erwachsene und € 7 für Kinder (Hin- und Rückfahrt). Hunde fahren für € 4 mit. Für ein Kombiticket (inklusive Eintritt in die Festung) zahlen Erwachsene € 19 und Kinder € 10,90.

Wer die Uferpromenade weiter entlangschlendert, stößt bald auf das ♜ Kurfürstliche Schloss, von dem leider nur der Terrassengarten frei zugänglich ist.

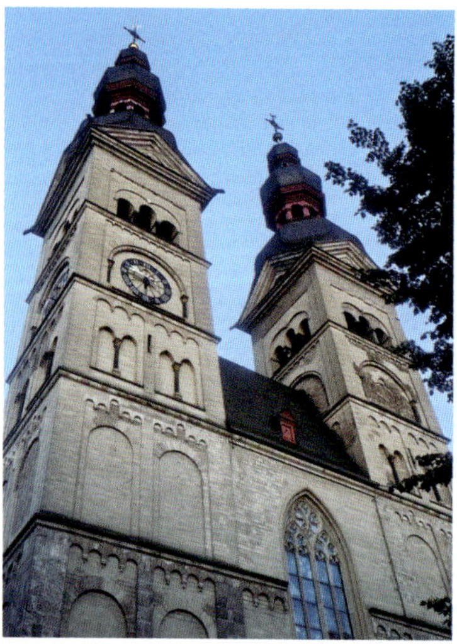

Liebfrauenkirche

♜ **Kurfürstliches Schloss**: Bauherr war Kurfürst Clemens Wenzeslaus, der zwischen 1777 und 1786 ans Werk ging und ein Schloss erschuf, das zu den letzten Residenzschlössern zählt, die vor der Französischen Revolution in Deutschland erbaut wurden. Der Zweite Weltkrieg hinterließ es als Ruine. In den Jahren 1950/51 wurde es wieder aufgebaut. Der mittlere Teil des Gebäudes beherbergt vier historische Räume, die sich für Veranstaltungen jeglicher Art eignen. Der Terrassengarten wurde zur Bundesgartenschau auf der Rheinseite nach historischem Vorbild gestaltet.

♦ Neustraße 24, 56068 Koblenz

Koblenz hat natürlich auch Museen zu bieten. Zu den vielleicht bekanntesten gehört vermutlich das ⌘ Mittelrhein-Museum.

⌘ **Mittelrhein-Museum**: Hier freuen sich Kunstliebhaberinnen und Kunstliebhaber über 400 Gemälde, 60 Grafiken, 50 Skulpturen und mehr. Sie sind im Rahmen einer 1.700 m² großen Dauerausstellung zu bestaunen. Ergänzt wird das Angebot durch wechselnde Sonderausstellungen und Führungen.

♦ Zentralplatz 1, 56068 Koblenz, ☏ 02 61/129 25 20, info@mittelrhein-museum.de, mittelrhein-museum.de, Di-So 10:00-18:00, Ruhetag: Mo, der Eintritt kostet für Erwachsene € 6, ermäßigt € 4, Kinder bis zum Alter von 12 Jahren haben freien Eintritt.

Vom Museum geht es jetzt in die Kirche.

✞ **Liebfrauenkirche**: Zwiebeltürme aus dem 17. Jahrhundert sind ihr Markenzeichen: Die Rede ist von der Liebfrauenkirche. Sie wurde auf dem höchsten Punkt der Stadt errichtet. Ihre Geschichte reicht bis ins 5. Jahrhundert zurück. Über die Jahrhunderte erlebte sie Um- und Ausbauten, wobei ihre Grundstrukturen bewahrt wurden. Im Zweiten Weltkrieg wurden die Türme zerstört, 1955 jedoch wieder aufgebaut. Kunstwerke sind im Inneren zu finden.

Es gibt aber auch merkwürdige Gestalten in Koblenz, wie den ⌘ Augenroller am Florinsmarkt.

⌘ **Augenroller**: Das alte Kauf- und Danzhaus am Florinsmarkt wurde 1419 im gotischen Stil errichtet. Bei Umbauten wurden barocke Elemente hinzugefügt. Die Zerstörung folgte 1944, der Wiederaufbau in den 1960er-Jahren. Eine seiner kuriosesten Attraktionen ist der „Augenroller" – eine Figur unter der Turmuhr aus dem Jahr 1724. Dieser rollt nicht nur mit den Augen im Takt des Pendels, sondern streckt auch zu jeder vollen und halben Stunde die Zunge heraus. Er soll dadurch an die Hinrichtung des Raubritters Johann Lutter von Kobern im Jahr 1536 erinnern. Vielleicht war das Augenrollen sein letzter, spöttischer Akt auf dem Schafott, um der Koblenzer Justiz zu zeigen, was er von ihr hielt.

Kommen wir nun zur Attraktion, die vielleicht am typischsten für Koblenz ist – das „Kowelenzer Schängelche" sagen?

⌘ **Schängelbrunnen**: Das Wahrzeichen im Rathaushof, ein schelmisches Meisterwerk des Bildhauers Carl Burger von 1940, ist dem Koblenzer Heimatdichter Josef Cornelius gewidmet. Er schrieb das beliebte „Schängellied" und hat damit das Herz der Koblenzerinnen und Koblenzer in Verse gefasst. Der Begriff „Schängel" geht zurück auf die Zeit, als Koblenz von 1794 bis 1814 zu Frankreich gehörte. Damals bezeichnete man die Kinder deutscher Mütter und französischer Väter als „Schängel", eine Verballhornung des französischen Namens Jean, der im Koblenzer Dialekt wie „Schang" klang. Aus einem zunächst abwertenden Begriff für uneheliche Kinder entwickelte sich der Schängel zu einem liebevollen Spitznamen für alle Menschen aus Koblenz, oft zärtlich zum „Schängelche" verkleinert. Der Brunnen ist eine Hommage an die Streiche der Koblenzer Schängel. Die Bronzefigur, für die der elfjährigen Rudolf Dany aus Mayen Modell stand, spuckt alle paar Minuten einen kräftigen Wasserstrahl, der ahnungslose Passantinnen und Passanten überrascht.

☺ Wenn Sie noch tiefer in die lokale Kultur eintauchen möchten, suchen Sie im Internet doch mal nach dem Lied „Dat Kowelenzer Schängelche". Singen können Sie es zu Karneval (vergessen Sie nicht, hier „Olau!" zu rufen. Auf „Helau!" reagiert niemand).

Apropos „Feste": Koblenz versteht es, zu feiern – egal, ob es sich um Karneval, Weinfeste, die Bierbörse, das Gauklerfest auf der Ehrenbreitstein, das Altstadtfest oder das Sommerfest mit Rhein in Flammen handelt. Die Stadt wird Ihnen also Spaß machen! Zögern Sie nicht, die ℹ Touristen-Information für viele weitere Tipps zu „Kowelenz" aufzusuchen.

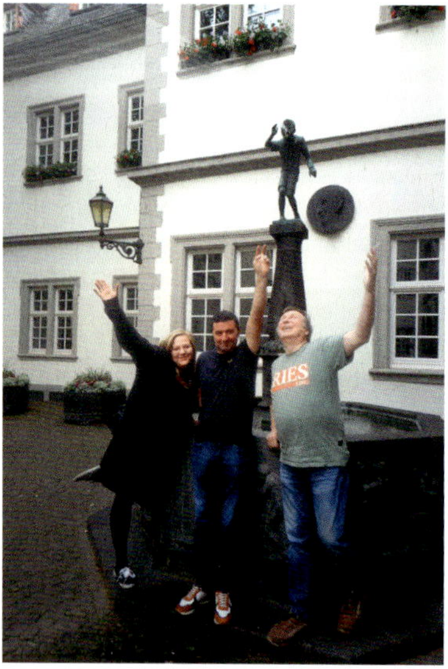

☺ *Wenn Sie am Ziel dann als Tourist oder Touristin durch Koblenz streifen, vergessen Sie nicht das obligatorische Erinnerungsfoto. Sollten nur Sie (und Ihre Mitwanderer und Mitwanderinnen nicht) über dieses Büchlein verfügen, sind Sie im Vorteil: Der Schängelbrunnen spuckt alle paar Minuten einen Schwall Wasser, aber das müssen Sie ja vor dem Foto nicht erzählen!*

Index

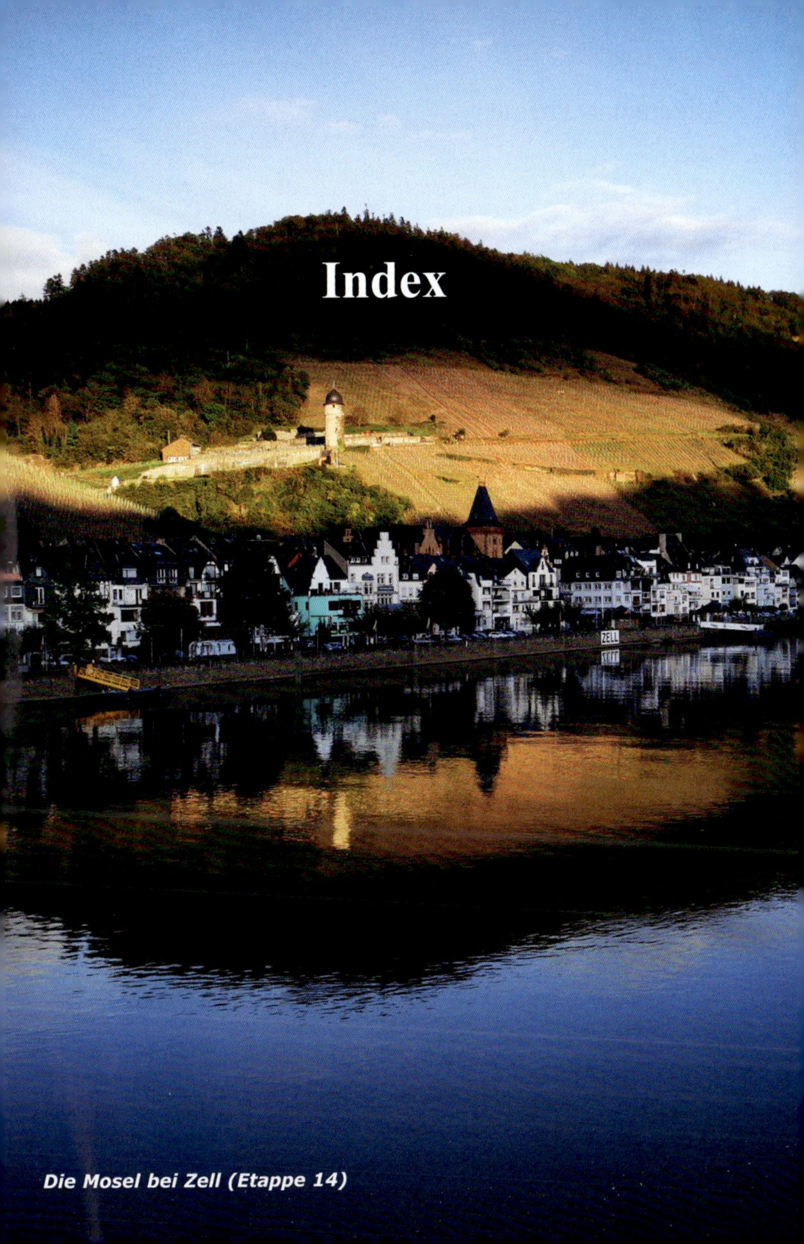

Die Mosel bei Zell (Etappe 14)

Allgemeine Themen

Ortsverzeichnis

Sehenswürdigkeiten, Sagen und Geschichten

A

B